岭南文化书系

韶文化研究丛书

韶关族谱家训家规集萃

苗　仪　黄玉美　编著

暨南大学出版社
JINAN UNIVERSITY PRESS
中国·广州

图书在版编目（CIP）数据

韶关族谱家训家规集萃/苗仪，黄玉美编著．—广州：暨南大学出版社，2018.8

（岭南文化书系．韶文化研究丛书）

ISBN 978－7－5668－2429－5

Ⅰ.①韶…　Ⅱ.①苗…②黄…　Ⅲ.①氏族谱系—韶关②家庭道德—韶关　Ⅳ.①K820.9②B823.1

中国版本图书馆CIP数据核字（2018）第170157号

韶关族谱家训家规集萃

SHAOGUAN ZUPU JIAXUN JIAGUI JICUI

编著者：苗　仪　黄玉美

出 版 人：徐义雄
策划编辑：苏彩桃
责任编辑：黄　斯
责任校对：刘雨婷
责任印制：汤慧君　周一丹

出版发行：暨南大学出版社（510630）
电　　话：总编室（8620）85221601
营销部（8620）85225284　85228291　85228292（邮购）
传　　真：（8620）85221583（办公室）　85223774（营销部）
网　　址：http://www.jnupress.com
排　　版：广州市天河星辰文化发展部照排中心
印　　刷：韶关市新华宏达印务有限公司
开　　本：787mm×1092mm　1/16
印　　张：15.5
字　　数：307千
版　　次：2018年8月第1版
印　　次：2018年8月第1次
定　　价：48.00元

总　序

一

韶关历史悠久，文化底蕴深厚，源远流长，为岭南开发较早的地区之一。宋代乐史撰《太平寰宇记》所引《郡国志》言：“韶州科斗劳水间有韶石，两石相对，大小略均，有似双阙……昔舜帝游此石，奏韶乐，因以名之。”其实，“韶”字来源于“舜帝南巡奏韶乐”的千古美妙传说早在隋唐时期就已流传。隋开皇九年（589 年），韶州以“韶”为州名，自此千百年来始终未改。此后，在中华大地上以“韶”命名的古城韶州成为岭南著名州府。迄今为止，韶关是唯一以“韶”命名的历史文化名城。

马坝人的发现证明了早在十多万年前，人类的祖先就在韶关这块古老的土地上繁衍生息。石峡文化遗址的发掘又告诉人们，在四五千年前，这片区域已经与长江流域在经济文化方面有了密切的联系，及至秦破百越、纳岭南，韶州成为岭南最早归属中央政权管辖和开发的地区之一。汉晋以降，珠玑先民持续南迁至珠江三角洲，衍成广府民系和广府文化。可以说，韶文化是岭南文化早期的一个主要源头。唐代著名文学家皇甫湜在为韶州作《韶阳楼记》时写道：“岭南属州以百数，韶州为大。”韶关作为广东北大门及粤北历史文化中心，自古就发挥了传输中原文化、弘扬岭南文化的先进作用。

韶关自古为岭南重镇，又是人杰地灵之都、山川灵秀之域。唐初，禅宗南派创始人六祖惠能在韶州弘法近四十年，述成了第一部中国化的佛家经典《六祖坛经》，形成了著名的禅宗文化。南北朝时期以勇猛刚烈著称的风烈将军侯安都，唐开元盛世名相、以风度名扬天下的张九龄，学深刚毅、文采拔萃、以风采而著名的北宋政治家余靖，明代抗倭名将陈璘，清代著名思想家廖燕等，都是受韶文化滋养的土生土长的韶州人杰。唐代大文豪韩愈，北宋文学家苏东坡，南宋诗人杨万里、著名理学家朱熹、名臣文天祥，明代才子解缙、著名学者丘睿、理学家陈白沙、科学家徐光启、军事家袁崇焕，清代著名诗人王士祯、朱彝尊，以及民国时期革命先行者孙中山，新中国创建者毛泽东、朱德、陈毅等一大批名人都在韶关留下了千古流芳的诗文和历史足迹。在中华世纪坛上铭刻的一百多位对中国历史文化产生深刻影响的人中有两位外国人，其中有一位是被誉为“中西文化交流第一人”的意大利传教士利玛窦，他也曾经于明代在韶关活动六年，对西学东渐和东学西传作出了不可磨灭的贡献。

从古代相传“舜帝南巡奏韶乐”到岭南名州、历史文化名城，韶关经过代代相传，已经形成了岭南文化中不可或缺的重要组成部分——韶文化。因此，我们说，韶文化是指分布在粤北地区的、受历代行政区划和自然环境影响孕育滋生的一种有着较为突出特征的史志阶段的区域文化。简言之，韶关本土的历史文化就是韶文化。韶文化的核心是以“韶”为主的包容、和谐、善美的传统精神，其文化结构的主要元素是舜帝韶乐文化、客家文化、南禅宗佛教文化、历史名人文化、瑶族文化、矿冶文化、山区生态文化、红色革命文化等，在文化形态上既表现出与岭南文化的同一性，又表现出自然与人文各方面的多元性和独特性。正是由于以上在地域特征、自然生态、族源构成等方面显示出的诸多特殊性，以“韶”为主题的韶文化才得以确立，并在数千年的历史中不断融合发展。

二

韶文化是岭南文化中一个主要的文化类型。这个文化类型的特色在以石峡文化为代表的萌芽阶段已初现端倪，在秦代南越国及两汉以后步入发展阶段，曲江（又称曲红，因曲红岗得名）、始兴郡皆为当时岭南最重要的中心城市之一，特别是此地最富特色的以丹霞红岩为主的自然生态风光逐渐被人们发现，而且由于舜帝南巡，在岭南地区奏韶乐的历史传说，原名“曲红岗”的丹霞地貌被赋予“至美”“至善”的韶乐精神，并命名为“韶石”：“隋平陈，为韶州，以韶石为名。”（唐初梁载言《十道志》）至此，以“韶”为核心的优美的自然环境和善美和合的韶乐人文精神在粤北地区被有机地结合起来，韶乐、韶石、韶州成为这一地区最响亮的文化符号。基于地方行政区划和自然环境特殊性而形成的区域文化——韶文化，在保留了岭南文化一般特征的同时，逐渐在粤北展现出自己独特的文化结构、文化形态特征，主要表现在：

——舜帝韶乐文化。它不仅是韶关得名之源，而且有历史上一大批古建筑作为载体，以及隋唐以来历代史志和名人歌赋作为文献记录。韶乐的和谐善美精神在韶关地区的传播至少有千余年，是韶文化的精神内核，是统领其他文化要素的主导部分，也是区别于其他区域文化的重要地方特色。之所以把粤北地区的文化称为“韶文化”，其主要原因正在于此。

——汉族移民文化、粤北客家文化、瑶族文化、疍民文化构成了韶文化的民族民系主体。特别是持续南迁的珠玑巷移民构成了日后广府民系的主体，对岭南和东南亚的开发影响深远。

——发源于韶关的南禅宗佛教文化及其他宗教文化构成了韶文化精神层面的重要补充。南禅宗文化使佛教比较彻底地中国化，影响超出岭南，波及全国甚至全世界。

——历史上，粤北古道交通文化和名人文化突出。粤北是中原文化和岭南文化之间的主要通道、海上丝绸之路的陆上重要节点，而惠能、张九龄、余靖等都是岭南人杰，影响广泛。

——历史悠久的矿冶文化。韶关采矿历史久远、规模巨大，是世界上最早运用“淋铜法（湿法炼铜）”来大规模生产胆铜的地方。矿冶业延续至今，是韶关的重要经济命脉，也是韶关突出的城市文化特色和韶文化的突出特征。

——山区生态文化。地域居民秉承“天地同和”精神，在历史长河中与自然和谐相处，生态环境基本保持良好，是韶文化特色的显现，也是今后韶关发展的最重要的资源之一。

——以毛泽东、朱德、陈毅等人及抗战时期的广东省委在韶关的革命活动为代表的红色革命文化。此外，孙中山以韶关为根据地二次誓师北伐，抗战初期广东省省会北迁韶关等也都是宝贵的历史财富。

上述文化结构、文化特征是韶文化的主要内涵，也是我们开展韶文化研究的主要方向。

三

重视韶文化的研究、传承与弘扬，对岭南文化的传播与发展具有非常重要的意义。深入细致地挖掘和研究韶文化，可以有力地推动粤北历史文化研究的发展，推动地方人文历史与环境的良性互动，丰富人民群众的精神文化生活，深化岭南文化的固有内涵，促进岭南文化繁荣发展，为广东建设文化强省、韶关建设区域文化中心提供理论依据和文化支撑。有鉴于此，韶关市和韶关学院于 2009 年 11 月正式联合成立了韶文化研究院，现已拥有专职、兼职研究人员 40 多人，特聘文化顾问 10 人。研究院成立以来，在韶关学院和韶关市委宣传部、韶关市社会科学界联合会的领导与支持下，积极开展地方文化历史研究与传播工作，先后获准设立广东省张九龄研究中心、广东省韶文化研究基地。2012 年 7 月，经广东省委宣传部和广东省社会科学院发文，研究院升格为广东地方特色文化（韶文化）研究基地，成为全省首批九大特色文化研究基地之一。

本丛书即是该基地的初期研究成果。丛书的规模暂不限定，计划先用三年时间陆续推出几批著作。目前选题以历史文化为主，专注于与韶关有关的人、事和物，今后将逐渐扩大研究范围。

感谢韶关学院的党政领导和韶关市委宣传部、韶关市社会科学界联合会对本丛书立项、研究撰写和出版发行的支持与资助。特别感谢本丛书的各位作者，正是由于他们的辛勤劳动和无私奉献，本丛书得以付梓面世。暨南大学出版社对本丛书的出版发行给予了帮助，在此一并感谢。

是为序。

韶关市韶文化研究院

韶关学院韶文化研究院

广东地方特色文化（韶文化）研究基地

2015 年 10 月

前 言

氏族聚族而居，而生宗亲之家，生生不息，代代相承。源于宗亲血缘伦常，而有族姓之谱，谓家谱、族谱或宗谱。梁启超言：“族谱家谱，一族一家之史也。”人之有祖，犹木之有本，水之有源，世系明，则辨亲疏，而人伦重；人伦重则名分正，昭穆序，礼义廉让之风由是而起，孝悌忠信之行油然而生。

为适应广大读者与学术界开展地方家训、家风建设，并加大对地方家训文化的开发力度，从 2016 年起，编者以韶关市社科联学术课题项目形式，对本市地方古代姓氏族谱、家谱中的家训和家规，进行了较为系统的搜集、整理，经过一年多的努力，项目首以《韶关族谱家训家规集萃》成果付梓。

本书所谓“集萃”，系于韶关地区百八十余原住民姓氏中择选、辑录了 54 姓族谱、宗谱所载家训、家规，其所涉及谱牒超过百余部。所录各谱姓氏家训、家规，含中华人民共和国成立前所撰各氏族谱。在编例上，本书立足于“存史、鉴今”，保持谱载家训、家规原文。为便于读者寻根溯源，本书在所收录的家训、家规部分前，以“迁徙源流”记录了各姓氏族迁入粤北概况，并将各姓氏在韶关地方分派、繁衍状况作了简要概述。

笔者认为，家训、家规作为社会文化传承的历史产物，不可能不带有时代的印痕。在这些印痕中，有对社会进步有益的文化传统，但也有一些在今天看来是落后的，甚至是对社会进步起着阻碍作用的糟粕，对此我们应有所辨别、舍取。对于在今天看来是封建的、落后的传统，我们应当摒弃，而对于至今对社会发展仍具有积极意义的文化传统，我们应站在时代社会文明发展的立场，加以传承。如在古代传统的家训文化中，其所倡导的“忠孝节义”，其“忠”指“忠君”，站在时代的立场，我们应以古人之忠，提倡忠于祖国、忠于人民；于“孝”则为“孝亲”，今天我们应以尊老爱幼，长幼平等、民主，服从真理为其内核；于“节”，古训妇女守节，今天我们倡以民族气节，为国家、民族利益而奋斗献身；于“义”，古训兄弟、朋友之义，今天我们以古“义”，倡导民族大义，以民族利益为本，富贵不淫，威武不屈。

基于上述认识，本书在辑录谱载家训、家规中，略其封建、落后及具

歧视性条目，保留在今天看来仍具文化传承意义的条目。对于一些敬宗祀祖，亲丧守墓及严内外、严立后等，则立足于“存史、鉴今”，昌隆古代家训传承文化，古为今用。

为帮助读者较好地阅读本书，理解各姓氏的家训、家规中一些专有名词、用语，在编辑本书时，编者还专门加注作解释。对于选录的家训、家规，加注辑录原谱出处谱名，以利读者检索、查询。

自古以来，在韶郡的民俗文化传承中，族谱、家谱无疑是家族文化传承的重要载体之一。所谓“慎终追远，民德归厚”。族谱、家谱不仅承载了以血缘为纽带的氏族族群传承、繁衍历史，也是族群“绍圣继志、褒奖先贤、示教后世”最好的文化传承载体与教材。其所记录的懿行、嘉言，以及所蕴含的文化内涵，无论在陶冶氏族成员心性、人格培养上，还是在维系氏族道德、价值、情操上，均具有积极的作用。

为此，进一步加强对家谱文献的开发整理，不仅有助于促进与推动地方传统文化资源的挖掘，对弘扬、传承地方优秀传统文化也具有积极、重要的意义，尤其在大力弘扬、践行社会主义核心价值观的今天，通过加强族谱、家谱中传统家训、家规文化的挖掘与整理，对于促进社会主义家庭美德建设，推进良好传统家风的形成与传承，无疑均具有积极的意义。

限于作者的水平，本书在编辑过程中，仍存在不足之处，尤其在辑录诸氏族谱家训、家规过程中，误勘、误校等错漏在所难免，恳请读者提出宝贵意见，并给予谅解，以备编者此后再续修订，并加以纠正。

作　者

2017 年 9 月

目　录

韶关王氏

韶关王氏出山西太原堂。谱载本支王氏系周灵王之后。世居太原，因出于王族，以王为姓，郡望太原。王氏迁入粤北，始于南宋。相传宋末福建上杭始迁祖王源观三子日遵、日泰、日进，应文天祥兴师勤王，投戎于文天祥麾下，随师至保昌。元师逼境，兵败后，三兄弟卜居保昌鱼鲜立祠开基。又有始迁祖王顺兴，自江西迁保昌大坊莲塘开基。入明后，从永乐十五年（1417）至明成化七年（1471），先后自福建上杭、武平及江西淅淦等地，有王涤始迁祖八子，分徙始兴下湾、下嵩、高营、清代、罗陂（坝）、千家营等地开基。立祠千家营，历数代后于明嘉靖至清初，有二十六族分徙南雄中站、古市、雄州、里东、梅岭等地开基。

另有江西太和王氏一支，于宋末迁徙入乐昌长来，开基祖为遵公；明代，又有福建上杭王氏迁入长来，分布长来、梅花、河南、廊田、黄圃、乐城与老坪石等地。元（后）至元六年（1340）福建上杭有始迁祖元发，徙乳源开基，分居大桥、乳城、石山背等地。明正统三年（1438）有始迁祖文德一郎，成三郎，自福建上杭、武平迁翁源开基。

始兴太原郡三槐堂《王氏族谱》

【迁徙源流】始兴太原郡三槐堂王氏出自福建上杭王涤裔支。谱载：元末明初，始迁祖涤避乱携佛保、佛寿等七子，自上杭至始邑择居，立祠千家营。传至明嘉靖至清初，后裔分徙始兴、南雄各地。

【家训家规】始兴太原郡三槐堂王氏家训、家规，谱载列作《王氏家训》共十六则。兹列如下：

王氏家训

一、严家教：子弟之率不谨，由父兄之教不严。严乃家教首重也。夫诱掖奖劝，固为善法，而挞记侯明①，亦非寡恩。人俗子弟大振家声，克绍祖德，非教不能，非严尤不可。为父兄者知之，为子弟者体之也。

---

① 挞记侯明，为古代刑法之称，指用竹条或木棍打人。

二、慎祀祠： 报本追源，子孙重务。古来时有春夏秋冬祭，亦有衿祀蒸尝①。故当祭之日，外宜备物，内宜尽诚，使吾之精神与祖之灵爽幽明感格，阴阳相通。至于设立祭田，递年或轮耕，或收租，俱要预备牲礼，依时应祭。毋得临期推托，致慎取咎。凡属绅衿耆老，众议颂胙，毋许疲恶争拗。违者族长责正。

三、孝父母： 孝为百行之原，身乃父母所出。今我皇上圣谕，前贤格言，俱以此为首务。人子倘不及时供奉膝下，瞻依迄至，终天抱恨，罔极生悲，悔之晚矣。曾子云："与其椎牛祭墓，不如鸡豚待存。"为人子者，尚其悉之。

四、敬兄长： 兄弟如手足，四体贵全一。体毁伤，俱非完人。世人纵不如玄宗之"长枕大被"，大祖之"灼艾分痛"。而欺侮凌竞之习，曷勿潜消而默化乎？

五、和夫妇： 夫妇为人伦之始，《关雎》乃王化之原。阴阳和而后雨泽降，夫妇和而后家道成。《礼》② 曰："夫义妇顺，家之肥也。"至于绿衣黄裳，尤不可为。慎宜戒之。

六、爱乡党： 党人虽非同父，本系同井。曾子云："出入相友，守望相助，疾病相扶持。"邻里乡党，曷可慢乎哉？

七、睦宗族： 宗亲族戚，同流共源。源通则流长，流绝必源塞。宗族所关，岂浅鲜哉？

八、勤诗书： 古云："学乃身宝，儒为席珍。"诚能足三惜分阴，学底纯粹，工造精微。为第朱门仍富贵，而且白屋出公卿。况我知渊知博，不负时任。三槐后辈，以槐其志。盛朝隆儒重道，何忧高爵厚糈，紫袍金带，不为尔等加耶？

九、重斯文： 家有斯文，犹身之眉目也。身无眉目不得为完人，家无斯文不称为望族。吾族应朝仕绅衿，代不乏人。愿我族人等务宜隆师重道，培养中才，其名成学优者，当加隆礼重，庶子弟奋志于功名，以全望族也。济济人才，辈辈功勋，唯学是勤。荣宗耀祖，丕振家声。

十、力耕田： 谚云："有田不耕苍禀虚。"又云："耕三余一，耕九余三。"食出乎耕，耕赖乎力。力之不竭，食于何有？尚其勉之。

十一、戒怠惰： 游手好闲，不事生业，放辟邪侈，流为匪类。试看转乎怨沟壑者③，非若辈耶！勤要三载，懒则三天。懒则贪，懒贪则越法之始祸也。

十二、戒赌博： 诗云："凡人百艺可随身，赌博场中切莫亲。解使英雄为下贱，能教富贵受饥贫。衣衫褴褛亲朋笑，田地消磨骨肉嗔。不信但

---

① 蒸尝，指祭祀食物。

② 指《礼记》。

③ 典出《孟子·谏邹穆公》：凶年饥岁，君之民老弱转乎沟壑，壮者散而之四方。

看乡党内，眼前衰败几多人。”尚其慎之。

十三、戒淫欲：淫欲恶之首。先严淫。美妾娇婢，实为淫孽，三姑六婆，甚属淫媒。一入圈套，害不可言。尚其戒之。

十四、戒滥饮：酒以陶情，适可而止。倘不知节，丧德失仪，是非君子持己之道，尤非吾人保身之方。

十五、戒凶暴：自古逞凶之徒，适以取祸。肆暴之辈，定服上刑。一朝之忿，忘身及亲。不思国有律令，徒流充发，非为吾辈设耶？君子所以怀刑。

十六、重婚姻：（略）

韶关仇氏

韶关仇氏出山西平阳仇氏仇牧之后。谱载仇氏源出殷末三公之一九吾氏，夏商为诸侯，立国号“九”，商纣王杀九侯，其族人避居各处，于“九”国号加入人旁为仇姓。春秋时期，有仇氏后裔仇牧为救主缗公被杀，族人奉仇牧为氏族始祖。秦时，始皇帝置九州设南阳郡，仇氏开基。北魏时，有仇氏洛齐以平凉功高拜太武帝内都高官，居平阳郡（今山西临汾西南），仇氏渐成中原望族，并以平阳为郡望。唐宋时期，仇氏后裔分徙集中于陕西、山东、河南、四川等地。宋末元初，为避战乱，仇氏分徙浙江、江西、福建等地。元末明初，再分徙入粤，其中，迁居粤北以始兴为最。明清仇氏再分徙仁化、南雄等地。谱载，明代有始兴罗所仇氏始迁祖爱泉生四子奇籣、奇英、奇穧、奇桂。其中，奇籣、奇英、奇穧分迁仁化等地开基，在粤北繁衍生息，唯奇桂携子孙远迁四川。清康熙年间，分居仁化仇氏后裔再迁闻韶、南雄开基。

仁化平阳堂《仇氏族谱》

【迁徙源流】韶关仁化仇氏一支，源于山西平阳郡，望出平阳宫音，春秋时宋国仇牧之后。原籍始兴县罗所村。清康熙年间，由始兴县罗所村迁徙至仁化扶溪南台祠（即现南台庙），因与外姓纷争，避居南雄属上等村。再转迁闻韶下徐村（旧属南雄上保下徐村）安居，遂开族繁衍生息。

【家训家规】仁化平阳堂仇氏家训、家规，谱载列作《祖宗遗训》。兹列如下：

祖宗遗训

一、孝乃百行之首，于人伦为重者也。历世以来，皆遵教命，益敦友益让。若有行横悖逆，恃尊凌卑，以少犯上者，许令族长裁以公论家法，不得辄紊官府，以致倾覆。

二、祖宗自历代以来，俱以勤耕读为本，子孙当世守家法，毋忘礼仪之训。如有怠惰者，因贫乏而为非者，许令族长告诸家庙点罚，以警将来。

三、男女有别，然后父子亲，万化成。为我子孙者，当于季康子出见从祖叔，毋委门而言，各不逾阀可也。苟或因亲灭礼，不避嫌疑者，许令责以大义黜出，不令入斯谱也。

四、婚姻以配德而适。先世及今皆择阀阅名家以通秦晋，均不得贪富厌贫，滥于小户不当之家议婚况。小家之女不知廉耻，或有生客新亲上门，睹面言谈以为有能；尊者在上，言语不逊以为有理。殊不知内言不出，外言不入之理。牝鸡司晨，邦家之累，且使外人轻视，是不可不禁也。

五、族属以和睦为贵，以礼为先。宗室但有婚姻、丧葬贫乏不能举者，族长务要劝谕诸族，各出财物以扶助之，不可坐视贫困不恤。

六、子孙需七岁择学行俱优师。儒训之，自小学以《四书》《五经》为目，必需熟读讲解，不行任意陋学懒惰，即为父兄，事师也需尽礼，切勿怠慢。至其有生员田，惟绅士收之，白丁勿得纷争，亦不得占卖矣，其出身始归公堂。

七、祖宗坟茔务须维护。岁时家长要亲率子弟亲自拜扫，即远祖也不得忽略。至于坟上之树，近墓之石，均不得擅自侵动，违者以不孝论。甚至有偷葬祖茔，不论阴阳，尊卑失序，此等欲以求福祉以违祸，应鸣公正法，断不轻恕。

八、家谱为全族之史也，添丁进口务须记实记全，勿遗漏矣。修谱建祠为之大事，我族人等，需竭力扶助之。五、八、十年务须修补一次。凡吾族人务尽录之。

凡无后者，可继则继之，无可继者可听其行也，决不可以“绝”“止”裁之，心何忍哉！下继者，断不可慢视。甚至借谱不育，挂名绝房，觊觎生端，讼之所起也，尚其戒之。至于现在所生之子女，未经婚配，未经生男，当不在此列。

韶关邓氏

韶关邓氏有六支，最早一支出汝城卢阳邓氏。据《邓氏族谱》载，汝城卢阳邓氏始迁祖平直公，为衡阳人，陈永定时为卢阳县令，多善政，民不忍去，遂官居卢阳，生五子，长曰东甫、次曰南甫、三曰德甫、四曰元甫、五曰亨甫。亨甫任韶州刺史，功德及民，民爱而留之，因家乐昌东乡楼下，东甫居城下，生子念一郎、念四郎、念十四郎，传十四世，至仲显公裔孙护祚，继徙乐昌黄圃洞，又迁徙仁邑，枝茂繁衍。乐昌天堂一支，据《邓氏族谱世录》载：“祖系九羊始迁祖，纶山公之曾孙，绳正公之长子也。于元至正年间，由九羊迁居乐昌天堂，为天堂邓氏鼻祖。”明清时在乐昌，另有四支邓氏后裔，一支在明清时从仁化迁入，开基祖为洪漠；一支明清时从福建迁入梅花，开基祖为东福、友宣；一支明洪武至嘉靖年间从苏州吴县迁入；一支从湖南栗源迁入。各支分布在乐昌廊田、长来、九峰、两江、北乡、三溪和湖南资兴等地。乳源邓氏一支，共分三支，一为井头邓氏，开基祖为元益公，唐代从江西省清江县（现樟树）斗门都迁入韶关，后开基云门草窦角，分迁井头、桥头、溪头、城背等地；一支为柳坑乡烈村邓氏，原为江西省清江樟树大码头邓氏，宋仁宗时，邓裕任韶州参军司理，其后裔邓元烈到乳源县烈村开基；又有乳源城背邓氏一支，明朝时邓真右从江西省清江县斗门都携父骨灰迁乳源城背开基。曲江邓氏一支，始祖邓文进，隋大业初为韶州刺史，子孙世居曲江。北宋邓戒为户部尚书，第三子邓向于治平四年（1067）举进士，嘉祐三年（1058），由曲江迁居南雄，此后，子孙繁衍于南雄。

另有南雄、始兴邓氏各支，南雄邓氏据《粤赣边邓氏联谱》称，南雄邓氏为东汉邓禹之后，祖居南阳新野，迁雄共十七族。又有《进士始祖邓向公·序》记载：始祖公“讳向，字源荣，乃吾族发脉出源之祖也。追溯先朝，灵钟梅岭，秀毓雄州，登宋治平丁未进士，世居南雄”。始兴邓氏宗亲在始兴地域至少有六百年历史，皆为志德、祖贤、祖端、顺兴诸公之后裔。

一、仁化扶溪卢阳堂《邓氏族谱》

【迁徙源流】仁化扶溪卢阳堂邓氏，出汝城卢阳邓氏平直公一支。据谱载，始迁祖平直公为衡阳人，陈永定（557—558）时为卢阳县令，多善政，民不忍去，遂官卢阳。生五子，长东甫、次南甫、三德甫、四元甫、五亨甫。亨甫任韶州刺史，功德及民，民爱而留之，因家乐昌东乡楼下开基。后裔繁衍乐昌黄圃洞、仁化长江等地，宋末十世祖道春携母迁徙扶溪、厚塘，明弘治年间，厚峰迁居长江木溪，子孙繁衍日众，散居长江各地。主要分布在木溪、河田、锦江、里周、油洞、学堂坳、莲河、陈欧、芭蕉垅等地。

【家训家规】仁化扶溪卢阳堂邓氏家训、家规，谱载列作《宗规》作家族规制，共六则。兹列如下：

宗　规

祠墓当展：祠乃祖宗神灵所依，墓则祖宗体魄所藏。为子孙者思祖宗不可见，见所依藏之处，即如见祖宗焉。时而祠祭，时而墓祭，皆展亲之大礼，必加敬谨。凡栋宇有坏则葺之，罅漏则补之；垣砌碑石有损则重整之，蓬棘则剪之；树木什器则爱惜之，或被人侵害盗卖盗葬，则同心合力以复。此事死如生，事亡如存之道，族人所宜首讲者。

族类当办：类族办物，贤不废世之门第相高，间有非族认为族者，或同姓而杂居一里，或外邑移居本村，或继同姓子为嗣，其类非一。然姓虽同，而祠不同，或同墓不同祭。故是非当嫠，疑似当办，谱内必严为之防。盖神不歆非类。处己处人之道，当如是也。

名分当正：非族者办之，众人所易知易能也。同族者，实兄弟叔侄，名分彼此称谓，自有定序。近世风俗浇漓，或狎于亵昵，或狃于阿承，皆非礼也。至于拜揖必恭，言语必逊，座次必依先后，无论近族远族，俱照昭穆序列，情实亲洽，心更相安。名门故家之礼，原是如此。

宗族当睦：《书》曰：以亲九族。《诗》曰：本支百世。睦族，圣王且尔，况众人乎。然其要有三：曰尊尊，曰老老，曰贤贤。名分属尊，行者尊也。则恭顺退逊，不敢触犯；分属虽卑而齿迈，众老也，则扶持保护，事以高年之礼；有德行，族彦贤也，乃本宗桢干，则亲炙之，景仰之，每事效法，忘年分以敬之。范文忠公有言曰：“宗族于吾有亲，亲疏自祖宗视之，则均是子孙，固无亲疏。”人能以祖宗之念为念，自知宗族之当睦矣。

谱牒当重：谱牒所载，皆宗族祖父名讳。孝子顺孙日可得睹，口不可得言。收藏贵密，保守贵久。倘有不肖辈鬻谱卖宗，或誊写原本，瞒宗觅利，致使以赝混真，紊乱支派者，不惟得罪族人，抑且得罪祖宗。众共黜之，不许入祠。

闺门当肃：男正位乎外，女正位乎内，圣训也。君子正家取法乎此，其闺门未有不严肃者。纵使家道贫富不齐，如馌耕采桑，操井臼之类势所不免，而清白家风自在。或有不幸寡居，则丹心铁石，白首冰霜，如古史所载贞烈妇女，炳耀后先，相传不朽。皆风化之助，亦以三从四德，姆训夙娴养之者素也。如赋性不良，凶悍妒忌，傲僻长舌，溺爱子女，皆为家之索，罪坐其夫。语曰：逆家子不娶，乱家子不娶。《颜氏家训》曰："娶妇不欲不若吾家者。"盖言娶贫女有益，非谓迁就族类，娶卑鄙之女，以贻祸也。

二、南雄南阳堂《邓氏族谱》

【迁徙源流】南雄南阳堂邓氏出邓文进脉支。谱载：隋大业年间，始祖邓文进为韶州刺史，子孙卜居曲江。传数世至宋嘉祐三年（1058），后裔邓戒为户部尚书，三子邓向于治平四年（1067）举进士，由曲江迁居南雄立基。谱载《进士始祖邓向公序》记：邓向，字源荣，乃吾族发脉出源之祖也。追溯先朝，灵钟梅岭，秀毓雄州，登宋治平丁未进士，立基南雄。

【家训家规】南雄南阳堂邓氏家训、家规，谱载列作《家训》共十二条。兹列如下：

家　训

隆孝道，以敦天伦：得亲顺亲，虞舜美传□□□□□□□志曾参孝著于篇章，后辈宜谨先贤当法承欢爱日，须诚竭□□□戏彩□□存儒慕之念，果而存心孝顺，则彼苍必报以三多。若其蓄志逆忤，而律法先于□五禁。凡我族属，敬听无违。

笃友恭，以全一本：克恭克友，《周书》传手足之爱；吹埙吹篪，风诗美骨肉之恩。故荆树长荣，田家之友于当效，而同眠大被，姜氏之天显。宜遵是则式，相好无相尤，常存和谐之心，必不藏怒，不宿怨，乃为亲爱之至。慎勿阋墙起衅，以致角亏贻讥。凡我宗支，急勉勿懈。

亲九族，以昭雍穆：帝尧首重睦族，君子不施宗亲。凡为一□，宁厚毋薄。而既孰九族，宁亲勿疏。尊卑有分，勿以强欺弱。而众□寡□□□□毋使少凌长，而小加大。喜则相庆以结缱绻，戚则相怜以通□□□□□□□□故以致败纪坏纲，则家法难容，而族等宜戒。

及时祭，以隆追远：如左如右，先圣固有祭祀之诚；以孝以享，后人宜追远之念。故礿祀必陈黍稷，而蒸尝当列鸡豚。虽视无形而听无声，事亡弗及事存，然僾乎见而忾乎闻，有诚亦即有格。是则春秋缺祀而使先灵之恫恐，何如苾时芬升，以受宗公之禧祉。

勤醮扫，以杜侵占：安祖固须宅兆，妥先必欲住城。使其扫醮无闻则侵占者必多。果尔修培不密，则颓败者不少。所以昔年之汉寝，已为今日之唐陵。故先坟之在远方，鸡黍年年宜□，而族茔之历年久，豚羹岁岁当陈，则颓败之虞可免，而侵占之弊当息。

务耕作，以丰衣食：三事以厚生为急，八政以食贺为先。故帝王犹重三推，而先圣尚修六府。况草野舆情可优游适志。苟□柞不力，必难免石田之悲；若耘耔维勤，自可无菜色之虞。幸而旱魃无虐，固□歌坚□之实。即或雨泽愆期，亦可挽干滥之灾。凡我九族，急务三时。

勤诵读，以致显扬：朝稽夕考，桓荣一朝而致贵；心唯口诵，李贺七岁以取名。可见志切青灯，海底寻珠，不惮劳则必心融黄卷，蟾宫折桂有何难。苟其迁延岁月，虚度光阴，慕诵读之夕，无研穷之实，纵遇圣明之世亦抱贫贱之差。凡我族中后生，慎勿甘居人下。

禁奸淫，以端族□：大伦造端夫妇，首罪独在奸淫，故叔嫂不敢通言，古所深戒，男女不亲授受，礼有明言。倘有不顾廉耻頡起奸心，始也钻穴相窥，既为伤风而败俗，继也逾墙相从，必致亡身而丧家，上辱父母，下累妻儿，家规难逃，国宪必究。凡我子侄佩勿忘。

息争讼，以全身命：好勇即以丧躯，守身乃以重命。故刚强取祸，处父见杀于鞠居①；不忿激□身，仲子覆醇于妹土。倘遇忿时，亟宜思难。若忿一朝之飞，遂亡七尺之躯。大则戮于市朝，身首两地；小则倾乎产业，冻馁②双若尘无所主，死有余辜。可见小忿当前，须以大量是处。

戒赌博，以全家产：猜红拟绿必致败产，押宝掷骰定然倾业。迨至家无斗筲，室如悬磬，非作鸡鸣狗盗，必为拐骗窝逃。发觉经官，频加重罪，装家固治以断指之律，附和亦拟以笞杖之刑。胡不回首猛省，务本力农，何为聚党成群，招刑取辱。

崇节俭，以惜财用：九职以开财源，周礼有制；六府以厚名用，尚书甚详。倘任意封靡，纵家累千金，恐渐罄于匮乏。必留心俭约，即室存寸玉，乃终至于丰盈。独不思太羔玄酒可荐天地，亦何必象箸玉杯以宴宾朋，宁为固陋贻讥，勿作奢侈致败。

慎婚配，以谨造端：□□□婚必异氏而通嫁娶，周公制礼示同姓不为婚姻或结纳。初婚宜谘诹□□□。倘鸾胶再续，罔忙昧于一时，人伦由此不正，族谊因此难端。不惟见惩于姬公，亦且贻讥于后世。凡我族姓，须宜留心，慎勿昏昧于鲁莽，以犯王章与家法。

---

① 语出《左传》：贾季怨阳子之易其班也，而知其无援于晋也。九月，贾季使续鞠居杀阳处父。

② 出《孟子·尽心上》：不暖不饱，冒之冻馁。

三、乐昌天堂《邓氏族谱》

【迁徙源流】乐昌天堂邓氏支出宜章九羊。据《天堂邓氏族谱世录》载：“祖系九羊始迁祖，纶山公之曾孙，绳正公之长子也。于元至正年间，由九羊迁居乐昌天堂，为天堂邓氏鼻祖。第一世应成，生子一，奉正大夫，由九羊迁居天堂等处，妣谷李氏。昇公房惠春公三子辛田天桂公（生子五，居辛田）派下，昇公房惠春公长子下垒坪天植公（字竹堂，生子二，居下垒坪）派下，昇公房惠春公四子寮下门天棋公（字仰堂，生子五，由庠生钦加正四品，候选直隶州，居住寮下门）派下。”天晖公从天堂村迁出，迈向发迹的前程。据《天晖公迁居记》载：“惟天晖公，器宇非凡，倜傥不羁，具高士风。由天堂承全公旧业而来。为大溪始居之祖”。

【家训家规】乐昌天堂邓氏家训、家规，谱载列作《宗规》《家训》。其中，《宗规》共十四条，《家训》共六条。兹列如下：

宗　规

祠墓当展：祠乃祖宗神灵所依，墓乃祖宗体魄所藏。《礼》曰：“过庙思敬，过墓思哀。”为子孙者，或祠祭，或墓祭。祭皆属展视大礼，务宜严加敬谨。凡栋宇有坏则揖之，钵漏则补之。垣砌砖石，有损则重整之。蓬刺荆棘则剪除之，树木什器则爱护之。或被人侵害盗葬，则同心合复之。此事死如生事亡如存之道，族人所宜首讲者。

族类当辨：类族辨物，圣贤不废。世以门第相高，间有非族认为族者。或同姓而杂居一里，或外邑而移居本村，或继同姓而非同族者。为嗣其类不一，然姓虽同，称祠不同。大墓不同祭，是非难淆，疑似当辨。故谱类严为防闲杂，神不歆非祀处。待人之道，当如是也。

名分当正：非族者辨之，众人所易知易能也。同族者，实有兄弟叔侄名分，彼此称谓，自有定序。近世风俗浇漓，或狎于亵昵，或狃于阿承，皆非礼也。至于拜揖必恭，言语必逊，座次必依先后。无论近族远族，俱照昭穆序列；情实亲洽，心更相安。名门故家之礼，原是如此。

宗族当睦：《书》曰：以亲九族。《诗》曰：本支百世。圣王且尔，而况众人乎？然其要有三：曰尊尊，曰老老，曰贤贤。分属尊行者，尊也，则恭敬退逊，不敢触犯；分虽卑而齿迈众者，老也，则扶持保护，待以高年之礼；有德行者，贤也，贤乃本宗桢干，则亲炙之，景仰之。每事效法，忘年忘分以敬之。范文正公曰：“宗族于吾固有亲疏，自祖宗视之均是子孙。”人能以祖宗之念为念，自知宗族之当睦矣。

谱牒当重：谱牒所载，皆宗族祖父名讳。孝子顺孙目可得而现，口不可得而言。收藏宜密，保守贵久。每岁清明祭祀时，宜各持所编法字号原本，到宗祠会看一遍，或系是原人收藏，或换一人收藏，登名祭簿，以便稽查。祭毕，仍带归。如有鼠侵油污，磨坏字迹，族长同族众即在祖宗前，量加惩戒，另择本房贤能子孙收管，仍名祭簿。或有不肖鬻谱卖宗，私行胆写与人，瞒众觅利，致使以假混真，淆乱宗支者，不惟得罪族人，抑且得罪祖宗。众共黜之，不许放祠，仍会众呈官，追谱治罪。

闺门当肃：男正位乎外，女正位乎内，圣训也。君子正家，取法乎此，其闺门未有不严肃者。纵使家道贫富不齐，如馌耕采桑，亲操井臼之类，势所不免，而清白家风自在。或有不幸寡居，则丹心铁石，白首冰霜，如古史所载贞烈妇女，炳耀后先，相传不朽。皆风化之助，亦以三从四德，姆训夙闻，养之者素也。若徇财妄娶，门阀不称，家教无闻；又或赋性不良，凶悍妒忌，傲僻长舌，私溺子女，皆为家之索，罪坐其夫。语曰：逆家子不娶，乱家子不娶。《家训》颜氏曰：“娶妇必欲不若吾家者。”盖言娶贫女有益，非谓迁就族类娶卑鄙之女，以贻祸也……

蒙养当预：闺门之内，古人有胎教能言之。教父兄，又有小学、大学之教，是于弟子易于成材。今世俗教子弟者何如？上者教之作文，取科第功名止矣；功名之上，道德未教也。次者教之杂字，以便商贾书计。下者教之状词活套，以为他日刁猾之地。是虽教之，实害之矣。族中各父兄须知弟子之当教，又须知教法之当正，又须知蒙养之当预。七岁便入乡塾，学字学书，随其资质。当知识渐长时，即择端悫师友，将正经书史，严加训迪①，务使变化气质，陶镕德性。他日若做秀才、做官，固能为良士，为廉吏。就是为农，为工，为商，也不失为淳厚君子。

姻里当厚：姻者，族之亲；里者，族之邻。远则情义相关，近则出门相见。宇宙茫茫，幸而聚集，也是良缘。况童蒙时或多同馆，或共嬉游。比之路人，迥别凡是皆当从厚，通有无，恤患难，不论贤否，俱以诚心和气遇之。即使彼曾待我薄，我也不可以薄待之。若恃强凌弱，倚众暴寡，靠富欺贫，捏故占人田地风水，侵人山林疆界，放债过三分取息，此皆薄恶离习。天道好还，尤宜急戒，毋自害儿孙也。

职业当勤：士农工商，业虽不同，皆是本职。勤则职业修，惰则职业堕。修则父母妻子仰视，俯育有赖；堕则资身无策，不免姗笑于邻里。然所谓勤者，不徒尽力，实要尽道。如士则须先德行，次文艺。切勿因读书识字，舞弄文法，颠倒是非，造歌谣，匿名帖，举监生员，不得出入大公门，有玷行止。仕宦不得以贿赂败官箴，贻祖宗羞。农则不得优游懒惰，工则不得作奇技淫巧，商则不得纨绔冶游，酒食浪费。亦不得越四名之外，为胥隶，为优伶。若赌博一事，近为相习成风。凡倾家荡产，招祸逮衅，无不由此。犯者宜会族众，送官惩治。

赋役当供：以下事上，古今通宜。赋税力役之征，国家法度所系。若拖欠钱粮，便是不良百姓。连累里长，触恼官府，追呼问罪，身辱家亏，

---

① 指教诲、启迪，《周书·周官》：“仰惟前代时若，训迪厥官。”

贻玷父母。又准不得事，仍要赋税完官事，何算计。故勤业之人，将一年国课先办纳明白，上不欠官钱，何等自在。况亦良民职分，所当尽者。

争讼当止：讼事有害无利，要盘缠，要奔走。若造机关文，又坏心术。且毋论官府明白如何，到城市便被歇家撮弄，到衙门便受胥皂呵叱。伺候几朝夕方得见官，理直犹可，理曲到底吃亏。受笞杖，受罪罚，甚至亡身辱亲，冤冤相报，害及子孙，不可不慎。《经》曰：君子以作事谋，起始能忍，终无祸节。有关系祖宗、父母、兄弟事情，不得已闻官，只宜从公告诉。切莫架梁捏怪，又要密知回头，不可终讼，此是锦囊妙策。须要自作主张，不可听讼事棍党教唆，财被人得，祸自己当。省之，省之。

节俭当崇：人生福分，各有限制。若饮食衣服，日用起居，一一朴啬，留有余，不尽之享。以还造化，优游天年，可以养福。奢靡败度，俭约鲜过不逊，宁固圣人有辨，可以养德。多费多取，不免奴颜婢膝，委曲绚人，自丧己志。费少少取，随分自足。浩然自得，可以养气。旦以俭示后，子孙可法，有益于家。以俭率人，敝俗可挽。有益于国，世顾莫之能行，何哉其弊在于好门面，一念始如乎。讼好赢的门面，则鬻产借债讨人情，钻刺不顾利害，吉凶、礼节。好富厚的门面，则卖田嫁女，厚赂聘媳，铺张发引，开厨设供，倡优杂还，击鲜散帛，乱用绫纱，力实不支，设法应用，不知挖肉补疮，所损日甚。此恶俗可悯可悲。噫，士者民之倡贤，智者庸众之倡责，有所属吾日望之。

邪巫当禁：禁止巫师邪术，律有明条。盖鬼道盛，人道衰，理之一定者。语曰：国将兴，听于人；国将亡，听于神。况庶民之家乎？故一切左道惑众诸辈，宜勿令至门。至于妇女识见……古人于三姑六婆，拒绝甚严，垂戒至切……此是齐家最要紧事，我族人所当加意预防者。

族谱当修：（略）

家　训

孝顺父母：如何是孝顺父母？父兮生我，母兮育我。其恩莫比，受尽多少辛苦，保抱持携，日望长成，光显门户。为子者，不思此身从何得来，却怀私意……反生忤逆，不求报答，此等人天必不佑。为孝子者，小必听顺父母，言语句句都要看实奉行，家贫必力求奉养，有疾必亲视汤药，有事必身代劳苦……我不孝亲，谁肯孝我。俗语云："孝顺还生孝顺子，忤逆还生忤逆儿。"天理昭昭，断然不错。尽礼不可有伤父母，方名孝顺。今日试思吾辈有父母曾孝顺否？

恭敬长上：如何是恭敬长上？人生有父族、母族，其次又有妻族，又其次乡党邻里。凡与祖考父兄同辈者，皆是长上。长上，虽有亲疏不同，都当亲敬……是故辈长于我者，我当执卑幼之礼，不相侮相凌。同姓异姓，有势无势，都能一般逊让，方是真能尊敬。今日试思，有长上的，会尊敬否？

和睦邻里：如何是和睦邻里？是与我邻近常往来的，不论大户小户，同在一处住居，不论好人歹人，都是同胞一般，都当骨肉相处。将心比心，视人犹己，患难相救，有无相通，庆吊必时，取与必慎。不可妒富厌贫，欺孤虐寡，自恃门第，妄生较量。我能爱人，人便爱我。纵其强梁，务以理胜。即或少有欺侮，犹当含忍。又或旧人仇恨，曾论是非，人谁无过，都当消解。只保眼前一团和气，方是真能和睦。今日试思各人乡里，曾和睦否？

教训子孙：如何是教训子孙？今人谁不愿子孙长进，强似自己，然多不遂愿者。盖自小不曾教得或是溺爱，过于姑息；或是嗔嫌，任其懒惰，又或教无方法，责效太速，吝啬费用，不肯延师，遂成放旷。殊不知，人生个个能做好人的。须在饶有知觉时教他爱亲敬长，务惜廉耻。成童时教他歌诗习礼，务守规矩。酒色财气不可沾染，进退应对俱有节奏。九德皆当遵行，六经皆当熟诵。勿任戏狎，勿弄玩好，更不许说人短长。勿慕富贵，侮慢前辈，结交匪人。有不听者，不可便劝怒心，递生弃绝，仍当渐渐设法引导，务尽为父兄之道，方是知得教训。今日试思各人子孙，曾用心尽力教训否？

各安生理：如何是各安生理？凡做人在天地，只有士农工商四样，各有职业，都是一世受用的生理。但为工农商的用力经营，自顾一身，其生理小，为士的读书明理，关系国家治乱，其生理大。生理小的要安分守己，不要懒惰；生理大的安贫守道，着实在圣贤路上行。能如此，即是一世的好人，一家的好子孙；若游手好闲，为僧，为道，为优，为伶，为胥，为隶，流离颠悖，狠恶强梁，辱蔑祖宗，便是不安生理……今日试思各人所安生理何在？

毋作非为：如何是毋作非为？是道理不当为的，法律所必问罪，如于各犯义，窝盗朋奸，飞诡钱粮，拐诱子女，扛帮词讼，欺骗财物，过例取索，挟势把持，掘掇是非，喇唬放横，此等人，上犯王法，下累父母妻子。生不该与之序尊卑，死不得容之入家庙……俗说："做贼只因偷鸡起。"……今日试思各人曾犯非为否？

四、始兴南阳堂《邓氏族谱》

【迁徙源流】始兴南阳堂邓氏出南阳新野东汉邓禹之后，谱载本支始迁祖邓向，据《进士始祖邓向公序》记载：始祖公"讳向，字源荣，乃吾族发脉出源之祖也。追溯先朝，灵钟梅岭，秀毓雄州，登宋治平丁未进士，世居南雄"。后裔于明中晚期迁始兴立基，立基祖志德、祖贤、祖端、顺兴诸公。谱载：始兴南阳堂"皆为志德、祖贤、祖端、顺兴诸公之后裔"。

【家训家规】始兴南阳堂邓氏家训、家规，谱载列作《祖戒》《祖训》。兹列《祖训》如下：

祖 训

祭祖宗：濡露沐愓，孝子动迎来之思；履霜凄怆，仁人生送往之感，则祭也者，可不因时而举欤。然褕祀蒸尝，祭之典也；牺牲粢盛，祭之仪也；升降礼跪，祭之文也。尤贵有诚以贯乎其间，始于报本追源之意或有得焉。凡我子孙，各宜凛之。

孝父母：亲之爱我也，犹我之爱子也。顾我之爱子，则自孩抱以至成立，无所不至所，所至亦甚区劬劳①矣。倘子之于我不思亲恩罔极难报，且或从而忤逆之，能无大伤我心乎？易地以处，而知我之所以事亲者，自不容已矣。

友兄弟：兄弟本同根共蒂，故兄弟既翕和乐且忱，凡人所当加意。试观因心则友而笃庆锡光，死丧急难而孔怀御侮。可知凡今之人，莫如兄弟。岂可开阋墙之衅，致有煮豆燃萁之诮乎？诵棠棣而矍然以兴矣。

正夫纲：有夫妇然后有父子，有父子然后有兄弟。是夫妇为人伦之始，实万化之原也。苟房闱无好逑之咏，牝鸡有司晨之鸣，能不为家之累乎？然必夫纲之克振而后妇道之克敦，则凡有家之责者，刑于之化，宜先厥身。

睦宗族：五世袒免杀同姓也。此推而远之之义，引而近之，则子姓虽繁，原其先本二人也。故周道亲亲，异姓为后。尧典敷治睦族为先，慎毋开提伤之泣，致有抱拊心之痛。庶几恩义尽而伦理明，可以保世而亢宗矣。

守国法：率义裴彝，国有常宪。锄奸瘅恶，律有明条。虽好生之德，允合于民心。而衿影之质，宜严于夙夜。苟或作奸不轨，必然法纪是干。既罹莫宥之罪，难逃三尺之诛。尔等幸生太平，当知国法宜守。

守国课：中邦成赋，帝王之仁。劳力食人，庶民之义。况运际升平，躬逢盛世。耕田凿井，咸安作息之常；食德饮和，共享太平之福。既知涓埃之莫报，惟此公赋之输，诚则国课早完；给公恐后，非特分所宜然。抑也情所难已，尔其勉旃。

务农桑：农桑为衣食之本。虽君公之尊，尚耕籍田。夫人之贵且亲蠹缫，苟夫妇废时失业，则事畜何由，则足凶荒。何自而备乎？读《汾风·七月》之章，而知手足宜勤也；考周礼经制之善，而知身家宜谋也。尔曹岂可日作游惰之民，坐致饥寒之迫。

勤教诲：弟子德业，端在始其基。古者十岁就传，十三学乐诵诗，十五而入大学教之，如此其详也。诚以圣贤嘉言懿行，载在简编。少而肄业，及之有以发其天良，使判然于善恶之途，束身于礼法之场，迨熏陶涵育，习与性成，即不能与圣贤同归，亦不失为克家令子教。父兄之教，可不先乎？

---

① 出《诗经·小雅·蓼莪》：哀哀父母，生我劬劳。指父母养育儿女的劳累。

韶关卢氏

韶关卢氏出范阳，主要分布在韶关南雄、始兴、翁源等地。谱载卢氏为炎帝裔，本姓姜，周敬王十一年（前509），封姜太公十一世孙文公子高之孙奚食采于卢，因以卢为姓，望出范阳。始迁祖卢光稠生唐开成五年(840)，唐末，乘乱起兵于虔州，自任虔州刺史，后梁太祖授百胜军防御使兼五岭开通使，进封开国侯。传至第十世卢三六郎（字维钦），由江西虔州迁福建宁化，遂世居闽地，再传至十七世。明永乐初年，裔孙礼受、永昌、永兴、永茂、永文、永盛、永发等，自福建迁始兴都安水开基，卢氏分布始兴江口、太平、深渡水瑶族乡、隘子、花山、城南、马市、顿岗等地。明嘉靖年间，始兴马市、都安等地卢氏再分迁南雄、翁源、仁化等地，后裔遍布韶关。

始兴范阳堂《卢氏族谱》

【迁徙源流】始兴范阳堂卢氏系出姜后。谱载：有奚公食采于卢，因以为氏。汉封大尉长安侯绾为燕王。后裔居涿郡，魏更涿郡为范阳，卢氏遂以范阳称。自唐有光稠公，僖宗授为百胜军防御使，兼五岭开通使，进封开国侯。宋加封大傅，有功于韶，韶人立庙祀之。至明永乐间，稠公之子孙延昌公房之礼受、永昌等公，孟坚公房之佛圣、佛寿等公，同为伯叔兄弟，宦游始兴，遂家焉。今吾粤北江卢氏，皆稠光公之苗裔也。

【家训家规】始兴范阳卢氏家训、家规，谱载列作《家训十二则》。兹列如下：

家训十二则

敦孝悌：夫孝者，天经地义，人生百行之原也。父母之德，昊天岗极，人子欲报亲恩于万一，当内尽其心，外殚其力，谨身节用，以勤服劳，以隆孝养。慎毋博弈，饮酒好勇，斗狠好货，财私妻子，始无愧于孝矣。至若家，有长子称曰：家督①弟有伯兄，尊曰家长；凡日用出入，事

① 出《史记·越王勾践世家》：家有长子曰家督。

无大小，众子弟悉当咨禀焉，饮食必让，语言必顺，步趋必徐行，坐立必居下。凡以明弟也，夫十年以长以兄事之，五年以长，则肩随之。况同气之人乎？故不孝与悌相因，事长与事亲并重，能为孝子。然后能为悌弟最者。

睦宗族：《书》曰：九族既睦。《礼》曰：敬宗睦族。明人道必以睦族为重也。夫家有宗族犹水之有分派，木之有分枝。而要归其本源，则一也。故人之待其宗族也，必如身之有四肢四体，务使血脉相关疴养相通，秩然蔼有序然仁者，毋生凌兢。彼世宗之族不睦者，或富者多吝而无解推之德；或贫者多求而生触望之思；或以贵凌人，或以贱骄人，或财产相兢，或意见偶乖，或偏听妻孥之浅见，或误中谗匿之虚词，因而诟谇倾排无所不至，不惟不知雍睦，抑且忘为宗族矣。愿吾族人其互相劝励。

和乡党：《诗》曰：民之食德，乾喉以衍。言不和之渐，起于细微也。凡人处乡党中，宜接之以温厚，处之以谦冲。毋恃富以侮贫，毋恃贵以侮贱，毋希智以欺愚，毋以强而凌弱。谈言可以解忿，施德不必望报。人有不及，当以情恕；非意相干，当以理遣我。既有包容之度，彼必生愧悔之心。一朝能忍，乡里称为善良；小忿不争，闾党推为长厚。由此而争端不起，速讼无因。岂至结怨耗财，废时失业，而破产流离，以身殉法者哉。

重农事：夫日食之利生于地长于时而聚于力。稍不自力，坐受其困。故勤则耕三余一，耕九余三。不勤则仰不足事，俯不足畜。古者，天子亲耕，为天下倡，以农事为至重也。今告我族，凡耕稼者，勿好逸恶劳，勿始勤终惰，勿因天时偶歉而轻弃田园，勿慕奇赢倍利而辄改旧业。苟能胼手胝足，竭力耕耘，东作自然西收，将日积月累，可驯至于饶裕，子孙得以世守田园，利赖自无穷矣。

尚节俭：生人不能一日无用，即不可一日无财。然必留有余之财，而后可供不时之用。故节俭之道尚焉。夫财犹水也，节俭犹水之蓄也，水流不蓄，则一浅无余水立固矣。财流不节，则取用无度，财立匮矣。故值仓箱充实之时，即当预为节俭之计。若酬酢往来浮费是尚，冠婚丧娶，悉事奢靡，衣服华丽，饮食甘肥，一至空虚。彼时饥负号寒，困苦无告，寡廉鲜耻为盗、为娼，无所不至矣。可不慎欤。

明礼让：礼为天地之经，万物之序。道德仁义，非礼不成，尊卑贵贱，非礼不定，冠婚丧祭，非礼不备，酬酢燕飨，非礼不行。是知礼之体大而用广也。然礼之用，贵于和，而礼之实，存乎让。夫子曰：“能以礼，让为国乎何有？”诚能和以处众，卑以自牧；在家庭而父子兄弟底于肃雍睦，在乡党而长细老弱归于雍睦。毋犯嚣凌之戎，毋蹈纵恣之行，毋事一念之贪遂成掠夺，毋逞一时之忿致启纷争。各戒浇漓，共归长厚。则循于礼者无悖行；敦于让者无竞心。蔼然有恩，秩然有义，岂非太和洋溢者哉？

崇正学：人受天地之中以生，惟此伦常日用之道，为智愚所共由。索隐行怪，圣贤不取。为学者，圣经贤传所当朝稽而夕考焉。至若不经之典，妄诞之言，则为异端，自当屏绝，以正身心。将见所习不苟，品行自端，事亲孝，事君忠，莫不悉由于正学之所基矣，可不审欤！

务本业：人生天地，智愚不同，莫不择一业以自处。士农工商，业虽各别，而所当务则一也。夫身之所习为业，心之所向为志。业与志本相须而成也。但恐日久生厌，舍旧图新，或为浮言所动，或因际遇未通，一念游移，半途而废。作非分之营求，生意外之妄想，而志遂于荒，业遂于废矣。凡我族中，务须士食旧德，农服先畴，工利器用，商通货财。各世其业，上继祖宗之传，下绵子孙之福，则富庶丰亨，岂有穷哉？

禁非为：大凡子弟之率不谨，皆由父兄之教不先所致。为父兄者，启其德性，遏其邪心，广其器识，谨其嗜好。人之淑慝邪正，必自为子弟之日始。今告族人，凡有子弟，务必严加约束。而游手好闲，博弈饮酒，交结匪类，放辟邪侈，在所当禁。倘任其游荡，一至陷溺而不悟，以致罹法网纪刑章，为父兄者独能晏然已乎？慎之，慎之。

戒赌博：语云："人生百艺可随身，赌博场中莫去亲。"盖赌博一项，例禁甚严，有犯必惩！况赢输一说，今日赢一两，实得不过数钱。明日输二两，断难求免半分。及至典当无具，借贷无门，饥寒迫身，流为盗贼，陷入囹圄，五刑交加，倍尝痛苦。上遗羞于父母，下贻累于妻子，乡党弗之顾，亲友弗为恤，求生不得，求死不能。赌博之祸必至于此。凡我族人，最宜猛省。

止健讼：大凡物不得其平则鸣，是讼端一项，非必谓尽能无也。然必审视其事之何如耳。如果阴谋强占，难以理处，出于不得已者，始可鸣之于官。若客气激发，无甚伤害，动辄结讼公庭，用费钱财，荒时失业，将富者因此而速贫，贫者因此而陷身。是不忍之，为害甚矣。今为族人劝，凡有横逆之投，必须自反，即有睚眦小忿，亦当忍耐。古人唾面自干，良可法也。《易》① 云："讼终凶。"劝我族人，宜三复斯言，即可以保全身家矣。

急输将：夫以下奉上，先公后私，分所宜然。依限而纳，无待追呼，斯称善俗。凡我族人，有钱粮者，务宜急公早完，勿得任意迟缓。独不思朝廷正供岁输，岂容抗欠。差役受比追之苦，肆意诛求，剥啄叩门，多方需索，锁赴到官，形权随加，身既受辱，更且耗财，无名之费，或浮于输纳之数，而究意未完之项，仍属不能宽贷。与其为抗粮之顽户，何若为急公之良民。获其所余，以资俯仰。其为安乐，当何如耶？愿吾族中其共相勉之，毋忽。

---

① 指《易经》。

韶关田氏

韶关田氏主要分布在新丰、翁源、始兴（司前）、曲江等地。谱载：田氏源于“齐之田文”，秦灭六国后，田氏向西北之地迁播。魏晋南北朝至隋唐，田氏郡望移往信都、范阳、颍川等地。至宋，中原田氏南迁繁衍至闽粤。居江浙始迁祖田希圣后裔，徙居福建宁化、长汀，后三世祖迁居粤境程乡（梅县），繁衍新丰、翁源，至四世祖移居英德，再迁始兴清化，五世祖迁龙南，至明代，六世祖（得职公）由龙南再迁南雄保昌，此后，子孙繁衍，衍播韶关曲江各地。

始兴《田氏族谱》

【迁徙源流】始兴田氏源出山东临淄。谱载：“齐之田文，称孟尝君者，名震诸侯，何莫非田氏之若孙耶?”宋时，中原田氏南迁，居江浙始迁祖田希圣后裔，徙居福建宁化、长汀等地。宋末元初，田氏有族侄旺英、旺奇与侄孙发刚等，移迁江西上犹，至始兴、清化等地寻源溯流，以联宗亲。因上溯鼻祖二郎公本闽籍上杭人氏，后三世祖迁居广东程乡，至四世祖移居英德，再迁始兴清化，五世祖迁龙南县，六世祖得职公在明季由龙南迁南雄保昌，其孙绍钟、绍镗，克绳祖武，度地而居。睹成北莲塘坳村。

【家训家规】新丰田氏家训、家规，谱载列作《家训十则》。兹列如下：

家训十则

一、敦孝悌：人伦万事，本根孝友。人生大节，门内乖张，则根坏节亏。任尔富贵声华，终不可以为人。所以昔人垂训，总以孝悌为先。世有一等人，看财极重，产业极重，而父母兄弟反看轻了。不知罔极之恩，碎身莫报。手足之情，千金难买。人人各宜猛醒，力尽爱敬友恭之实，求无愧于为人。

二、重读书：荣耀祖宗，显扬父母，全在读书。家有读书人，则礼仪纲纪有人讲究扶持，而忠孝节义、公侯将相，从此出矣。夫田产金钱有去来，书中受用无穷尽。故，族内俊秀子弟，无论贫富，为父兄者，俱宜小心培养善教，以成大器，勿令游荡废时。

三、勤职业：士农工商，各有职业，以勤为本。语云：大富由天，小富由勤。常见名门巨族，由祖宗勤俭而成，由子孙怠惰而败。盖游手好闲，坐食山崩，俯仰无靠，遂生非心，其患有不可尽言者。故家中父兄，戒诏子弟，切宜留心。

四、立规矩：“严而恭，和而凶”六字，家国身事之要道也。故修身、齐家，务笃恩谊而立标准。内外男女，严肃有别。尊卑长幼间，无论大小事，不敢苟简。即语言坐立之际，都要遵规循矩，无生慢心。盖人心养以和顺，闲以礼义，则心气和平，自是做事好弟子。

五、完钱粮：官长约束百姓，除暴安良。我辈坐享太平，饱食暖衣，恩德实难报答。即有力无力者，皆宜早早完纳，方是纯良子。乃世上有等逞刁恃强，任意拖欠，罔知国家正供。迨至催追之紧迫，家中男女受罪，鸡犬难安，悔之何及。不思有钱买业，有业出息，稍有天良，理应及早还纳，守法奉公。

六、慎嫁娶：男大当婚，女大当嫁，世俗常谈。惟朱子格言：娶亲须求淑女，勿计厚奁；嫁女须择佳婿，毋索重聘。若是忠厚之家，家教好，人品端，联姻结婚，可勿较论贫富势利；若身家不清，只取眼前财利，将来有玷祖宗。

七、恤宗族：孤儿寡妇，苦况难堪，矧属至亲，情谊维护；若视如途人，甚且渔猎此辈，于心何忍？凡我族人，遇孤饥寒，须量力周恤，随事看顾。虽不计报施，而天道不爽，岂有怜人而遭孤寡之惨者。

八、尚节俭：财系养命之源，得难失易。虚靡滥用，是暴殄天物，终非持家之道。虽吝啬非所以持身，然须量入而出，三宝祖训，俭居其一。是俭亦一宝也。语云：少年只羡年华好，老大徒思俭朴高。族人最宜猛醒。

九、严禁嫖赌：凡人务正业，即贫亦可谋生。苟习非为，虽富亦难保守。若好赌博，则囊倾而荡产，随之甚至放辟邪侈，无所不为，人口竟从此坏。况引诱子弟，既坏己，并坏人乎。至于奸人妇女，有伤风化，大损阴骘，尤须谨戒。凡我族中有此样人，宜以官法并治之。

十、戒好讼：讼之兴也，由于好胜而逞忿。好胜则欲屈人，逞忿则欲伸己。不能思前想后，轻听旁人蛊弄，则小事易于酿成大狱。岂知世事让三分，天宽地阔。除不共戴天之仇，些小意气，平之以情，遣之于理。或经族乡排解而调停之，自可化有为无。若固执不化，逞刁生事，则财损德失，受害遭伤，种种都从讼字生来。朱子不云乎：居家戒争讼，讼则终凶。此言常宜佩服。

韶关朱氏

韶关朱氏出沛国堂支派。谱载：朱氏祖籍山东邹县，东汉迁江苏沛县开基，唐乾符五年（878）因避乱迁居安徽歙县，天祐迁婺源。宋宣和五年（1123）南迁福建建阳，为朱熹后裔，传五世迁宁化，再传九世迁上杭，元至正年间，有后裔分迁新丰、仁化开基。明清时期，再有分支迁入始兴，分布在江口、北山、太平、都亨、罗坝、城南、顿岗、澄江、马市等地，后再迁南雄等地。明成化年间有始迁祖文武、文聪迁乳源，清初，湖广填四川，乳源朱氏大举西迁，其中有分支迁四川川北邻水、大竹、营山、蓬安、仪陇等地。明正德年间，有后裔迁乐昌秀水开基，入清后，分布在始兴、翁源、仁化、乐昌等地朱氏后裔，分迁曲江、乳源等地，其中曲江朱氏分布在马坝、罗坑、江湾、白土、犁市、重阳、周田、黄坑、灵溪、大塘、火山、花坪、樟市、小坑、龙归等地。

一、乐昌塘口卢阳堂《朱氏族谱》

【迁徙源流】乐昌塘口朱氏出卢阳堂脉支。据《朱氏族谱·世基说》“卷首”载：余家自一世祖玉田由砀山徙卢阳，卜室邑西南隅之得靖世基之传，始于此嗣。是若榔木北水外涉，暨黄龙仙居城郭诸族，其聚庐而居者，皆吾同宗也。南街水东津江，始为吾利湟、利涉、利济三祖兄弟分居之地。传世既久，各长子孙……

【家训家规】乐昌塘口朱氏家训、家规，谱载列作《朱子训》《家训八章》等篇。兹列《家训八章》如下：

家训八章

一、祭祀以致敬为本，宗庙以有事为荣，跛跨跃哗非礼也。孔子曰：“我祭则受福，成肃公受赈不敬，充厥命矣。何福之能受为！”

二、祭毕而燕，位次有别，昭与昭齿，穆与穆齿，先王之制也……

三、孝悌万善之根本，不孝不悌，五刑之罪首。忿争小利，轻割天恩，得罪祖宗，于斯为大……

四、族人称谓，宜依行次。虽五服既远，慈不可苟也。若行虽尊，而恂恂于贵齿尚德，则彼此称谓之间，并行不悖，又何訾焉？

五、睦族以尊祖，恃强众暴弱寡，他姓且不可，况同宗一本之人乎？喜有庆，忧有恤。患难相顾，贫病相遗，厚道也……

六、亲族构讼，蔑伦伤化，不得已则鸣之族老公直者。谚云：“此方无讼，必有君子。”堂堂族老，而使伯叔兄弟，以家事渎官司，则族老何为焉？

七、依势刁悍，坐立无纪，主人忽视，莫之戒惩，此渐不可长。今日欺子之亲属，他日安知不欺其子之子孙。故教笞不可废于家也。至夜饮赌博，酿为奸偷，家人犯罪且及主。可不惧欤？

八、本宗家世业儒，农工商贾，各有生理……古人有言：“父兄之教不先，子弟之率不谨。”不安生理，即必作非为，可不戒哉？

二、两岳《朱氏族谱》

【迁徙源流】两岳朱氏出湘蓝田，祖自清远岳山。据清代朱氏汝珍撰《两岳朱氏族谱序》载：岳山朱氏，始自宋进士评事公，护端宗驻跸广州，率师拒元，失利殉国，其子孙流寓于岳山之上下（谓之两岳），繁衍至今，为称著姓焉。

【家训家规】两岳朱氏家训、家规，谱载列作《家训》《两岳乡规》，其中《家训》分列有《先贤文公家训》《朱子治家格言》等篇，兹列如下：

先贤文公家训

君之所贵者，仁也；臣之所贵者，忠也；父子所贵者，慈也；子之所贵者，孝也；兄之所贵者，友也；弟之所贵者，恭也；夫之所贵者，和也；妇之所贵，柔也。事师长贵乎礼也；交朋友贵乎信也。合理之事当从，非理之事勿作。诗书不可不读，礼义不可不知。子孙不可不教，奴仆不可不恤。守我之公者，理也；听我之命者，天也。人能如是，天必相之。此乃日用常行之道，若衣服之于身体，饮食之于口腹，不可一日无者也，可不慎哉。

朱子治家格言

黎明即起，洒扫庭除，要内外整洁。既昏便息，关锁门户，必须自检点。一粥一饭，当思来之不易；半丝半缕，恒念物力维艰。宜未雨而绸缪，毋临渴而掘井。自奉必须俭约，宴客切勿流连。器具质而洁，瓦缶胜金玉；饭食约而精，园蔬愈珍馐。勿营华屋，勿谋良田。三姑六婆，实淫盗之媒；婢美妾娇，非闺房之福。童仆勿用俊美，妻妾切忌艳妆。

祖宗虽远，祭祀不可不诚；子孙虽愚，经书不可不读。居身务期质朴，教子要有义方。莫贪意外之财，莫饮过量之酒。与肩挑贸易，莫占便宜；见贫苦亲邻，须多温恤。刻薄成家，理无久享；伦常乖舛，立见消亡。兄弟叔侄，须分多润寡；长幼内外，宜法肃辞严……重资财，薄父母，不成人子。嫁女择佳婿，毋索重聘；娶媳求淑女，勿计厚奁。

见富贵而生谄容者最可耻；遇贫穷而作骄态者贱莫甚。居家戒争讼，讼则终凶；处世戒多言，言多必失。勿恃势力而凌逼孤寡；毋纵口腹而恣杀牲禽。乖僻自是，悔误必多；颓惰自甘，家园终替。狎昵恶少，久必受其累；屈志老成，急则可相依。轻听发言，安知非人之谮诉，当忍耐三思；因事相争，安知非我之不是，须平心再想。施惠无念，受恩莫忘。

凡事当留余地，得意不宜再往。人有喜庆，不可生妒忌心；人有祸患，不可生欣幸心。善欲人见，不是真善。恶恐人知，便是大恶。见色而起淫心，报在妻女；匿怨而用暗箭，祸延子孙。家门和顺，虽饔飧不济，亦有余欢；国课早完，囊橐无余，自得其乐。

读书志在圣贤，为官心存君国，守分安命，顺时听天。为人若此，庶乎近焉。

两岳乡规

一、尽伦理：曷谓之伦，父子、君臣、兄弟、夫妇、朋友谓之五伦。曷谓之理，父子有亲，君臣有义，兄弟有序，夫妇有别，朋友有信，斯谓之理。伦理二字，实万古之常经，百王之治法，历盛衰而不变，与日月而常昭。能尽伦者，谓之贤人，不能尽伦者，难具人形，实与禽兽无异。吾侪伏处乡闾，纵未尝出身事君，而臣下忠爱之义，及父子亲，兄弟序，夫妇别，朋友信之理，所当研究发明，身体而力行焉，无令有灭伦犯理之诮，庶克为人。

二、睦宗族：《尚书》曰："以亲九族。"九族既睦，是睦族之道。圣王且然，何况庶人。近世忘本者流，或以富贵骄宗族，或以智力抗宗族，或以顽泼欺凌宗族，未尝不取快一时，实皆自种罪孽。昔王士晋先生有言：睦族有三要，"一曰尊尊，二曰老老，三曰贤贤"。又有四务，一曰矜孤，二曰恤寡，三曰周窘，四曰平争。题哉洵睦族之良方也。我乡人各宜取法前贤，共念一本之亲，以敦九族之谊。

三、勤职业：士农工商，各有职业。勤则职业修，而俯仰有赖。惰则职业废，而事蓄无资。况所谓勤者，非徒尽力也。第一贵尽道，如为士则必先器识，后文艺，勿因读书识字，舞文弄法。作乡绅，不得出入官衙，有玷行止；为仕宦，不得贪墨败戾，贻辱祖宗。为农者，不得窃田水壤、沟洫，纵牲畜践禾秧，赖田租。为工者，不得作淫巧，造伪货。为商者，不得垄断居奇，重入轻出，与乎挟资冶游，酒色浪费，此皆所谓尽道也。反是，则忝厥职，失厥业矣。我乡人其各勉旃。

四、正名分：先师策卫，首在正名。名之所关重矣。我乡谱牒所载，世次井然，兄弟叔侄，彼此称呼，自有一定之序。近世风俗浇漓，或狎与亵昵，或狃与阿承，以至称呼颠倒，往往有之。且有分属弟侄，胆敢直呼叔兄之花号者，似此浇风，切不可长。今与乡人约，凡于尊前，拜揖必恭，言语必逊，座次必依先后，称谓必期当可，庶几名正而情洽矣。至于尊长，尤必敦品励行，以为后生典型。不可恃尊恃长，逾礼法而凌卑幼。

五、教童蒙：古人有胎教，有能言之教。稍长，贤父兄又有小学之教，大学之教。是以子弟易于成材。近来风不古，若此调不弹，人才所以衰落。兹与乡人之约：凡各家子侄年登七八岁，便送至入塾，读书学字。渐长稍有知识，则择品行方正之士为师，将正经书史，严加训迪，务使变化气质，陶镕性德。他日若做秀才，若做官，固能为良士，为廉吏，就是为农为工为商，其心地明白道理，亦不失为谨恭之子。

六、完国课：赋税为皇家之贡，所系非轻。一有拖欠，便是不良百姓。迨两忙之侯，丁差到门迪催，呵斥怒骂，有何意味？况且招呼不周到，势必枷锁及身，官衙受责。那时亏体辱亲，破财废日，仍然要完纳一切方罢。言念及此，羞极愚极。劝我乡人，务宜于新正官府开征之日，赶紧完纳。庶在国为良民，在家为肖子。昔吾家柏庐先生曰：国课早完，虽囊橐无余，自得至乐。诚哉是言也。

七、息争讼：谚有之曰：生不入官门，死不入地狱。斯言也，殆见讼之有害无利，概乎其言之也。究之构讼公庭，无论官之廉明与否，而其中种种受人压制，受人呵斥，受人刑辱，有不待言而各晓者。奉劝我乡人，倘有关系祖宗父母兄弟妻子诸大事，不得已要言于公者，其余一切争执细事，务宜召集绅耆，酌理准情，和平了结，千万不可逞一时意气，或听人唆使，上控官门益大。圣人演《易》至《讼卦》曰：“惕中吉，终凶。”其各念诸。

八、严守望：大吏关心民瘼，谕令各乡团练，诏立保甲，原为安靖地方起见。倘不实力奉行，只图虚应故事，一旦有警，始悔防御无术，嗟何及矣。今集众议，定为思患预防之策，申明条约，雇练勇十名，购备器械。晚则锁闸门，昼夜更番巡察。有事则鸣锣告警。乡人一闻锣声，则要执杖齐出，或分追，或合捕，或邀截，庶不失出入相友，守望相助之风。倘或不肖子侄从中为伥者，确查实据，送官究治。

九、禁赌博：赌博本牧猪奴之戏具耳。迩来赌风日炽，到处皆有。究之推其弊，凡倾家荡产，招祸速衅，卖妻鬻子诸事，无弗由此。又况赌为盗原，势所必至。我乡同祖共宗，聚族而居，五百年前，本是一家，安可以兄弟叔侄相聚为赌博乎。兹与乡人约：自今以后，凡所谓番摊天九，掷色打牌，十五胡十二位花生摊诸目，一概严为禁止，以笃亲亲之谊。倘或不肖之徒，不遵约束，胆敢开场窝赌，务必集众上祠，处治示警。

十、警为非：我乡自六世祖兵部封君子英公迁居岳里，耕读传家，世守彝训。自后列祖考以乡贤，以忠义，以名宦，以笃行君子，以中宿异人，流芬郡志邑志者，班班可考。今则历年数百族大人多，其中人心不齐，品行或殊，而为士为农为工为商，务宜父诏子，兄教弟，伯叔训侄，各占一籍。遵循礼法，庶无惭于国家声。万一有冥顽子侄胆敢越乎规矩之外，或窝匪，或为匪，一经查出，则集众调处。小则捆绑刑释，大则鸣官严行究办，绝不徇庇。

韶关华氏

韶关华氏出无锡武陵堂支脉。谱载本支华氏源出子姓，自契佐舜为司徒，受封于商，历事夏后，世为商侯，至成汤克夏，奄有四海为天下君，传祀六百，鼎迁于周成王，封微子于宋国，以奉汤祀，作宾王家，传至戴公，授公子考父，食采邑于华，因以华为氏。三国时，华氏复盛，有神医华佗为沛国支……宋太宗时，华氏有后裔荣举进士，授员外郎，累官至主爵都尉，徙居汴梁，靖康间其曾孙原泉扈驾渡南迁无锡，传五世又有京一郎公后裔于宋绍兴间，因官沙县令，自无锡武陵迁入闽，传三世，裔五一郎公为九郎公冢子，由福建上杭徙粤北英德，居三传，于明初转徙翁源、始兴等地，又数传乳源滩头立基，迨十二世法端公后裔迁徙乐昌开基。自此，华氏后裔遍布粤北各地。

一、始兴永崇公宝溪《华氏族谱》

【迁徙源流】始兴宝溪华氏出永崇公一脉。《华氏四修族谱·序》记：明正统二年（1437）永崇公之孙受宗公为避战乱，自福建上杭连城白沙中村，迁入粤境始兴宝溪立基，由是华氏永崇公一支，于始兴宝溪，子孙衍传，枝繁叶茂，后裔遍徙豫章、粤北各地。

【家训家规】始兴宝溪永崇公华氏家训、家规，谱载列作《祖训十条》，又作《祖戒十》。训诫辅以《规例引》，兹列《规例引》与《祖训十条》如下：

规例引

父之所贵者，慈也。子之所贵者，孝也。君之所贵者，仁也。臣之所贵者，忠也。兄之所贵者，爱也。弟之所贵者，敬也。夫之所贵者，和也。妇之所贵者，柔也。事师长贵乎礼，交朋友贵乎信。见老者敬之，见幼者爱之。有德者年虽卑于我，我必尊之；不肖者年虽尊于我，我必远之。人之短，切勿矜己之长。仇将以义解之，怨将以直散之。人有小过，含容而忍之；人有大过，以理而论之。勿以善小而不为，勿以恶小而为之。人有过则掩之，人有善则扬之。处公无私仇，治家无私法。勿损人而利己，勿妒贤而嫉能。勿逞怒而报横逆，勿非理以害物命。见不义之财，勿取；遇合理之事，必从。诗书不可不读，礼义不可不知，子孙不可不教，童仆不可不恤。守我之分，理也；听我之命，天也。

人能如是，天必相之。此乃日用常行之道也，若衣服之于身体，饮食之于口腹，不可一日无也，可不慎哉！

祖训十条

第一训孝敬父母：人之一身受气于父，成形于母，故曰：父母之恩，昊天罔极。惟尽诚尽悫，谕亲于道，富则守礼，贫则竭力，贵则安分，贱则务本，此即孝敬者也。不然者大犯则治以忤逆之罪，小犯则惩以违背之条，既乖天伦，即罹人纪。

第二训慎终追远：养生者不足以当大事，惟送死可以当大事，此人子之所以宜慎终也，思己之根于父母，因思父母之根于祖父母，必探其大本，必究其始源，此人之所以宜慎终也。人为参三才而万物灵敢，不勉此而自命孝子，兹孙与欤！

第三训兄友弟恭：和气可以集福，顺德可以迓祥，而况埙篪有调，式好无尤，宴饮则和乐且孺①，死丧则求裒孔②，故为兄者不可恃长自傲，为弟者不可恃幼自骄，即令我为兄尤当使弟难乎其为弟，我为弟尤当使兄难乎其为兄，不然入室操戈，则手足乖离而笞挞加及。

第四训夫唱妇随：夫妇伦常之始配室家之缘。故必敬戒无违，不可流于零露蔓草，致情义之乖离；亦必尊卑有序，不可等夫绿衣黄裳，致嫡庶之颠倒。且也鸡鸣交警，媲美于前贤；读机相伴，克肖夫古哲。岂仅求家道之成而已哉。不然，琴瑟不调，鸳鸯有乖，其余不足观也山已！

第五训教本睦族：天下无异姓，人世无殊氏。而况一本同源，九族共脉者，敢不肫肫怡怡，以伸缱绻乐易之情也乎。故不可以富骄贫，又不可以贵押贱，且不可以强凌弱，更不可以尊傲卑，庶几五服雍和，九代融泄也。不然，视为秦越，待若霜萍，有惭元圣之戒子多矣。

第六训谨重妻配：娶妻百年之好，完配卜世之良，所以承祖祀，接宗祧，吉凶昭告神祇，宴贺拜复姻娅者，此也。故不可贪富贵忘其四德，更不可爱姿冶忽其三从；不可纵情欲略其鬼贱，并不可任燕婉异其伦常。岂曰吾其同姓不婚遂已哉。不然作奸犯科，不容录谱入祠。

第七训嫁赘贤良：原罪而嫁以己子，谨言而配以兄女。古昔至圣已郑重于其先矣，吾人顾可苟然于其后也哉。故或年齿相当，抑或位次相等，即不必役役于富贵，不必戚戚于贫穷。凡有里长户籍身家清白而无废疾担恙者，士农工商可也，鱼樵耕牧可也，不然，一日不谨，百年有悔。

---

① 出《诗经·小雅·常棣》：兄弟既具，和乐且孺。

② 出《诗经·小雅·常棣》：死丧之威，兄弟孔怀。

第八训敬重斯文：士人读书明理，见多识广，凡事必能洞达，此士所以居四民之首也。盖乡之有斯文，如人之有眉目。无事之谈古论今，言仁讲义，可以风励乎乡党。有事之时，搦管挥毫，知明处当，可以见重于亲戚。岂非如人之眉目清楚者乎。遇斯文，则必内存恭敬，外加礼貌。辍亵斯文，则临事玄乱，立犹面墙。

第九训勤业务本：白日莫闲过，青春不再来。此古人警人之怠惰也。莫把真心空计较，清晨莫落非非。想此古人警人之泛滥也，故夫孝子慈孙，当勤心力，以顾父母之养。须切身家以恢创垂之策。谚云：欲求大富贵，须下苦功夫。其此之谓也欤。不然，怠惰泛滥，辱及先人矣。

第十训忠君报国：人不必尽为朝臣也，而忠报之心，则不可以无位而消灭。故夫孝子慈孙戒骄奢，戒淫逸，戒赌博私宰，戒斗殴强横，戒酗酒乱性，戒盗窃败行。安分守己，急公奉上，耕田完租，收租完粮，借贷清尝，许诺慷慨。则宗亲欣欣而宰令欢欢矣，忠报孰大于斯哉。此尽孝即所以尽忠也。

二、乐昌武陵堂《华氏族谱》

【迁徙源流】乐昌华氏出无锡武陵街当支，谱载宋绍兴间，华氏京一郎公后裔迁福建汀州之连城。传三世至五一郎公后裔九郎公冢子徙粤北英德，三传转徙翁源，又数传移乳源滩头立基。迨十二世法端公，迁双桥寨脚生华锦、华千二公，自此，派衍星罗，近而金岭下、石带、梅花、乐昌、乌石下及茶园头；远而西蜀、楚南、资兴及汝城之大盈洞，皆由寨脚出也。

【家训家规】乐昌华氏家训、家规，谱载列作《圣祖仁皇帝颁示上谕》，共十六打。

圣祖仁皇帝颁示上谕

引：圣祖仁皇帝上谕，首以敦孝弟开其端，继曰笃宗睦族。盖人道莫先于亲亲，亲亲之外莫切于宗族也。恭录刊载谱中，庶几家喻户晓，俾世世子孙，守礼守法不致冒上忘等，则为祖宗之肖子，将出为国家之良臣，处为盛世之良民，斯毋负。

敦孝弟，以重人伦（其一）：子孝亲兮弟敬哥，一家和顺值钱多。圣贤不出人伦外，留得芳名百代歌。

笃宗族，以昭雍睦（其二）：祖宗遗下子孙身，根本由来是一人。莫视同宗如陌路，须教族众共相亲。

和乡党，以息争讼（其三）：万贯青钱买好邻，古人垂训极谆谆。周旋礼貌存恭敬，彼此帮扶做善人。

重农桑，以足衣食（其四）：男耕女织莫蹉跎，耕织勤时衣食多。下抚室家困乏，上轮国课免催科。

尚节俭，以惜财用（其五）：从来淡泊是良方，几见奢华能久长。但使此身无冻馁，布衣蔬食又何妨。

隆学校，以端士习（其六）：理学从来景大儒，濂溪岳麓是良模。敦诗说礼崇名教，立志端方品自殊。

黜异端，以崇正学（其七）：积善之家福自随，何须谄媚尚巫师。速排异说尊周礼，切勿愚迷酿福基。

讲法律，以儆愚顽（其八）：律例岂皆为杀人，颁行成式儆愚民，若能朝夕殷勤讲，自使奸顽志气纯。

明礼让，以厚风俗（其九）：名分尊卑不可逾，立身行己要谦虚。能明礼义相推让，风俗自成仁厚区。

务本业，以定民志（其十）：勤尔须将生理谋，莫从分外去营求。四民志定无偏向，自致荣华不用忧。

训子弟，以禁非为（其十一）：孩提情性易推移，溺爱安能有好儿。教训谆谆无懈怠，庶几日后免非为。

息诬告，以全良善（其十二）：止讼应知是善人，忠言逆耳莫相瞋。扛帮刁激非为变，息事方能种福因。

诫窝逃，以免株连（其十三）：窝隐逃人罪不轻，一家受累九家倾。务须察查经官府，莫恋亲情起祸凶。

完钱粮，以省催科（其十四）：急公奉上是良方，万事先当办课程。依限全完拘系免，无忧无虑似神仙。

联保甲，以弭盗贼（其十五）：弭盗先宜清盗根，急联保甲卫乡村。非惟遇盗多帮手，且使奸邪无处屯。

解仇忿，以重身命（其十六）：怨毒从来自结仇，冤冤不解几时休。亡身构祸非为勇，唾面自干岂是柔。

韶关许氏

韶关许氏有两支，一支为高阳许氏；一支为颍川堂许氏。相传高阳许氏原姓姜，为炎帝后裔，以国为氏，得姓始祖许由，亦称许繇，尧舜时期的高士贤人，因拒尧传位，事农耕而食，死后葬箕山。秦汉时期，许氏出为汝南、颍川望族。汉魏到初唐，许氏为避战乱南徙，数迁至江浙、湖北、江西等地。五代乱唐，汝南、颍川许氏再南迁江西、福建等地。宋元分徙入粤，由闽南迁入粤北始兴、乐昌等地。入明后，迁徙潮更盛，明洪武间，有数支许氏迁入粤北翁源、新丰、乐昌开基。乐昌一支以登甲、念四为开基祖，迁乐昌长来；又有壬保公，开基于翁源周陂，本支传二十多世，分支迁徙英德九龙、桥头、白沙，有分支迁广西藤县。此外，广东清远、新丰、乳源、和平，以及湖南、江西、台湾有后裔。另有江西吉安许氏迁河源支徙居新丰开基。清代再有福建上杭许氏迁乳源。

乳源大桥《许氏族谱》

【迁徙源流】乳源大桥许氏脉出颍川堂，据《许氏宗祠蒸偿簿序》载："吾族许氏源出炎帝之裔，根发箕山之脉。吾始祖由闽迁粤，二十余传，棋布星罗……"又据《许氏重修大桥老祖堂后龙山碑序》载："我祖居河背村，自四祖信诚公于明宣德年间开基立业，已立居十余代，三百余年矣。"

【家训家规】乳源大桥许氏家训、家规，谱载列作《家规十则》。兹列如下：

家规十则

一、隆亲长：孩提之爱，稍长之敬，孝悌根乎天性。虽不敢言孝悌之至，通神明，光四海；而服劳奉养，与夫昏定晨省，隅坐随行，则人人可尽，亦人人不可不尽。彼犯上作乱之事，亟宜知禁；敬祖宗，祖宗虽远，惟敬可以格之。每逢祭期，主祭及与祭者务须虔诚斋戒，各整衣冠，各谨趋跄，切不可懈怠从事；隆师重道，师者，乃教子弟读书之师也；道者，即尧、舜、禹、汤、文武、周公、孔孟之道也。凡读书者宜敬重先生，切勿轻慢。语云：“一字值千金。”而师岂可不敬重乎?

二、务本业：耕读传家之本，即或无田可耕，势不能读，肩挑贸易，也可营生；为商为贾，亦可致富。却不可缺“勤俭”二字。

三、戒赌博：凡人百艺皆好随身，惟有赌博场中，切不可入试。富家子弟大半坐此，倾家荡产。

四、戒酗酒：酒以合欢，也以滋生。然过饮则损神乱性，屡舞翩翩，言悖语多，由此而起。甚至因酒行凶为害匪，少此则以知节为贵。

五、戒躁暴：家中大小事务，或有不平，务须申知家长，理质是非。切不可妄动粗气。古人云：“忿思难。”又云：“一朝之忿忘其身，以及其亲。”此处家者务必如是知惩问，处世亦应尔。

六、戒奸盗：十恶淫为首。凡男女内外，务别嫌疑。至人间财物，各有分定。如或阴行奸盗，一经觉发，面目何存？彼玷辱门户，贻羞父母，大都皆此二字为之。

七、慎言语：古人云“惟口起羞”，又云“一言偾事”。凡处事接物，言语之间，亟宜慎之，非缄口不言也，值当言则言耶。

八、惜字纸：敬惜字纸，贵之本也。凡坏名节，有损阴骘，字迹固不可动。即见无用字纸或在地，当洁净收拾，以火焚化，或埋净土，或送长江。

九、惜五谷：爱惜五谷，爱之本也。且一粥一饭，思来之不易；半菽半粒，恒念物力维艰。不可轻抛地下，视若泥。

十、恪守古法：“夫三姑六婆，不许入门”，此古法也……

韶关麦氏

韶关麦氏原系浙江松阳。本姓“麯”，西晋有祖鳟丞相，其子孙多擢显官，后避五胡之乱，合二十四户南徙入粤，至始兴而居。至隋朝，有铁杖者，东征辽东，屡立战功，仕至石屯大将军，其日行百里，吃麦三斗，故帝赐姓“麯”，去曲为麦，其子孟、仲、季三才皆为仕宦。麦氏由此开基始兴郡，居地南雄府保昌百顺里。宋代铁杖公第十六世孙必荣、必秀、必达、必端、必雄，为避胡（苏）妃之难及兵乱，南迁珠三角宝安、小榄、鹤山，阳江、新会、怀集及江西南康等地开基，始兴余下麦氏后裔，分布南雄百顺、始兴城南、沈所等地。

今在韶关南雄、始兴、仁化、翁源、乳源、乐昌等地均有麦氏后裔分布。

始兴堂《麦氏族谱》

【迁徙源流】始兴麦氏出浙江松阳，后避五胡之乱，合族南徙入粤，至始兴开基定居。据始兴《麦氏族谱序》载：昌邑麦氏，自铁杖公仕隋，居于百顺村，以征战有功，礼车骑将军，迭进右屯卫大将军，其子孟才嗣授光禄大夫，仲才、季才俱官大夫。后裔自此在始兴繁衍。有守先人之旧庐者；有散处于他方者，若南康之郡，韶阳之境，各聚族而居。

【家训家规】始兴麦氏家训、家规，谱载列作《家规》，共十则。兹列记如下：

家　规

一、敬祖宗：万物本乎天，人本乎祖。祖其不可敬欤？故过墓生哀，祖宗形骸之所藏也。入庙堂生敬，祖宗灵爽之所凭也。至于立尝租以奉祭祀，为祖宗血食之所资也。苟或祠墓以营私，侵蒸尝以肥己，绝其血食，是为忘本之人也。出祠，不与胙，以戒将来。务使祭献以体，绅衿则绒冠公服，白丁亦长袍缨戴，以凛如在之诚，以尽远之意。

二、孝父母：仁为众善之长，孝属百行之原。从古圣贤，仁民爱物，莫不由亲亲而推，良有以也。盖子生三年，然后免于父母之怀。及稍长之后，提携虽可少释，教诲又复。维追百端辛苦，始至成立。父母之德真所谓昊天罔极也。为子者，苟非服劳奉养，外竭其力；先意承志，内尽其心，何于报亲恩于万一。试观鸦之反哺，羊之跪乳，则人之孝亲，油然而生矣。

三、友兄弟：天下无不是底父母，世间最难得者兄弟。诚以兄弟不比他人，乃同出一本者也。古来大被同眠，灼艾分痛，非是故欤！凡我族众，兄则宜友，弟则宜恭。勿听妇言而乖骨肉之谊，罔因财利而伤同气之情。斯一门之内，怡怡相得。家道由此而益昌，乡里因之而推重。吹埙吹篪，庶无让美于古人矣。

四、睦族里：族党之繁衍也，富贵贫贱不一其遇，智愚贤否不一其人，故自其后观之，虽支分派别，而自其始而观之，则源远流长，皆同出一本者也。夫既属于一本，岂容相争相斗、相骂、相辱，而不相亲、相逊乎？凡我众宜和睦相处，周困乏，恤患难。喜则庆，忧则吊。间有小忿，则速消，倘有外侮则共御。勿以强而欺弱，勿以富而遗贫，勿以贵而凌贱。务须有恩以相爱，有礼以相敬。斯成巨族，斯称大家。

五、隆祀典：事莫大于奠祖，礼莫大于承祭。春露秋霜，为子孙者能无怵然？故当祭期，务宜修洁祠宇，虔备奠仪整肃衣冠，恭行祀事。无或参差失礼，庶孝思少伸，而祖灵歆格，福我后人。

六、守坟茔：祖宗坟墓，远近不一，或与他姓连界，或开列房邻近，或共众坟而各房附葬。每逢清明、冬至，务宜及时醮扫，以免侵淆争论。

七、守礼法：礼为日用所必由，法是生日所当禀。彼世之荡检逾闲，撄祸罗罪，而耻辱频加者，皆由礼法之不守也。愿我族众毋丧德而败度，勿逞凶而犯科。云为即细，必循理而不可苟，清夜虽幽，当畏法而不敢恣，庶持身之间，可免相鼠之刺，而无一朝之患。何乐如之！

八、务本业：闻之：业精于勤，荒于嬉！本业可不务乎哉？如其不务，则士虽读而名不成，农虽耕而食不足，工不居肆而技艺不精，商名贸易而货财不殖。日事游谈，浪费岁月。势必见异思迁，流为匪，有玷门庭矣。愿我族众士勤读，农勤耕，工勤技艺，商勤贸易，斯力田有逢年之效。

九、崇节俭：节俭宜崇，奢侈宜惩。盖天地之生财，止有此数，而生人之费用，日见繁多，故即裁省冗费，犹恐不给，况复恣意浪费乎？每见世人只图眼前可观，罔顾将来不继。致使家业渐退，日朘月削而趋于败。岂非不崇节俭皆之厉欤？凡我族众，冠婚丧祭，称家之有无日用，云为量入以为出，庶贫可使富，富不致贫，保家业于既矣。

十、珍族谱：罄编定字号，各房按字号结领戳记。谱内务宜珍藏，不可损坏。每年冬至祭祀，虽远居者亦必携来祠上检验。如有篡改字样，及扯去页数，并借人抄写，遗失盗售，众攻，族仍行治罪。

韶关严氏

韶关严氏主要出两支，一支为富春堂严氏，谱载：严氏为黄帝后裔，本姓芈，春秋时熊渠为楚王，改芈为熊，楚庄王熊昭时，其庶兄弟以庄王谥为姓，改熊为庄。至汉明帝刘庄时，为避明帝讳，又改庄为严，以严光（子陵）为一世祖。史载：东汉隐士严光，因避刘秀即官位，隐居富春山耕读，后世奉隐居地为郡望。传三十四世至北宋初，严美由金陵迁江西泰和，为泰和始迁祖，到四十六世严君瑞，于元初自泰和迁徙南雄隍溪崇化开基，为南雄隍溪始迁祖。后裔分迁始兴及江西大余、南康等地。一支为乐昌严氏，本支迁自福建永定，开基祖为福耀，分布在乐昌河南、长来、五山等地。另有迁至河源、连平等地严氏分支迁入韶关新丰等地。始兴严氏分布在司前、隘子、马市等地。

南雄富春堂《严氏族谱》

【迁徙源流】南雄富春堂严氏出东汉隐居富春山耕读之严光，因以富春堂号郡望。谱载：本支为江西泰和支，自江苏金陵迁来，始迁祖令钧公。宋初避乱，迁隍溪南雄开基，开基祖子陵公。据《于陵公祠记》载：“隍溪之严本于泰和之严，本于金陵，皆子陵公苗裔也。”

【家训家规】南雄富春堂严氏家训、家规，谱载列作《正俗家规》，共十则，并以为训。兹列如下：

正俗家规

谨祭祀：祭祀者所以尽报本追源之意，诚不可不谨也。务修祫祀。蒸尝每岁必谨。值年首事预启某日致祭某祖。未祭之先，斋戒沐浴。及祭之日前晚，省牲。明晨与祭，整肃衣冠，随班行礼。遵家礼三献仪节，不许潦草从事，违者论不孝罪。

重丧葬：丧葬，大事也。为人子者当哀迫之际，慎毋忽略。凡附于身者，必诚必信，勿使有悔。附于棺者必诚必信，勿使有悔。乃为慎终之道。及至葬，营度坟墓，止宜坚固。风水之说，虽不必尽信，而亦不必拘执。总之，丧葬之礼，称家有无。孟子云：“无财不可以为悦。”孔子曰：

"丧与其易也，宁戚。礼义由贤者出。将观感而归于厚矣。"

别尊卑：尊卑之序，所以崇齿德而与礼让也。故徐行有训，侍坐有仪。小子后生，岂可视为具文乎？如一家之中，父坐子立，兄先弟后。一乡之中，隆生师儒，敬礼年高。尽人皆可行，而非烦苦之道也。若少凌长，小欺大，此浇漓之习，断不可长。有志励俗者，宜慎防焉。

务耕读：耕读为人生之正业，吾人须以首务为重，不可舍本而逐末也。家训云："子孙虽愚，经书不可不读。"盖弟子之灵敏者，务延师课，以冀有成，勿使半途而废。此贤父兄之责。若弟子之鲁钝者，亦必使之就读，识字明理，然后力于农事。而督耕贵于勤。切勿好逸怠惰，致叹于失时荒芜。要之耕读皆吾人之本业，惟在自尽其力。而力田逢年，学成有用，其有益于人也。岂浅鲜哉？

去奢侈：奢侈者，耗费钱财之谓也。衣服则綦组织纩也，宫室则朱户丹楹也，饮食则山珍海味也，即上户之家犹宜戒之，而况中户之家，尤而效之乎？孔子曰："与其奢也，宁俭。"又曰："奢则不逊，甚矣。"奢之为害大矣。可不去哉，可不去哉！

戒赌博：天下之倾家者，莫速于博，而天下之败德者，亦莫甚于博。入其中者，如沉迷于海，将不知其所底矣。夫士农工商，各有本业。父母妻儿必须养育，乃狎比淫朋缠绵，昼夜呼雉呵庐，乞灵于枯骨，鬻田质产，靡费于输场，及至嫁妻卖子，竟作下流；穿窬穷盗，陷入匪类。此古今之所痛恨而律例之所禁者也。乡族之中，尤须切戒。庶免陷为匪类而作下流，玷辱宗祖焉。是为戒。

息词讼：朱文公云："居家戒争讼，讼则终凶。"然欲息其事于临时，不若弭其衅于平日。盖争不如让，让不如忍。省三分事，占几多便宜。大化为小，小化为无。存这点心，减却十分罪过。若乃操兵器以互斗，致罹法网之诛，逞刀笔而健讼，终获三分褫之咎，吾族三思。处事百忍居心田。土户婚经，私劝而自可开释。女拐命盗赴公庭而切莫株连。虽有不得已而为之，宁必借其端而滋事。永配斯言，必获善报。尚其勉旃。

议婚姻：婚姻论财，夷虏之道。然六礼不可不备，而又无容过执也，则岁歉行杀礼，古人亦有然者。但父母之命，媒妁之言，门户相当，年岁相符，皆婚姻所宜亟讲耳。朱子云："养女必择佳婿，毋索重聘；娶媳必求淑女，勿计厚奁。"诚格言也。议婚姻者凛此。

积阴德：何谓阴德，盖德不可见，无所为而为之者也。有所为而为之，非德也，即非阴也。如救蚁中状元之选，埋蛇享宰相之荣，非阴德乎？《易》曰："积善之家必有余庆。"《书》曰："作善降之百祥。"司马温公曰："积阴德于冥冥之中。"有明训矣。人能一日积之，终身积之，其食报宁有穷耶也。此阴德之所宜积也。

睦邻里：邻里和睦，所以敦古处而崇亲逊之风也。古者轨里连乡，情深保护，而同井相友、相助，相扶持之义，不犹可考而知乎？故吾族之于邻里也，虽不能如上古之让耕让畔，而亦不可效晚近之相诈可虞。至于各乡之气习不同，或强、或弱，人盛、人寡，勿莫欺寡而凌弱，何必较盛而争强。惟以礼义相流通，斯睦邻里之道得矣。是为训。

韶关巫氏

韶关巫氏在翁源、新丰、曲江、乳源等地均有分布。谱载：南宋绍兴年间，福建宁化巫氏罗俊公第十七世裔孙大一郎，携七子迁韶州府曲江杨梅开基，长子仕聪，移英德高车坝，其裔文让，徙翁源雷公塘；次子仕成，明景德间，由杨梅迁英德尧山石霞，子贵三，移五石及罗定、佛山等处；三子仕政，徙惠州，其裔有移丰顺、揭阳及四川德阳等；四子仕宗，其裔有移粤之潮州、赣之兴国、湘之攸县等；五子仕恭，仍居闽之永定；六子仕敬，生子三，长福公，迁嘉应汤坑，其子孙有移曲江之乌石、上木坪及乳源梅花、乐昌坪石，有移赣县、上犹、雩都、龙南及湘之宜章、永兴等，次禧公，南宋绍熙间，由曲江杨梅，转徙兴宁；七子仕猷，其裔有徙粤之饶平、翁源礤头及连平等地。

翁源《巫氏族谱》

【迁徙源流】翁源巫氏属罗俊公福建宁化、上杭一脉。谱载：南宋绍兴间，罗俊十七世裔孙大一郎公，偕七子迁粤之韶州曲江杨梅开基。长子仕聪，移英德后，后裔文让，徙翁源雷公塘开基。次子仕成，明景德间，由杨梅迁英德。后裔移迁罗定、佛山等处。三子仕政，徙惠州。后移丰顺、揭阳及四川德阳等。四子仕宗，其裔移潮州、赣之兴国、湘之攸县。五子仕恭，仍居福建永定。六子仕敬，迁嘉应，后裔有移迁曲江乌石、乳源梅花、乐昌坪石等地。七子仕猷后裔，徙粤饶平、翁源礤头、连平等地开基。

【家训家规】巫氏家训、家规，谱载统一记作《家规》，共二十则。兹列如下：

家　规

一、父子：父子之亲，天性也。父无有不慈，特患子之有不孝。孝亦不必苛求也，惟善体乎父母之心，如父母望子成名，即当奋志诗书，以图上进。父母望耕田，即当勤力稼穑，以求温饱。父母望子学工商，即当尽力经营，以专一业。又如父母畏子疾病，即当节制嗜欲，以保身体。父母畏子贫穷，即当爱惜钱财，以成室家。父母畏子多事，即当和平血气，以求免祸。如是，虽不得为大孝，亦可以稍慰亲心，而不致获罪。若有忤逆不孝，或以家贫而懈供养，或以亲老而生憎嫌，或以督率而萌怒心，或以使令而生怨语，或以妻子之爱而疏定省，或以货财之私而忘本原，甚敢于父母之前，而显然干犯者。若斯之类，万剐犹轻。族房长即当鸣之于官，颁法重究。

二、兄弟：兄弟手足也。人虽至愚，未有使手与手相残，足与足相残者，以其属在一体，知为痛养故也。而不知兄弟之与兄弟，其痛养莫不有如是者。夫兄弟本一父母所生，自形迹视之，则兄一人，弟一人；自父母视之，则一体也。以兄弟残害兄弟，则是分父母之血肉，而交相残害也，于心安乎！且无论其残害也，或因微嫌小隙芥蒂胸中，即如手足间，偶生新入疥癞之疾，返之于身，心有坐卧不安者矣。是故兄当知友于之谊，弟尤当念天显之伦。如有同室参商，日相阋墙，不祥莫大。族房长处此，宜先详察颠末，若事可稍恕，或以理谕之，以情晓之，使其归于和睦可也。如不获已，送官究治，不可姑贷。

三、夫妇：夫妇道之造端也，不得戾情，亦未得溺情，而责则专归于夫男。何谓戾情？妇人见理未明，往往狃于一己之偏，而不知自反。惟为夫者，躬先倡率，事事导之以正。其或有小不是处，不妨宽为包容，默俟自化。若任一时血气，偶不如意，便恶言诟詈，必谊疏隔。夫妻反目，所由来矣。何谓溺情？夫情闺房静好之地，易于狎昵，不节以礼，必将陷入于淫。其在子女之贤淑者，可无他虑；若为阴险之妇，一意奉承，百般献媚，为丈夫者，渐且入其彀中。始则渔其色，继则信其言，终且显予以权，主持家政，干预外事，甚且离间骨肉，招尤朋友，一念溺情，遂至于此，可不畏哉。有室家之责者，尚其思之。

四、朋友：朋友有信，固也，而要必以择交为先。人日近于老，成端谨之人，则吾有不好处，必直言告诫，受益自多。且不贪我钱，不要我契，变故患难，事事可倚，是与善人交，为天下第一件大便宜处。若日近匪人，不惟坏我心术，损我品行；其设心处虑，无非谋吾所有，诱之以声色，饵之以酒肉，势不至于破钞败家，而不肯已，是与不善人交，为天下第一件大吃亏处。故曰择交为先也，人能择交而后可以无失信于朋友。

五、戒酒：酒，固可以合欢，而亦最足丧德。旷观古来嗜酒之徒，或因此而偾事，或因此而致疾，或因此而破家者，种种召灾，不可胜道。且无论召灾也，即幸无事，而终日酩酊，笑语癫狂，成何事体。故量可饮五分，只可饮二三分；量可饮十分，只可饮六七分。总之，酒非养人之物，自冠昏祭祀外，不可多饮，亦不可常饮。愿我辈其慎之。

六、戒色：色者，人之所共爱也。然人知色之所可爱，而不知色之可畏，姑勿论扰乱人伦常，斋人宗祀，冥冥中之有报应也。惑于色，聪明蔽，而足以丧志；牵于色，钱钞破，而足以丧家；困于色，精神耗，而足以丧身；且恶有贯盈之日，一旦泄露，或为人捕获，而献丑乡邻者有之，构讼公堂者有之；登时殒命者有之。人亦何苦贪此一刻快活，而招此莫解之祸耶？凡我子姓，各宜猛省，不特他人妻女，不苟且也；即自己夫妇之间，亦当相敬如宾，毋涉于淫。如有贪图非礼之色，甚且有关服制者，族房长即当鸣之于官，颁法究治。

七、戒财：财，为养命之源。然不爱财者，非好人；而过于爱财者，亦非好人。盖我爱财，未必他人之不爱财。因我之爱财，而遂夺他人共爱之财，人能忍乎？人不能忍，势必怀恨于心，将悖而入者，吾能长保此财乎？即吾之及身，幸保此财，而显招人怨，隐于神怒，其家必有横祸。不然，或出不肖子孙，而败家荡产，前人之所得者，不偿后人之所失，庸有济乎。总之财有定分，分内之财，不可不爱；分外之财，不如勿爱也。

八、戒气：今人开口，动曰争气。争之云者，如见人大富，自己即当勤俭，而与人争为富；见人大贵，自己即当发愤，而与人争为贵。见人为君子，自己即当敦品立行，而与人争为君子。如此，则气不大伸乎。本无所争，而有似乎争之也。若任一己之暴性，小有不合，便忿戾难忍，以本身之言，则为怒气伤肝，必生疾病。以他人当之君子，则大度包荒，视如牛犬之不足较。小人则力相等，势相均，必致两下争斗，而大祸起矣。圣人云：一朝之忿，亡其身，以及其亲，即此之谓。然而人可不平气哉！

九、戒奢华：凡人处世，只犯得一个奢字，足以破家，更足以折福。何也？天地生财，原以供人之正用，非以供人之浮靡。苟不知节，一年之费，致耗数年之费。一人之用，致耗数人之用。毋论其为中下户也，即号称素封，亦立见其空匮矣。且不止于空匮也，暴殄天物，鬼神厌弃。又其人奢侈过度，嗜欲必多，或病或夭，而福亦折尽矣。是故《尚书》有曰：克俭于家，俭非吝啬之谓。惟量入以为出，不过于丰，亦不过于啬。治家之道，于此得矣。

十、戒游荡：人无论贫富，必有专业，自不致长其佚志，萌其邪心，而家可长保矣。业不一业，须视其人之资力以为定。聪明子弟，使之就学，上矣。若果悟性有限，亦当改图。切不可虚慕读书之名，致令年纪长大，筋力疲弱，百无可成，所误亦不浅也。须知人生天地间，断无废材，为农、为商、为工艺，各就一业，皆足以成家室，求饱暖，特在人之能自立志耳。苟使游手好闲，虚度日月，此即国家之游民，天地之弃物也。愿我辈共勉之。

十一、戒争讼：争讼之端，费钱费业费心肠，居家所切戒也。戒之之道有二：其上者，横逆之来，如孟子之三个必自反，不可及矣；其次则当退一步思量，又进一步思量，彼如一事也。人来欺我，便要心上打算一番，先要算着输，不要算着胜。非理之不可胜也，理即胜矣，而差役需索，门房论诈，费几多钱钞来，受几多委曲来。与其忍辱于公堂。而其费大，曷若忍气于乡党而其费小。所谓退一步者，此也。至于进一步工夫，彼无理而敢于欺人者，必属凶徒。苟与之角，我输则固受其辱，我胜则亦结其仇，是不如让之为吉也。我愈让，而彼愈横，我不杀他，必为人杀。是虽以奸雄之术处世，而亦戒讼之一道也。族房长阅历深，更事多，有争端事件，非关于切齿者，即当力为排解。若同室相伤，尤宜秉公裁处，勿任游移。

十二、戒赌博：赌博，因钱而起也。一入其中，必欲云罄他人之所有，尽输于我，是我持斯杀人也。我持斯杀人，而人不服，势必百计图谋，求偿于我。是人又持斯杀人也。我杀人而胜，则所得之钱来甚容易，随手散尽。人杀我而胜，倾囊与人，再赌而不胜，则供贷以抵之。又再赌而不胜，则售物以抵之。不数年间，田卖尽，山典完，而穷困无门矣。回视昔日与赌之人，皆视如陌路，虽欲求与之赌而不可得，因此而为窃盗计，始而窃父母、兄弟之财，以为赌本，是盗贼又从此起矣。赌博之家，不拘何人，呼幺喝六，入户穿房，女习惯，因此通奸者有之，淫乱又从此起矣。国家赌博之禁，律有明文，妇设出此不肖子弟，族房长宜严加惩责，勿稍宽恕。

十三、禁盗贼：盗贼之治，国有常刑，不必赘矣。而所以防盗贼于未然者，则专在父兄之责。其始，不可失于姑息。孺子无知，偶尔戏弄，匿人小物，父兄视为寻常而不惩，日久手猾，遂成惯盗，此一弊也。其继，不可失于隐忍。盗贼之名，人所羞称，父兄顾全体面，明知子弟为非，不肯声张，是讳盗适所以诲盗，一弊也。其尤甚者，不可好小便宜，父母行事子弟奉为楷模，苟使贪谋小利，明知盗赃，贱价收买，家人习见，日与盗亲，出尔反尔，异日必出盗贼子孙，此又一弊也。除此三弊，而又有弭外盗之法在。盖贼必有窝，同里同室之人，必先知之。业已知之，不妨先以婉言开导。如不见听，然后合众力而驱逐之。否则搜获盗赃，送诸官而惩究之，此防盗之大端也。本姓族众人繁，不可不虑。万一有此，族房长必严加处治，勿稍延纵。

十四、禁鸦片：鸦片之害有三，而荒工废事，犹其后焉者矣。吃烟之人多不生子，即生子，而亦多不育，绝祖宗之祀，一害也。烟价昂贵，过于纹银。食者必费钱钞，足以破家，二害也。食久必瘾，考之医书，瘾为暗疾，即如腹生微瑕之症，足以丧命，三害也。现今国家禁食鸦片，甚为森严。有犯此者，族房长速行戒止。如不率教，鸣之于官可也。

十五、禁邪教：邪教之所以惑人者，莫不诈言得有异书。或托符咒以治疾，或托师巫以治鬼神，或托吃斋而拜佛念经，或托结义而聚盟拜会。其实，皆为掩饰官府之谋，以为蛊惑人心计也。愚民无知，误认为真，其初，尚未知其害也，及一入其术中，拜师投帖，彼得有所挟以制我。拒之，则引其党以攻我。亲之，则引其徒党以狎我。欲钱，则不得不与之用。欲食，则不得不与之餐，则家由此破矣。家既破，而养生无门，因亦学其术以传徒，我传徒，而徒复传徒，匪党日多，渐生歹心。国家法令森严，岂能容此，势必杀身灭家而无可逃。吾辈于目所见，耳所闻，一无漏网。往事历历，可为昭鉴，族房长更事已多，其于此等邪术，须详为讲明，俾子弟知所惩戒。万一有不率教者，送官究治，不得暂宽。

十六、谨祭祀：祭祀，礼之大经也。人之祭祖先者，徒以酒醴香帛，奉行故事，无济也。盖祭以报本，古人制礼，始为饮食者祭之，始为宫室衣服者祭之，示不忘所自也。况我为一本相传，如无祖宗，此身从何而来。与言及此，有不知其诚敬之心，何由生也。祭祀之礼，期前二三日，必须斋戒沐浴，洁具祭仪。及期整肃衣冠，齐集祠内，分尊卑长幼，随班行礼。若有陨越失仪，跛倚以临者，当即逐出，不许分胙。

十七、笃宗族：宗族，一本也。虽千百世以下，皆一祖宗所生，而况于五服之亲乎。自古兴发之家，太和一堂，尊长在前。凡卑幼辈，隅坐侍立，无敢少越。斯何如气象也。若小家子则不然。叔侄斗殴，兄弟纷争。此等人家，销亡立见。若斯之类，族房长即当鸣之于官，颂法征究。

十八、谨闺门：（略）

十九、举族正：一姓之中，有族长，有房长，而尤重有族正。族房长多属尊辈年高之人，方能任事。惟于各房之中，不拘年龄，公举正直廉明之人，奉为族正。凡同姓有是非口角事，投明族房长外，请族正判断。小事则以家法处治，大事则诉官究办。其理屈之家，固不得妄行怨怼，族正亦不得徇情。

二十、护祖尝：祖尝组织凡二，一有祖手拨成，一有后裔集成。皆所以崇祀祖宗，纪念祖德，而令奕叶，以维亲善一脉之义也……如兴办学校，作育人才，或助贫苦子侄远方求学，及逢荒年，酌量赈济。诸凡善举，皆借尝业之挹注，有以成之者也。由此推之，尝业关系存殁之大，不綦重乎。是故为人子孙，须如何爱护之，方不失为贤肖之裔。勿以私害公，致起纷争，勿以欺尊卑，把持独揽。务使一本至公，永作存殁之善举。倘有不肖，只顾一己之私，攘夺侵犯者，族房长、族正，宜鸣之于官严惩不贷。

二十则家规，因时势不同，略有增损。凡我族人，均应属守毋忽。

韶关李氏

韶关李氏主要出陇西堂支，谱载本支奉李公火德为入粤开基祖。史载南宋绍兴、淳熙年间，火德公先自陇西迁居赣州府石城渡，后再自石城渡迁居福建宁化石壁，宝庆年间，因宋元兵乱，避入粤境程乡（今梅县），此后，其后裔分徙迁入粤北南雄、仁化、始兴、新丰、翁源、乳源各地。

其一，新丰李氏于元末明初自从化分两支迁入新丰开基：一支于元至正年间由从化县吕田迁入新丰梅坑李家村开基；另一支于元末迁徙翁源县官渡。明代末从翁源移居新丰遥田茶江，后移居沙田（乌石古）开基创业。遥田、沙田、梅坑、丰城、黄磜、马头等镇均有李姓人聚居。

其二，翁源李氏于明永乐年间由福建汀州府上杭县涂赖坊迁来，分居在翁源镇桂湖和六里皇古庄开基。

其三，乐昌李氏支出数脉。一支由曲江迁入，一支由兴宁迁入，一支由乳源迁入，一支由湖南省宜章迁入，一支由韶关迁入，一支由湖南汝城迁入，迁徙时间在明清，开基祖分别为景清、毓勋、辉寰、大万、廷誉、阴犬、钦俊、成公、友仁、满勇、义雄等人，主要分布在九峰、庆云、北乡、廊田、五山、梅花、大源、秀水、长来和乐城等地。

其四，仁化李氏亦出为数支。一支居住在扶溪，其先民远溯宋代，始迁祖襄袜陵人，官至广东左参政。元人攻陷广州后，迁居仁化的双合水；一支主要居住在附城水南长坝，始迁祖为李文盛、李禄盛（无后）兄弟，于清朝嘉庆年间迁到仁化务工，先在双合水居住，二世祖移居长坝岭脚下，后又移居长坝：一支原居住在附城康溪大村和大岭村，先祖为福建的李火德：另一分支于清时重迁仁化。另有石塘李姓，始迁祖可追溯至明洪武年间从福建上杭胜运里丰郎乡迁仁化，卜居石塘，挖地制砖筑屋，建池塘二百余口，塘尽石底故名。另夏富李姓，始迁祖元姓，原籍江西吉水，南宋时任官芬梧，归里舟泊夏富，见该地面临江河，山川形势极为秀丽，因卜居。

其五，乳源李姓，本支为福建火德公的后裔，开基祖为福四郎。明朝初年，福四郎携子李君、李臣、李义三子由闽迁粤，先到南雄珠玑巷暂住，再迁入乳源古母水，之后，福公和长子李君定居古母水，次子李臣迁往英德黄花镇，三子李义迁往广州城内九眼井。

其六，始兴李氏，本支亦福建火德公的后裔，一支于明初从福建省迁来，始迁祖为崇麟、崇兴、崇德三兄弟；一支明初从惠州兴宁迁入，始迁祖为贵公，先到风波营，后又携子李昱、李赞移居，后裔分迁连州、广西、江西和四川等地；一支为石下李氏，也是明朝时迁入。明清时期，李氏为始兴大姓望族，其中，在公衙中，李姓官员占据大半，民谚有所谓“陈半县，李半衙”之传，可以想见李氏当年在始兴影响之大。

一、仁化古夏《李氏族谱》

【迁徙源流】仁化古夏李氏，始于李氏十七世李大用。据谱载李氏《源流说》记：大用祖，娶周氏居抹陵，宋时人得中华之清淑，秉持造化之精英，当代豪杰，声溢儒林，登宝祐四年（1256）丙辰进士，由广西南宁府推升本省左参政。其子四郎公娶章氏，与本乡中与文天祥同中进士之蒙英昴厚称胶漆，赋性聪慧，大裨入世。因而省亲英昴，遨游巡历扶溪，熟睹古夏之区二泷并峙，三台耸峻，两水腰带，四顾盘回，足兴世业。后因元乱，父子遂择斯土，筑室于兹开基。

【家训家规】仁化古夏李氏家训、家规，谱载列作《家训》十一则，兹列如下：

家　训

一、正伦理：夫家庭多狎习，情态易玩。若非籍伦以维持之，则放辟邪侈①，干纪犯分，何所不至。我祖晟公治家以严，首正名分。而柳玭述祖训勖道②，子弟孝慈友悌为先。以故伦常雍肃，至今家行修治必稽焉。此正伦理，诚齐家第一义也。今后子姓须父慈子孝，兄友弟恭，夫义妇顺，以至幼逊长卑，承尊秩序，无敢僭逾。庶伦纪以正垂，不生闲家，睦族由之矣，况国家典具在炳，如日星可甚畏也。倘后有犯，轻则约众惩戒，谕令自新，重则族长开具实迹，呈官究治。

二、肃祀典：夫总祠之建，统自始祖，故每年祭祀报本。始也，顾族派繁衍，会祭艰支，以故输分六房治年，业有定序矣。乃治事者动怀乾没③以致祭。仪典间，人心懈驰，文礼潦略，观望厌而各派赴祭鲜矣，是可以曾祖享乎？今后仍照旧例，各房管祭。第祭该银若干，清明前几日，值年者赴祠旁边，豆庀牲牷，一应祭具，务宜治办齐备。毋许觊掠小利，辄以滥恶牲醴抵充，虚费银两。倘有犯，即会众攻罚。至于绅衿，诸执事尤宜严肃。先日习仪，祭时须盛服饰容，恪恭序事。各派与祭者遵守祭

---

① 出《孟子·梁惠王上》：苟无恒心，放辟邪侈，无不为己。指肆意作恶。

② 指柳玭撰《柳氏叙训》。

③ 出《汉书·张汤传》：（汤）始为小吏，乾没，与长安富贾田甲、鱼翁叔之属交私。颜师古引注，服虔曰：乾没，射成败也。喻投机图利。

规，毋得喧哗，毋乱昭穆叙次。如有无故不赴祭者，查出议罚。

三、慎坟茔：夫坟茔者，祖考妣之体魄，攸归子姓之瞻依恒在，而毓秀发祥，必系乎此也。欲慎坟茔，当勤祭扫。近访得吾家子弟，多视此为末务。近而曾祖父，或以茔近，时亦展扫。远而高祖并始迁之祖，每因辽邈，曾不一至。茔所值年者，领其祭仪，或半途而返。其于祖考坟茔，漫不知山何处，所以致外起异姓之混界内，来占子姓之侵附，贻患甚烈。奈之何！其勿思也？今后各派子姓，每遇清明节期，轮房展扫，并验其坟茔有无颓塌，界内有无侵犯。如有侵犯损坏情弊，即时报闻，会众攻究。若隐而不报，定行惩治。倘仍领祭仪不赴醮茔及或中途返者，即将名字大书悖祖，悬挂祠门，鸣攻革胙。

四、严闺门：夫闺门，人道攸先，所系非细。故自昔育真女者，下堂必保傅，夜行必秉烛，良亦防微之意。而颜淑挺节扬秉不惑。彼其范家者，亦何严也。诸子姓各宜整饬家范，严防内外妇人举止言笑训诫端慎。即如亲房弟侄，外注表亲，非有喜庆及非公堂处所，毋许接谈见面。其僮仆止令外使唤，毋许擅入内室。女婢宜加意关防，毋许在外喧淫招谪。倘有不类子弟，纵淫破义败坏家规者，会议黜之，永不许入祠。然此为闺箴致严耳。至于泼悍成性，凌辱夫子，抵骂翁姑之类，此尤闺阃。罪魁者，自后姑若夫，亟宜警喻，令其改悔。倘再四不误鸣祠告祖，出之。

五、慎婚嫁：夫婚嫁人道之始，伉俪家政之基是可使穷隆一拨，泾渭混源哉！挽近世不然，佥艳陶朱，用谐秦晋。至尊卑非偶，良贱不登。明目觍颜，会无愧畏，有利其厚奁，而赘子于鸣资之。商者有觊其商赀，而字女于驵狯之门者，有厌贫嗜富而突寒前盟者。诸如此类，不可枚举。吁嗟乎，既壮而室窃资莫非皂隶结缡，以行箕帚，咸失其所，此汉人所为拊膺叹息者也。讵意于今为甚哉！吾子孙切宜痛戒。凡男婚女嫁，不必专使殷户。苟阀阈相匹，意气相洽，即儒素尤为相宜。尝忆刘七星公、妇女杨门，惟赠之诗云："汝家况乃传清白，此去何妨着苎裳。"先辈趣尚如此，而必欲贪财赂杂莸于薰何耶？可以观世变矣。此后有失祖训，踵前弊者，会议公黜之。

六、豫教诲：《易》曰：蒙以养正。又曰：童牛之牿，元吉言教。当豫也。子弟幼时，大朴未漓，识虑专一，宜教以诗书、孝弟、志节、谦慎，庶几变化气质，熏陶德性，虽未必遽为端人，亦不为不肖子弟也。尝闻李勣病笃，召其弟弼曰："我见房玄龄、杜如晦，皆辛苦立门户，亦望贻后，悉为不肖子败之。我子孙今以付汝，可勤教饬。有不立言行，交游非类者，急绑杀以闻。毋令后世笑吾，犹吾笑房、杜也。"夫以勣临决绝，犹矻矻训诫子孙若此，况于平时，最诲可无预哉。今之为父兄者，本既弗端教，又未预则，亦何怪乎子弟恣睢暴戾，诞肆而罔顾所忌也乎。故夫子弟不肖，为父兄者亦与有责焉，视勣当愧死矣。

七、崇礼让：夫竦余身而顺正，遵绳墨而不偏，张衡尝赋礼矣。是以

礼法云：士惟务磬折下人，人非屈也，以淑身也。矧于家庭，讵可不抑畏。自将乎挽近世礼让之节，率置弗讲，子弟倨父兄，卑少侮老成，门徒藐师尊。盖凌上之习久矣，岂世胄所宜有哉。今后子弟一遇尊长，无论亲疏贫富，必隅坐，必随行，必拱立，必慎言笑，必严称谓名分。至于里闬相处，亦宜卑逊。若在祖庙聚会，尤当恭谨，少不敢先长，富不敢凌贫，庶几哉，不失吾祖家教也，昔司马防燕居，尤秉礼自饬诸子，虽成人，不命进不敢进，不命坐不敢坐，不指所问不敢言。朱仁轨尝训子弟云：终身让路，不枉百步；终身让畔，不失一葮。彼二君子者，家教礼让，毫不损越。如此固宜其户族之化，不肃而成哉。吾族有纵恣不循礼者，族长会议公罚。

八、治生业：夫四民各有业。业不治则生理无资，而多暴自此起矣。故士业读，农业耕，工业艺，商业货贩。各事其业，乃可以弃成立。即不甚昌，亦无至落莫也。昔邓禹子十三，各使守一艺教养子孙，为后世法，李宗华与外孙崔氏书云："予少时起居，尊行三时侍食。"今诸子日出高眠，争览盘器。何常有此规议。彼家诫严饬，以故世业浸盛焉。吾家子姓，惟喜飘荡，罔营生理。故读书以讲课为业，无论已至于庸愚，不事诗书，无产无本，匪工匪商，甘心游戏。甚者，游手耽佚，坐食雍庸，资身无策，饥定切于肌肤。由是为驱骗，为乞丐，为盗贼，势必至也。玷祖辱亲，即死有余辜矣。夫始不治生，终则无籍，其祸一至于此。凡我子姓，不欲保妻子则可，如欲保身，以及妻若子也，奈何不以营生为急哉？皇祖有训曰：各安生业，毋作非为。真万世生灵药石也，尚慎念乎。

九、尚俭素：夫俭德之美也，礼奢宁俭，圣有明训。而去奢去泰，老氏拳拳致诚焉。夫岂惟节乃用足，而德亦因俭立也。我祖诗礼开家，一是皆以清白相承，朴素未有改也。居不高广，食不珍馐，衣服不文绣，器不雕饰。冠婚丧祭，称家有无，此吾祖家范所从来远矣。夫何迩者渐渍成风，日尚浮华，博弈好饮，称货妄费。动辄美服盛饰，张宴陈戏，视一切朴茂俭啬强为可鄙。宁知败德丧家，皆起于奢。奢之为害，亦诚酷烈，昔武肃王寝，帐随裂。恭穆夫人欲以青练易之，王曰："作法于俭，犹恐为奢，但虑后代皆锦绣耳。"卒不用。谢安诣陆纳，别无供具，正设果茶。而兄子例密具珍馐。客散，纳怒曰："不能光益叔父，乃蔑我素业！"杖四十。古之人尚俭约虑远诚严如此，史前以为美谈。吾子姓闻之，当必惕然悟觍然惭者矣。

十、惩狂横：夫驾骜暴横，大率起于性气乖戾，罔知礼义。于是有恃其人丁茂足，以逞暴赴阙者；恃其词状稔熟，足以健讼告讦者；恃其羽翼有人，足以排众护短者。故始则公行詈骂，凌虐族里；终则占夺产业，蔑弃宪典。若而人者如豺、如虎，非有人祸必有天刑。吾祖岂愿有此辈耶？况朝廷律令甚严，一时凶暴易逞，此身刑戮难逃。吾族子姓纵不顾公义，独不畏刑律乎？有犯者，据实呈治毋纵。

十一、扶公义：夫举世尚依阿，而间有纲纪倒置横豪决裂等事类，皆卷舌不敢吐敛绩无能承此，千百一态也。若乃公正发愤，能言其所不敢言，能任其所不敢任，此本天需要正气发于人心，公义不为势惕，不为利罔者，即求之千百世，亦仅可一二哉。此由无以扶之则孤愤易靡独立难持，而俭邪之辈反得以败善类而乱家，是所谓一木之枝难以任大厦之危者。非耶？故今约中有刚直不阿、倡义举事者，即当戮力相帮，期于必就；子弟驽骜能伏义折正者，即当同心攻究，毋令独怨，则主持皆公正捻，邪尽严惮。由是以肃纪正名，由是以抑强扶弱，由是以挽族习，追古风，举约中事，可导行如流水矣。然则羽翼约法，属严于扶谊乎！念之图之。

二、南雄陇西堂《李氏族谱》

【迁徙源流】南雄陇西堂李氏，出虔州（江西南昌）西平王李晟支，始迁祖为李叔通。谱载：唐居虔州西平王李晟之后裔李叔通，于北宋绍圣四年（1097）进士，任广州司马，卒于雄州，举家卜居古城，子孙繁衍，人文蔚起，七代五进十，为宋代南雄之名门望族。后裔分迁里仁上门、溪塘水西、南亩官溪。其中，沙水珠玑始迁祖李开耆，自上杭迁来；李维贤一族于明代由全南迁水口新流坑、大水洞开基，李维唐于明代由全南迁南亩中岭开基。

【家训家规】谱载南雄李氏家训、家规，因家族氏为李唐皇氏，故谱列《太宗圣贤遗训》，集太宗百字箴言、百字铭、遗训等。又列《家训十一则》及《古训十条》等。兹列如下：

太宗圣贤遗训

唐太宗百字箴言：耕夫碌碌，少有隔夜之粮；织女波波，少有御寒之衣。日食三餐，当思农夫之苦；身穿一缕，每念织女之劳。寸丝千命，匙饭百鞭。无功受禄，寝食不安。交有德之朋，绝无义之友。取本分之财，戒无名之酒。常存克己之心，闭却是非之口。若能依朕之言，富贵功名可久。

唐太宗百字铭：欲寡精神爽，思多气血衰；少饮不乱性，忍气免伤财；贵自勤中得，富从俭里来；温柔终益己，强暴必招灾；善处真君子，刁唆是祸胎；暗中休使箭，乖里放些呆；养性须修善，欺心莫吃斋；衙门休出入，乡党要和谐；安分身无辱，是非口不开；世人依此语，灾退福重来。

唐太宗李世民遗训：为主贪必丧其国，为臣贪必亡其身。以铜为镜，可以正衣冠；以古为镜，可以见兴替；以人为镜，可以知得失。人之立身所贵者，惟在德行，何必论荣贵。汝等位列藩王，家食实封，更能克修德行，岂不具美也。且君子小人本无常，行善事则为君子，行恶事则为小人。当须自克砺，使善事日闻，勿纵欲肆惜，自陷刑戮。父之爱子，人之常情，非待教训而知也。子能忠孝则善矣，若不遵诲诱，忘弃礼法，必自致刑戮。父虽爱子，将如之何。

家训十一则

一、孝父母：父母，吾身之本，少而鞠育，长而教训，其恩如天地。不孝父母，是得罪天地；得罪天地，天所祷也。凡我族人，切不可失养失敬，以乖天伦。

二、和兄弟：兄弟，吾身之依，生则同胞，居则同巢，如手如足。不和兄弟，是伤残手足；伤残手足，难为人矣。凡我族人，切不可争产争财，以伤骨肉。

三、睦宗族：宗族，吾身之亲，千支同本、万脉同源，始出一祖。不睦宗族，是不敬宗祖；不敬宗祖，则近于禽兽。凡我族人，且不可相残相欺，以伤和气。

四、重祭祀：祭祀，礼重报本，昭穆常情，所以动先祖之格也。苟不凛如在之，诚是渎先祖也。凡我族人，切不可怠忽，以渎先灵。

五、修坟茔：坟茔，先祖之所栖，尽其祭扫，修其坟茔，所以妥化者也，苟任其颓坏不修，必致他人侵占。凡我族人，切不可咎废以露祖骸。

六、务正业：农桑，衣食之必需，上可以供父母，下可以养妻子，所以奉生之本也。苟不勤力耕种，必致荒芜田园。凡我族人，切不可偷安懒惰，以致终身饥寒。

七、重敬贤：敬贤乃吾族人之重望也。贤者为人之师，其学有所传，礼有所学，不重敬贤，是人之愚昧，人之愚昧不得为人也。凡我族人，务必尊长敬贤，以示文明。

八、慎婚配：婚配为人伦之始，结婚合配，当审其人品性格，究其清浊明白。苟婚配不择淑女，非特为终身之害，而且倾家声之不小。

九、禁洋烟：洋烟之流毒于中国也深矣，大则亡身倾家，小则废时失事。苟不严禁洋烟，不但前人被其所害，而后人变遭其毒耳。凡我族内，切不可开设烟馆，贻害子弟。

十、禁非为：非为，家风下坠。邪淫者，十恶之首；赌博者，倾家之源。凡我族人，务宜告诫子弟，切不可放辟邪侈，生平甘受玷辱。

十一、正人伦：人伦，九族之源，人生所当存于方寸之中，而尊卑长幼，各得其序，纲常伦纪，各得其次。凡我族人，要必伦正名顺，历世不易也。

古训十条

一曰六名分以立纲常：父有父名，子有子名，兄有兄名，弟有弟名，夫有夫名，妇有妇名，其名不可假。父有父道，子有子道，兄有兄道，弟有弟道，夫有夫道，妇有妇道，其道当各尽。凡我子孙，一家之中，必其为父子兄弟夫妇之名，克循其为父子兄弟夫妇之道，一家之纲常以立焉。

二曰端品行以训子弟：人受天地祖宗以生，今日之父兄皆昔日之子弟，今日之子弟皆他日之父兄。品行不端，纵百计营谋，终未有能发达者；且一朝失足，后来之子弟皆得借口而效尤。上何以光祖宗之德，下何以裕子孙之谋？凡我后昆，莫不有父兄之责，不但在十恶之例者宜所必绝，即一言一行，亦贵无愆。在宗族恐得罪于父兄，在乡党恐贻讥于亲友。在国为正官，在野为正士，光于前垂于后，皆自品行始也。尚其凛遵毋忽！

三曰勤职业以大家风：社会各界，士为首，农其次之。欲祖父有荣誉之赠，非勤读无可振家声。凡我子孙读书者，自当以读书为业，继晷焚膏。其或衣食不足，舍读而耕，亦必披星戴月，不致有名无实。其余业工商百技，皆养身之助，间有子孙自量其才，或长贸易，或业百工为工为商亦无不可。倘有游手好闲，舍业以嬉，是皆见弃于祖父者也，合族共责成之。

四曰笃恩义以和宗族：人之有祖，如木之有根；祖之有子孙，犹木之有枝叶。吾族本支子孙，皆分房如桂之后。务使一家之中，和气一团，父与父言慈，子与子言孝，兄与兄言友，弟与弟言恭。倘有不是，父兄为之责成。父兄或有过失，子弟亦为之婉谏。倘有相斗，同室操戈，一家健讼，皆祖、父所不齿者也，合族共责成之。

五曰谨坐立以昭敬慎：《礼》有云：隅坐随行。小子时疾行先长，虽属小愆，然习惯成自然，少成若天性，惭不可长。为父兄者，务于小时各自训导，即言语亦然。如有违规放纵者，即当面谕切责之，以惩其后。

六曰崇节俭以惜财用：人必留有余之财，而后可以供不时之用。凡我子孙，无论冠婚丧葬，皆宜量入为出，使祖父终岁勤砺，日积月累，为子孙者，或任意奢华，夸耀里党，曾不转盼，遗产立尽，无以自存，不甘流于不肖，上必辱夫祖宗，合族共责成之。

七曰亲君子以远小人：亲君子则善心日生，远小人则恶心不起。凡我子孙，当思善人则亲近之，助德行于心身；恶性人则远避之，杜灾殃于眉睫。倘有交结匪类，谤毁正人，因而放僻生心，上玷祖父者，合族共杖责之。

八曰禁洋烟以绝羽染：洋烟白粉不知起自何时，近日习尚所在多有，每分必费金钱不鲜，始则挥囊橐而或有余，继则倾家财而尚不足，且一食上瘾后，无论士农工商，鲜有能戒。厥业者，即冠婚丧葬，瘾时必生苟简亵慢之心，是即不孝不忠诚不敬之渐也。其或有违者，合族共杖责之。

九曰禁赌博以安立命：人生贫富全在于己身努力，赌博场中，总缘自己之贪心妄想非分财利，一入其彀，无论老幼尊卑概不分别，即父子兄弟亦等路人，因而荡产倾家，祖父数十载之贻谋，一朝尽弃中，本身冻馁，妻子饥寒，成何家道。有蹈此弊者，合族共责成之。

十曰禁淫荡以教廉耻：福善祸淫，天之常理，十恶淫首，阴律最严……

三、南雄新田《李氏族谱》

【迁徙源流】南雄新田李氏，出介卿公一脉。据新溪[1]三修《李氏族谱》载：“新溪之始祖者何？介卿公是也。公讳耿，于晋愍帝朝官，居太常。见朝政日惫，宗室争权。建兴三年，直谏忤愍帝意，左迁始兴郡曲江令。公率家属之任，道经新溪，见其川原秀异，自悼谪居。”

【家训家规】谱记家训、家规，列作《族约》，共十六条。兹列如下：

族　约

第一条：孝顺父母

凡人之生，气禀于父，形成于母。十月怀胎，三年乳哺。及长而谋其衣食，延师教读，学习技业，择娶婚配，父母费尽许多心力，无限劬劳，人子纵竭力事亲，常患不能报其万一，况敢逞气使性，忤逆双亲之命而不尊？喜吃好穿，缺少二人之养而弗顾，甚至媚顺妻子，怨詈父母，别异财产，背亲各爨，人心安在？天理何存？嗣后族中子孙有如是不孝者，经族长、长房扭至祠堂，重责三十板，令其速至悔悟。尚始终不悛，送官按律重究，断毋宽恕。

第二条：尊敬长上

凡人父母而外，必有同胞、伯叔、兄长，及同堂大功小功，缌服伯叔兄弟，固当循分尽礼。即同族尊长，虽五服已尽，而尊卑既分，则名分莫越，也当尊敬毋违。若夫骄傲自恃，不论亲疏老幼，目无尊长，伦理有亏，嗣后族中子孙有如是不弟者，经族长、房长至祠公论。轻则拜谢，重必责罚。倘恃强不服，联名公请，禀官究治，以惩骄抗。

第三条：和睦族宗

凡一族之中，从其后而论之，则有各房、各祖。溯其始而言之，纵千支百派，要莫不同族于一祖，以故交接应对，立言行事之间皆当和睦谦逊，随事尽理，无以忘乎一本所自。出至有凶暴自逞，不论尊卑少长，目无宗族；遇有事故，不揆情度理，因己及人，往往恶言辱骂，甚且逞凶肆横，强行凌弱，恃众暴寡，忿气相殴，风俗败坏。嗣后族中有如是凶横之徒，出言无礼，动称斗殴者，经族长、房长至祠公论，将开口骂人，开拳动手者，轻则家法责罚，倘恃横不服，联名公请库官究治，以儆凶横。

---

[1] 南雄新田古地名。

第四条：（略）

第五条：勿犯奸淫

伤风败俗莫如奸淫。而犯奸，国法难容。故和奸者各杖八十，刁奸者各杖一百，强奸者绞，未成者流。其或奸同宗无服之亲，与妻不问和奸、刁奸，杖一百。奸缌麻以上之亲，与妻不问本姓、外姓，杖一百，徒三年。至若奸从祖祖母、从祖祖姑、从祖祖伯叔母、从祖祖伯叔姑、从堂姐妹、亲兄弟妻、兄弟子妻，皆为灭伦内乱，立绞。轻则充徙。甚且有奸祖父之妾、亲伯叔母、亲姑亲姊、娣子妇、孙妇、亲侄子，皆为逆伦，立斩。律载甚严。凡属族人，宜以理制欲，毖勿肆奸淫而或犯奸，轻则重责四十板，革出本籍，永不归宗；重则呈官，按律严究，决不宽贷。

第六条：勿犯盗窃

凡人取非其有之财则为盗窃。窃盗已行，虽未得财，笞五十。已得财，计赃论罪。一两上递至一百二十两，杖流绞罪，律例甚严。至盗窃牛马、兽畜、物产、谷麦、蔬果、柴草、木石之类，并计赃，准窃盗论。初犯、再犯，刺字，三犯不论赃数，皆绞。窝主与盗窃同罪。接人受寄盗赃，坐赃问罪。三犯充军，至为强盗，已行，不得财，皆流；得财，首从，皆斩。试看奸人为盗窃者，谁为身罹罪网，死于非命乎？谨训族人，安分守己，勿为窃盗。如或犯此，轻则家法责罚，速行改过。设或再犯，不惟革出公堂，另禀官，按律究治，决不姑容。

第七条：祖宗坟墓不许挖迁出卖

祖茔原藏祖宗之尸体，妥祖宗之灵魂。为子孙者正宜时加修理，兢兢保守，勿失。况律载甚明；弃尊长之尸，将地卖与他人者，立斩；买主中人知情者，杖八十。追价入官，地归同宗亲属，以安前尸。夫以地坟卖与同宗犹且有罪，况出卖异姓乎？嗣后族中子孙于祖先地坟，不可弃尸出。外姓尚不尊规约揭送至祠，在同姓与者、送者均惩以法，仍眼原坟以妥先灵。若空坟出异姓，责令还价接回原地。卖契如或肆泼，禀官究治，决不轻恕。

第八条：祖父蒸尝祭田不许盗卖、拆分、租谷，不许盗收私出

蒸尝祭田原以备祖宗之典，表子孙之孝思，世代相传，兢兢固守，不敢更易。谨按律例所载：盗卖他人田宅一亩以下，笞五十；多至五亩，杖八十，徒二年。况祖宗祭田为后人祭祀之需，关系甚大，非他人田宅可比。乃因一己之贫困，肆一己之贪欲，遂背祖宗成命，失前人祀典，盗卖折分田租，及私行盗收租谷，鲸吞肥囊，殊属可恶。嗣后族中子孙于祖宗蒸尝祖田，当力为谨守勿替。倘不遵规约，揭送至祠，经众理论，盗卖折分者，责令归回原田，以供祖祀，仍重责四十板。若非系管头人，私行盗收租谷者，出一石，赔二石，仍责三十板。若不赔偿，革出公堂。如或肆放放泼，联名禀官，治以灭社会之罪。至管祭头人照旧，各房佥点，不得混乱争竞。须一年一交，所余华利，数目俱要清楚交明。下手接管，不许

霸管多年，以滋侵吞公堂之弊。祭祀日期：春祭定清明日，秋祭定中元日，不得挨延过期。至各处祖坟，值年头人务必亲自醮扫，不许说谎瞒过，以致遗失。倘有此情，经众呈官究治。

第九条：祖宗膳学田租，不许盗卖、拆分、霸收

祖宗设立学租，为靴鞋、灯油、笔墨、科举诸需。原所以鼓励后人，使子孙游泮，帮补学，出贡中、举中、进士者得以取给其中。为子孙者正宜争自琢磨，共相奋勉，诗书接踵，衣冠步武，以显扬祖宗，岂容甘自怠弃不事诗书者，反妒贤杜能，而背前人之遗命，没祖宗之美意，盗卖拆分者乎？嗣后族中子孙，于学田当力为保守勿堕。敢有不遵规约，盗卖拆分，以及强行霸收者，经族中理论，治于灭祖遗命之罪。不服，送官究治。

第十条：（略）

第十一条：（略）

第十二条：（略）

第十三条：勿斗殴健讼

人有偃抑之情，不白之冤。自惴理直，经报族长、房长及正直无私之人，控诉情理。族老依公处断，冤情得雪，即当以理谴情，不必计较，复为好胜，思欲斗殴兴讼。若夫凶横之徒，因些小口角，田上细务，动辄斗殴而忿争不已，竟至手执棍棒，或持刀斧，以致打伤人命，身罹法网。人或些小事务即思健讼，架词诬告，越诉牵连与人，势必倾家败产。谨嘱族众，试思打伤人命，祸患临身，追悔无及，不如不相斗殴为高。与其健讼公庭衙门，伺候费用钱财，胜负莫决，孰若忍气退让为妙。宜各平忿息争，毋斗殴健讼。如或犯此，惩以家法，禀官提究。

第十四条：毋赌博棋牌

赌博为盗贼之原，棋亦牌赌博之类。从未有赌尽而不博者也。世有游手光棍，不务生业，专以赌博为事，日夜引诱良家子弟放宝掷骰，楂摊斗牌，耍钱害人，卖尽衣物，倾家荡产，不顾父母，妻子衣食，甚至流为窃盗而不知改过者。况律例甚严，凡窝赌放头抽钱开场诱赌，造卖赌具之人，俱枷号三月，重责四十杖，发边卫充军。同场赌博者，亦枷号两月，重责三十，流徙三年。甚以银钱摆放棋局者，亦照赌博论罪。谨嘱族中子孙，当务生业，以靠终身。切勿放宝、掷骰、楂摊、斗牌、打马、吊跌、地钱种种赌博，荡费银钱家产。如或犯此，一经撞见或被拿获，经齐通族，轻则家法重责三十，置酒罚众。重必禀官，按律究治。

第十五条：毋为非作歹

忠厚为处事之本，况士农工商，各有常业。宜为其所当为，毋为其所非为。常见有不法衿棍，播弄是非，揽作中证，教唆词讼，武断乡曲，交结书役，嘱托公事，包纳抗粮，把持官府。又有无耻光棍，占人田地，哄骗银钱，盗出租谷，借端诓骗。种种不法，难以枚举。至身充书吏、衙役、兵卒等项，皆非分所当为者也。阖族子孙当遵守祖志宜各职常务，安贫守分，以勤耕读为事，决毋为非作歹，以诒讥他乡。

第十六条：毋奢侈懒惰

勤俭乃起家之本。凡男妇大小，各有职业可习，不可好吃懒惰。冠婚丧祭，宜称家资之有无，不可过为奢侈。谨嘱族中子孙，与其过为奢侈，以图好看，费尽银钱，变卖田产，以致后来贫困；不如凡事量入为出，节俭为高。与其游手偷闲，无认少食，以致饥寒冻饿，终身不得结果，不若苦作苦为，肩挑生理及营工度活，积攒银钱，亦得衣食充足，以顾终身。阖族子孙当谨遵规约，勿奢侈懒惰。

四、始兴陇西堂《李氏族谱》

【迁徙源流】始兴陇西堂兴贤李氏，出入闽始祖李火德公支，分布于始兴太平镇、沈所镇、城南镇罗所、江口、北山、武岗岭、奇心洞、顿岗，以及罗坝镇、马市镇、司前镇、隘子镇、澄江镇等地。

【家训家规】始兴陇西堂兴贤街李氏家训、家规，谱载列作《祖遗训诫》，其中祖训与祖诫各十则。兹列如下：

祖训十则

一、训爱亲敬长：家庭莫大于父母，骨肉莫亲于兄弟。故圣贤学业，首在伦常。尧舜事功，基于孝悌。为人子者，自宜尽心竭力，以奉家庭。纵使仪文未加，而诚悫原当自勉。至于兄弟，尤贵怡怡，弟必恭其兄，兄必友其弟。勿启中墙之咎，勿生交阋之嫌。公旦赋棠华，田真哭荆树，典型具在，毋背前贤。

二、训亲睦宗族：《礼》言：敬宗。《书》言：睦族。家有宗族，犹水之有分派，木之有分枝。既为同祖、同宗，当念水源木本。若以微嫌而伤族谊，以小忿而失宗亲，遂使子姓为途人，尊长待如仇敌，非所以明亲睦也。尔子孙尚其念之。

三、训和洽乡党：五洲为乡，五族为党。乡党之谊，和洽为谊。毋挟诈以挑唆，贻讥鼠雀，毋恃强以欺弱，致等豺狼。务使乡党之中，父与父言慈，子与子言孝，兄与兄言友，弟与弟言恭，则浇薄化为淳良，礼让成为风俗。太和之气洽于人心，岂不懿欤。

四、训夙敦品行：国家选才，敦品为尚；圣贤立教，修行为先。品行不端，余皆末节；纵有片长足取，终为正士所讥。惟惕然于廉耻之当存，在野堪为善士；确然于礼义之可守，在国即为良臣，斯品行端而心术正矣。尔子孙其夙励之。

五、训时存忠厚：作事浇漓，本非正士；存心忠厚，乃号端人。尝见近日后生，以利口为能，以机锋为巧。谈人闺閫，摸神则掠影捕风，笑人贪污；绘像则描头画角，凡此恶习，触怒神明。语云：愿留余巧还天地，学积阴功遗子孙。见道之言，不可不味。

六、训勤修本业：功崇惟志，业广为勤。士农工商，业虽不一，而务为本业，则无弗一也。倘日久生厌，舍旧图新，作非分外之营，求生意外之妄想究之不恒，其德业必无成。诚使士勤于读，植有用之材；农勤于耕，无失时之咎；工则勤于艺，事居肆以成；商则勤于贸，懋迁化居可致，则家无废业，人无弃材，而本业裕矣。

七、训崇尚节俭：饮食不可无度，衣服不可过华。故《孝经》明节用之规，《禹谟》垂克俭之谕。诚使务为节俭，量入为出，则家庭用度必有常贮。若食以时，用不以礼，丰年不能积聚，凶岁必苦饥寒。我子孙务宜朴素为先，慎勿繁文是尚。

八、训平息斗争：仇非不共，本可相忘，忿在一朝，宜知自审。苟一事不忿，遂操刀以相向；一言不顺，即卷命以相投，甚至斗及同乡，杀戮不分良贱，祸延通族，牵连悉受刑。与其致悔于将来，曷若息争于未发。均有性命，毋蹈危亡。

九、训解息讼端：讼之兴也，始则起于细微，继则成于轨拗。积怨成忿，遂致郁而不平，迨久质公堂，废时失业，钱财已尽。未知审结何时，羁押不休，偏受房差之悔。愿尔曹明利害，审机宜，毋执拗以寻仇，毋刁横以灭理。忍一时之气，致同室之安。朱子云："居家戒争讼，讼则终凶。"真至言也。

十、训早完国课：钱粮为国课所关，诚为至要。自当年清年款，输纳如期。若任意宕延而赢余坐费，将贿差钱尽。既坐困于无可如何，需索囊空，竟追呼于莫能苟免。尔子孙务宜平时力办，踊跃输将。所谓国课早完，即囊橐无余，可称至乐，真格言也。

祖诫十则

一、诫不修孝悌：五刑之属三千，罪莫大于不孝，次莫重于不悌。凡子孙当只事父母，敬事兄长，乃不愧于伦常。若不孝不悌，一经父兄首告，即会众议处，毋稍轻贷。

二、诫殴辱尊长：按律殴打服亲，照服制分别杖徙，凡斗殴加等。故尊长所在，当尽子侄之职，敬礼有加。若恃强逞凶，使尊长无地。一经告众，立即严行处治，仍责跪谢，以示创惩。

三、诫犯奸乱伦：种种恶因，淫邪其首；茫茫孽海，色欲为先。故犯奸乱伦，理虽轻恕，按律奸缌以上亲，杖一百，徙三年；奸大功以下亲，拟绞，强者斩。虽在服外，法所必加。子孙如有犯者，除送官处治外，仍除名出族，永不归宗。

四、诫屡为盗窃：按律盗窃一则，初犯刺左膊，再犯刺右膊，三犯者绞。子孙宜安分守己，不可为非。倘有甘居匪类盗窃至三者，许族许官处治，不稍宽容。

五、诫挟邪赌博：呼卢喝雉，废业失时。赢了乘兴，输了拼命，复往总总，不法实由此基。按赌博一律，杖八十，枷号示儆。开场者罪同。若平时不务正业，专以挟邪赌博、撒泼为非者，罪加一等。子孙若有犯此，立即扭责不贷。

六、诫至期失祭：终宜慎，祭宜诚。每岁祭期，均有常例。若届期失祭，律有明条，祀典不修，即为忘祖。倘有子孙惰慢不行祭祀者，通族议处。不助祭而冒领胙肉者，同罪。

七、诫吞骗蒸尝：尝业为祀典所关，祖宗竭力以创之，子孙欺心而骗之，灭尝绝祀，实为戒首。族中如有吞骗蒸尝，拖欠银租者，查出会同举罚，侵一倍九，以免效尤。

八、（略）

九、（略）

十、诫盗卖坟地：按律，卑幼发尊长坟墓，杖一百，流三千里。开棺者，斩。若弃骸卖地，各杖一百。子孙虽贫困，不得掘骸卖地，犯者重究，地价赎回原，以慰先灵。

韶关杨氏

韶关杨氏郡望出弘农堂，谱载杨氏为黄帝裔，本姓姬，箕子为商之贵族，因不臣周，走朝鲜，食采于杨，子孙遂以杨为姓。传八世至杨杼，周康王六年（前1015）赐杼杨侯，以杨杼为第一世，堂号弘农。家立潼关之西，传至唐有杨氏虞卿公孙承休，以尚书刑部员外郎出使吴越，遂家钱塘，宋迁建业庐陵郡，后裔于宋末元初分迁江西泰和、福建宁化、上杭等地繁衍。入明后，分迁入粤南雄、始兴、翁源、仁化、乐昌、曲江等地。其中，翁源杨氏有两支，一支在明景泰年间由福建上杭瓦子堡迁来，分居翁城明星、六里社背凹头；另一支在明成化十一年（1475）由福建上杭迁来，分居翁城校场下，始迁祖为杨顺。始兴分布在太平、隘子、花山、罗坝、马市、司前等地；曲江分布在马坝、沙溪、罗坑、乌石、白沙、白土、犁市、梅村、大塘、枫湾、小坑、龙归、花坪、樟市等地；乐昌有五支，一支在明天顺二年（1458）由河源迁入梅花大坪，开基祖为德华；一支由福建上杭迁入，开基祖为志敏；一支在明弘治五年（1492）从湘南拦军洞迁入，开基祖为文益、万益；一支从乳源迁入；一支从郁林迁入，乐昌杨氏分布在梅花、九峰、廊田、北乡、河南、罗家渡、坪石、三溪等地。

一、南雄、始兴《杨氏族谱》

【迁徙源流】南雄杨氏出华阴晋武公子伯乔脉支。谱载《家谱总序》记：杨氏初居华阴，在战国时秦卿款其子硕，征伐为太史，父子相继而盛。至汉太尉伯起，家立潼关之西，世称东京名家。传至唐祖承休公，以尚书刑部员外郎使吴越，遂家钱塘。传至蝉蝉，始归于宋，太宗更其名曰“单”，《宋史》有传。单之孙辂，居建业庐陵郡中，延迄允秦。后裔愈众，改徙泰和。明正统年间，杨氏祖信民擢广东巡抚，共生十三子，其中观炆、观显卜居南雄、始兴立基，是为雄、始祖也。

【家训家规】南雄、始兴杨氏家训、家规，谱载列作《家规》，共十条，兹列如下：

家规

守礼法：礼为日用所必由，法是生人所当凛。彼世之荡检窬闲，撄祸罹罪而耻辱频【空白：谱损字佚，下同】之率不【空白】之常精之即修身立命之【空白】辞虽不雅【空白】贤否共晓云。

尚廉职：【空白】

敬祖宗：万物本乎天，人本乎祖，祖其可不敬欤。故遇墓生哀，为宗祖形骸之所藏也；入庙生敬，为祖宗灵机之所凭也。至于立尝租以承祭祀，为祖宗血食之所资也。苟或占祠墓以营私，灭祖形神，卖尝租以肥己，斩其血食，是为忘本之人也，必逐祠断胙，以戒将来。务使祭扫及时，拜献以礼绅矜则绒冠公服，白丁亦长袍缨戴以凛如在之诚，庶不忝乎追远之义。

孝父母：仁为众善之长，孝属百行之原。从古圣贤仁民爱物莫不亲，亲而推良有以也。盖子三年，然后免于父母之怀，及稍长之后，提携虽可【空白】复维殷，百端辛苦，始至成立。父母之德，真所谓昊天罔极【空白】奉养，外竭其力，先意承志，内尽其心，何以报亲恩。【空白】羊之跪乳，则人之孝亲，可以油然生矣。

孝兄弟：天下无不是底父母，世间最难得者兄弟。诚以兄弟不比他人，乃同处于一本者也。古来大被同眠，灼艾分痛，非是故欤。凡我族众，兄则宜友，弟则宜恭……罔因财利而伤同气之情。一门之内，怡怡相得，家道由此而益肥，乡里因之而推重，岂非埙篪叶奏之休徵，初无让古人哉。

睦族党：族党之繁衍也，富贵贫贱不一，其遇智愚贤否不一其人，故自其后而观之，虽支分派别；而自其始而观之，则源远流长，皆属一本者也。夫既属于一本，岂容相争、相斗、相骂、相辱而不相亲相逊乎？凡我族众，务宜和睦相与，周困乏，恤患难，喜则庆，忧则涕，间有小忿则速消。倘有外侮，则共御。勿以强而欺弱，勿以富而遗贫，勿以贵而凌贱俾，一姓之间，恩以相爱，礼以相敬，长幼有序。

以下谱损字佚缺。

二、乳源梅花《杨氏族谱》

【迁徙源流】乳源梅花杨氏支出河源杨氏德华公。据谱载《杨氏源流及搬迁概况》记：乳邑始祖，德华公原籍广东河源县，二世祖浚公迎奉德华公骨灰，于明天顺二年（1458）由河源迁乳邑梅花乡大坪村开基业。

【家训家规】乳源梅花杨氏家训、家规，谱载列作《祖训》，共十七则，兹列如下：

祖训

第一则：人惟知安乐而不知忧患，则忧患必至。人惟顾目前而不顾后来，则后来必穷。俭为美德，宁以故陋贻讥；礼贵得中，勿以骄盈致败。能法此则，则富可保富，贫不终贫矣。

第二则：怕穷休浪荡，爱富莫闲游。俭用自然足，勤耕必有收，无廉为盗贼，知礼压王侯。若要身富贵，须从苦里求。

第三则：现在知福，积自祖宗，不可不惜；将来知福，贻于子孙，不可不培。现在之福如点灯，随点则随竭；将来之福如添油，愈添则愈久。

第四则：处贫不知俭，穷将彻底；得富后思骄，福已绝头。一物之微不滥用则有余，万金之富不节约则易尽。

第五则：祸福由人造，造祸易，造福难；死生观天命，怕死未必不死，求生未必便生。

第六则：水火刀兵瘟疫，劫数也，而善则可避；奸淫邪盗饮博，亚途也，能改则无危。

第七则：灾害人之所惧也，惧而不知避，徒惧何益；疾病人之所恶也，恶而不思防，虽恶难免。

第八则：兄弟争财，其父遗不尽不止；妻妾争宠，其夫命不死不休。

第九则：人无常职，则坐食山崩；士无恒心，则见财贪起。

第十则：忠厚居心，天必报之以福；奸巧作事，神必降之以殃。

第十一则：贪利者害己，纵欲者戕生。穷通有命，富贵在天。

第十二则：勿好奢侈，须防他日贫穷；毋废勤俭，可望将来富贵。

第十三则：遇事让三分，虽退步好是进步；义举做几件，多散财实是聚财。

第十四则：矜孤寡恤贫穷，此是恻隐；贪便宜喜闹事，必惹祸灾。

第十五则：同事要有体恤心，待人要有公德心，则人心自服；持己既存骄傲志，遇事又存刻薄志，则众志必离。

第十六则：贫贱生勤俭，勤俭生富贵，富贵生骄奢，骄奢生淫佚，淫佚复生贫贱，此循环之常理。

第十七则：治家要勤俭，知勤俭，则无有不足；处事要和平，知和平，则无虑惹祸。一人日俭一钱，积一年可得三百六十钱，举国可得数千万余钱。

韶关扶氏

韶关扶氏原于西蜀扶氏，其先祖嘉公为汉廷尉大夫，因扶助高祖平定三秦，高祖赐姓扶氏。嘉公之子为官楚南，立基湖南郴州桂东。后裔第四十七世子隆公于明永乐年间迁徙乐昌，为乐昌始迁祖。明宣德年间，子隆公之子普贤公再迁乐昌九峰上廊立祠，至四世子孙分支江、淮、海三大房，分徙韶关各地。

乐昌上廊《扶氏族谱》

【迁徙源流】乐昌上廊扶氏为西蜀汉廷尉嘉公一支。民国十七年（1928）修《乐昌扶氏族谱》载：始祖嘉公因扶助汉高祖平定三秦，受赐姓扶。其子为官楚南立基。传第四十七世祖子隆公，于明永乐年间自湖南灵县，迁徙入粤乐昌河南开基后，其子普贤公于明宣德年间再迁乐昌九峰上廊湾子立祠，后裔分布上廊湾子、长坪、北坑、早禾田、横坑、茶坪、王洞、大廊、小廊、坪石等地。至四世子孙，扶氏后裔分徙江、淮、海三大房，部分后裔迁江西崇义、台湾等地。

【家训家规】乐昌扶氏家训、家规，谱载列作《家训》《规约》两篇。兹列如下：

家　训

缅惟我族，派自桂东。迁灵十世，我祖先公。人居乐土，置业九峰。定居上廊，垂裕无穷。服畴食德，世守家风。为子者孝，为臣者忠。与兄言友，与弟言恭。和以接物，敬以持躬。劳谦则吉，终讼则凶。闻过宜改，见善宜从。毋荒尔业，毋废尔功。勤于诵读，学问乃充。勤于耕种，衣食乃丰。慎言敏行，谨始虑终。钱粮早纳，租税速供。不可倚势，不可逞凶。安分守己，乐意融融。干名犯义，忧心忡忡，人情莫测，国法难容。凛遵斯训，庶强尔宗。

规　约

一曰饬祠宇：奕奕寝庙，明德惟馨。鉴观有赫，未薄未宁。肃静中外，洒扫户庭。景仰先泽，佩深鼎铭。

二曰省坟茔：彭雪窀穸，马鬣牛眠。修筑封树，以慰九泉。登茔祭奠，知会必先。春冬不间，守护墓田。

三曰丰祀典：享祀丰洁，致孝先圣，牺牲黍稷，俎豆前陈。礼行三献，品列八珍。穆穆肃肃，只承明礼。

四曰守祭田：祭器不假，何况蒸尝，祖宗血食，世代延长。盈缩出入，载笔勿忘，祀曲无疆。

五曰联宗族：弱枝强干，同此根茎。情谊宜笃，衅隙勿开。贵莫凌贱，拙毋拓才。四时汇族，频往频来。

六曰睦乡邻：乡田同井，洽比其邻。闾巷相聚，白头犹新。岁时伏腊①，燕乐嘉宾。无争无忤，葛天之民。

七曰勤课读：遗金满籝，不如一《经》。青灯黄卷，映雪囊萤。提撕警觉，以牖虚灵。行成名立，显耀门庭。

八曰勤职业：农工商贾，各守其常。早作夜息，无怠无荒。玩时竭日，饥寒难当。惟勤惟俭，莫敢或遑。

九曰杜争讼：讼非受福，怨及子孙。谋财夺产，人亡物存。株连拖累，何处申冤。让畔让路，古道宜敦。

十曰戒凶殴：合观以酒，定志凝神。偶及于乱，败德丧身。小事取辱，大祸及亲。猛省知改，盛世良民。

---

① 伏腊，泛指祭祀，一为伏祭，一为腊祭。

韶关连氏

韶关连氏出江西龙南，清代迁仁化开基，开基祖连五郎，后裔分徙乐昌五山，分布在五山、廊田等地。

仁化尤得堂《连氏族谱》

【迁徙源流】仁化连氏江西龙南。谱载：明时大一郎、大二郎由福建上杭县瓦子街，徙都江西龙南，大一郎生子二。明五郎、六郎，由龙南而抵仁化县城口，生子九。八子得行四公又徙居白石洞塘窝仔。越数年，长子得名公生子四，曰仲仁、仲深、仲宽、仲海。又迁于乐邑，地名冉寨岐。见山川秀丽，因而家焉。仲仁生子三，文浩、文镜，文锭。文浩生子三，长应得、次应魁、三应卷，迁于桂阳羊角寨。而文镜生子二，长应举，次应壆。文锭生子四，长应财、次应福、三应禄、四应达。而应举生子二：长曰正鸾、次曰正凤，迁居于仁邑清水江。应壆生子五：长曰正鹏、次曰正华、三曰正珍、四曰正珠、五曰正球。应财生子二：长曰正富，居住坪田，次曰正贵，居住冉溪。应壆次子正华生子九，存二：启麟、启善。启麟生子五：长曰上义，生子三，长子三子徙至杉木岗，启麟第三子上智，上智第三子永陞迁居于桂阳下营，启麟第四子移居杉木岗坳头子。

【家训家规】仁化连氏家训、家规，谱载列作《家训》二十三条并引，《族规》十七条。兹列如下：

家　训

引：人之所以灵于万物者，以其有良知良能而自知爱亲敬长，遵守先人之遗训，而克全为人之道也。夫世间牛羊鸡犬，依主人以生长，抑或传衍无穷。然任人宰割牵制，不能自拔，以其不知伦理也。连氏忠厚传家，遗训昭然，后人世多遵守，皆明伦理，爰取古人之格言，有关于居家处世之方，无愧于为人之道者，具书于谱。

一、人之所以能成人者，以其能尽孝、悌、忠、信、礼、义、廉、耻八个字也。八个字是八个柱子，有八柱始能成宇，有八字乃能成人。

二、《学而》第二篇，圣人开口便说“其为人也孝悌”。尽孝悌是为人之本，即为仁之本。不孝不悌便不可以为人。孩提知爱，稍长知敬。人奈何自失赤子之初心，其终致不齿于人类也。

三、兄弟间偶有不相惬处，即家明白说破，随时消释如初亲爱。试看大舜待傲象，未尝无怨无怒也。而怒不藏，怨不宿，所以为圣人。今人外假怡怡之色，而内无亲爱之诚，至有阴妒仇结而不可解。吾不知其何以为心也。

四、《易》曰：“风行水上，涣先王以享于帝。”立庙知立宗祀，创族谱所以合其涣也。然不立祭田，恐后人或以无而废祀故。立义田以给族之不能养者，立义学以淑族之不能教者，立义冢以牧族之不能葬者。此皆仁人君子所当恻然动念，必周置以诒于谷于无穷者也。宋范文正公设置义田，芳规尚在，何以为劝矣。

五、人须各务一职业。第一品格是读书，第一本等是务农。外此为工为商，皆可以治生，可以定志，终生可免于祸患。惟有游手放闲者便要走到非僻处所去，自罗于法网，大是可畏。劝我后人毋为游手，毋交游手，毋收养游手之徒，则祸患可免矣。

六、凡居家不可无亲友之辅。然正人君子多落落难合，而倾险侧媚之小人恒易相亲昵。吾人识见未定者，遇此等辈，乃心腹任之异无尔我，而不知其所探取者矣，私利也，其所诛求者无厌也。稍有不惬即将汝阴私而首发于他人矣。名节身家丧坏不小，孰若亲近人之为有益哉？

七、谚云：“一日之计在于寅，一年之计在于春，一生之计在于勤。”起家的人未有不起于勤而后渐流于荒惰，可惜也。《书》云：“慎乃俭德。”惟怀永图起家的人未有不成于俭，而后渐废于侈靡，可惜也。

八、论不善处，富贵者不必说别的，特说一个淫字。骄奢淫逸所有邪也，而淫为甚。几人到此尽误生平，念之，慎之。

九、家处穷困时，当念“守分”二字；家处富盛时，当念“惜福”二字。

十、凡人为子孙计，皆思创立基业。然不有至大至久者而乎，舍心地而图田地，舍德产而谋房产，已计之失矣。况唯利是求，自损阴隙而欲令子孙长享，岂可得耶？

十一、作善降之百祥，作不善降之百殃。古来人试验多矣。高明之家，鬼瞰其室，凡事求无愧于神明，庶可承天之佑。否则，不觉昏迷，自陷于危亡之辙矣。天启其聪，天夺其鉴。二语时宜惕省。

十二、释氏云：“要知前世因，今生受者是；要知后世因，今生作者是。”此言极佳！但彼曰后世前世，则轮回之说耳。吾思昨日以前，而父而祖皆前世也。今日以后而子而孙，皆后世也。不有祖父之积累，安有今日。乃今日作为不如祖父之积累，可望此身之考终，子孙之福履乎？是当惕然省矣。

十三、一部《大学》只说得修身，一部《中庸》只说得修道，一部《易经》只说得善补过。修身二字极好，器服坏且思修补，而况于身心乎？

十四、凡遇人相处，宜思其所最忌者。苟轻易出言中其所忌，彼必谓有心讥讪，痛恨切骨矣。《书》云：“惟口与戎出好诗。”善戏谑兮不为谑兮。戏谑犹所宜慎，况以言中人所忌乎？

十五、圣贤教人一生谨慎，在“非礼勿视”四句；教人一生保养，在“戒之在色”三句；教人一生安闲，在“君子素其位而行”一章；教人一生受用，在“居天下之广居”一节。

十六、盘根错节可以验我之才，波流风靡可以验我之操，艰难险阻可以验我之思，震撼折冲可以验我之量。但读圣贤之书是真正士子，但守祖宗之训是真正子孙，但奉国家之法是真正子民。否则，为邪为辟，即有所著见，不可谓真正人品也。

十七、人一生受用，在“谦厚”二字。可以永世也，在此二字。人只秉一个“公”，守一个“正”，执一个“实”，持一个“平”，总是存一个“仁”，即小有差失，人也自能谅我。但人之处事决不可存苟且心，决不可做偷薄事，决不可效轻狂态，决不可做惫懒人。

十八、“一日之事必于一日中决之”，此唐刘晏之言也。不论居家居官，一日自有一日事。如读书，一日要完一日的功课，作家一日要干一日的事务，居官一日要理一日的公案。不必着忙，但从容做去，自然日计不足，月计有余，月计不足，岁计有余，终生久大之事业，皆基于此矣，此人日省者也。

十九、凡为子孙置产业，交易要平，存心宜厚。交易平则日后无异言，存心厚则将来可以长守。不可乘人之急，故濡迟以抑其价，不可利人之有，遂图谋以强其售。若一味要占便宜，不留余地，势必至人怨天殃，是不但为子孙作牛马，也为孙子作蛇蝎耳。当思同敢无常。今日弃产之人即先时置产之人也。吁，可以戒之。

二十、妇道有十二：曰承祭祀以严，曰奉翁姑以孝，曰事夫子以礼，曰处妯娌以和，曰待妾婢以恕，曰教子女以道，曰御僮仆以恩，曰接亲戚以敬，曰听言语以正，曰戒邪妄以诚，曰务织纺以勤，曰用财物以俭。教妇之道虽多，然略举其上。凡果能实力行之，则妇道全矣。

二十一、近见轻薄少年群居，终日吃些好酒肉，穿件好衣裳，说几句尖利话，做几桩刻薄事，以戏谑为风流，以傲慢为脱异，以讪笑为能事，以骂詈为直道。此等人，虽不曾为非作歹，而一种轻狂恶习，已削尽元气，后生最当切戒。

二十二、凡少年宜择老成忠厚，肯读肯学好的人，与之交接。首以诚实为心，次以谦和为主。同饮食则勿贪美味，同行路则勿择好路，同干事则勿辞劳苦，同就寝则勿占床席。宁让人，勿使人让我；宁容人，勿使人容我；宁吃人亏，勿使人吃亏我；宁受人气，勿使人受我气。若胜于我，则敬重之，而不敢怠慢人；若不如我，则谦待之，而不可轻贱后生。人能知此，则受益无穷矣。

二十三、方今世界大同，最重兵备。吾人于士农工商之外，选充兵勇，务必勤苦练习技术。于智、德、力三者完全无缺，由此升诸将帅，也吾人分内事。矢为国为民之志，无自私自利之心，自能名重中外矣。

以上家训，虽不兼尽，然苟能遵守之，则亦可无愧于为人矣。

族 规

孝顺父母：人之初生，懵如也。饥不能自食，寒不能自衣，赖父母乳哺之，鞠育之。三年怀抱，推干就湿，备极苦辛。稍长，又为之送读书，谋婚姻，其深恩固昊天罔极也为人子者，思身自何来，今日何以能成立。乃怀存私意或听妇言，不求报答。父母之恩，致有忤逆。此等人，天必不佑矣。惟能诚心孝顺，使父母常得其欢心。其或家贫，亦必力求奉养。有病必亲行调医，有事必为服劳，有过必当几谏。孝亲之道，实难尽言，惟各随其本分而善事之，则可以得父母之心。然不但子道当如是，实留在后人样看。我不孝顺，谁肯孝我。俗语云：“孝顺还生孝顺子，忤逆还生忤逆儿。”天理昭昭，定然不错。至于嫡母生母不存，其不得不有后母者，势也，尤当分外加意，以爱敬事之，庶乎宗族称孝焉。

友爱兄弟：兄弟本同气，当如形之与影，声之与响，此皆以至性至情言也。即以利害言之。诗曰：“死丧之戚，兄弟孔怀。”然则，穷巷小民，雁行雍睦。有急难可恃于无恐，况富贵者乎?

恭敬长上：凡与父同行，及年长于我二十岁以上，曰尊者；凡与兄同行，及年长于我十岁以上，曰长者；凡年上下不满十岁，曰敌者；凡少年于我十岁以下者，曰少者；凡少于我二十岁曰幼者。今明知其长，上则不论其为父族、母族、妻族，为乡党邻里，当尽吾恭敬之心以待之。虽有亲疏不同，皆不得将以傲慢。凡遇见必揖，久别必问，座席必隅，饮食必让，议论必让先，行路必随后。此不过常礼节，自然出以恭敬之实心。况年高之人，老成练达，本宜钦敬。亦有年不高而行辈长于我者，我亦当执卑幼之礼，不得相凌侮。即道路遇斑白老人亦都一般逊让，斯乡党称弟耳。

和睦宗族：《书》曰：“以亲九族。”九族既睦唐尧且，而况众人乎?末俗或以富贵傲，或以智力抗，或以顽泼欺凌。虽能争胜一时，无非自作罪孽。尝谓睦族之要有三：曰尊尊，曰老老，曰贤贤。名分属尊行者，尊也，则恭顺退逊，不敢触犯。分属虽卑而年寿迈众者，老也。则扶持保护，事以高年之礼。有德行之族，彦贤也。贤者乃本宗桢干，则景仰而亲炙之。每事效法，忘年忘分以敬之。此之谓三要。又有四务：曰矜幼弱，曰恤孤寡，曰周窘急，曰解纷竞。幼者称年弱者。鲜势，人所易欺，则矜之。一有矜悯之心，则随处为之效力矣。鳏寡孤独，王政所先，况乎同族得以耳闻目击则恤之，贫者恤以善言，富贵者恤以钱谷衣食。窘急生计无聊，则周之，量己量彼，可为则为。不必望其报，不必使人知，吾尽吾心焉。人人忿则争竞，得一人劝之气遂平；遇一人助之气愈激。然当局而迷者，多矣。居间排解之，族人之责也。此之谓四务，善乎？范文正公之言曰：“宗族于吾故有亲疏。”自祖宗视之，则均是子孙，固无亲疏。人能以祖宗之念为念，自知族之当睦矣。

尊重谱牒：谱牒所载皆宗族祖父名，讳孝子顺孙目可得而睹，口不可得而言者也。收藏贵密，保守贵久。每岁清明祭祀之时，宜带所编发字号原本到办祭地方会看。一遍祭毕，仍各带回收储。如有鼠侵油污及磨灭涂坏字迹者，即在祖宗神前量行惩戒，另择贤能收管登名于簿，以便稽查。或有不孝之徒鬻谱卖宗，或抄写原本瞒众取利，致使以伪混真，紊乱宗派者，此皆得罪祖宗，众共黜之，仍会众追谱究治。

续记族谱：族姓蕃衍，居址星散，非有谱以联属之，则源流易混，行次颠越，甚失亲族之谊也。兹今首事者，几经搜罗，几经考订，始克成谱。嗣后子孙平时将本房生殁系录，装簿说载。若有别房不能抄录者，代为注记，则日后续修，事半而功倍，本支百世朗如列眉矣。

修治祠墓：祠乃祖宗神灵所依，墓乃祖宗魂魄之所藏。子孙思祖宗，不可见，见所依所藏之处，即如见祖宗焉。时而祠祀，时而墓祭，必加敬谨。凡栋宇有坏则修之，缺漏则补之，垣坳碑石有损则重整之，蓬荆则剪之，木树杂器则爱惜之。或被人侵害盗卖盗葬，则同心合力复之。患无忽小，视无逾时。若使缓延，所费逾大。此事死如事生，事亡如事存之道。此族人所宜讲者也。

辨明族类：族类辨别，圣人不废。世以门第相高，间有非族而认为族者，或同姓而杂居一里，或自外邑而移居本村，或继同姓子为嗣，其类不一。然姓是同而嗣不同，大墓不同祭。是非难淆，疑似当辨，尚亲谓也，从伯叔兄弟，后将若之何？故谱内必严为之防，尽神不歆非类，处亡处人之道，当如是也。

明正名分：学识演习世务，谙练人情，其益固多矣。

崇尚节俭：老氏三宝，俭居一焉。然俭也非吝啬之谓也。人生福分，各有限制。若饮食衣物，日用起居，一一朴实，留有余不尽之享以还造化，优游天年，可以养福。奢靡败度，俭约鲜失，可以养德。多费多取。至于多取，不免奴颜婢膝，委曲绚人。费少取少，随分随足，浩然自得，可以养气。且以俭示后，子孙可法，有益于家。以俭率人，敝俗可挽，有益于国。俭为美德，如此世人顾务为奢侈，而不计日后用度之难继，流为穷乞，甚可惜矣。

厚恤姻里：姻者，族之亲；里者，族之邻。远是情义相关，近则出门相见。宇宙范范，幸而聚集，亦是良缘。况童蒙时，或多同馆，或共游嬉。比之路人迥别。凡事皆当从厚，有无相通，患难相恤。不论曾否相与，俱以诚心和气相遇。即使彼曾薄待我，而我不可以薄待彼。久之且感而化矣。若恃强欺弱，倚众暴寡，靠富凌贫，捏故占人田地风水，侵人山林疆界，放债违例过三分取息，此皆薄恶凶习。天道好还，尤宜痛戒，毋自害儿孙矣。

奋励廉耻：魏叔子，名熙，目录云：“人生极重一耻字。”即如盗贼娼，优若有些耻意，便可教化。若其人虽无大恶，或遇可羞耻之事，亦安然不畏而为之，则终身无向善之日，推至极不善事亦所肯为。耻字是学人喉哢，圣贤教人与小人记哢意，皆从耻字引导。人一无耻，便如病者闭喉，虽有神丹，不能入腹矣。《孟子》曰：“耻之于人大矣。”《中庸》曰：“知耻近乎勇。”

稽察正供：赋税力役皆国家法度所关。若拖欠粮米，躲避徭役，便是不尽义务。凡族中钱粮，各户当依限输纳，不可任意延欠。务令本家钱粮完纳任各里之先，不烦催科。庶国良民，家有肖子矣。

平息争讼：族中如有内外争执，除本家弟兄叔侄之争，房长族老会议处分，不致成讼外，倘本家与外姓有争，若事情重大，私下处不得，没奈何，闻官只宜从直告诉官府有察，便易了结，切莫架桥捏怪，致问招回。如其止系户婚田土闲气小忿，则族长亲友代为调息。屈在本族，押之赔礼；屈在外姓，也须委曲调停求和。虽是稍曲，但留此闲钱做人家。趁此好光阴，读书穷理，不为客气所务，也是自家讨便宜处，即不敢人望彦方之庐，或可平乡人之怒，而可省公祖父母之案牍矣。

踊跃当兵：世言好子不当兵，非也。今日世界交通各国，注重兵备。精兵多者，其国强。故实行征兵之制，即“三代寓兵于农”之法。其兵皆挑选良家子弟，一洗往日市井无赖之徒。国以兵立，此世之最荣贵者，兵也。凡子弟之入选者，务宜讲求谋略。富有兵事智识，精练技术，则战必胜，攻必克，自然威名昭著矣。

严戒赌博：赌为倾家荡产之由，也为鬻妻卖子之殃。吾人若不务正当生涯，因贪人之财而习于赌博，即或侥幸赢得，亦为不义之财，况多输乎！一旦囊空似洗，典卖无遗，既施愧于亲知，复贻羞于妻子。则寡廉丧耻，流为盗贼，干犯法纪，悔之晚矣。凡族人其勉之。

禁食洋烟：洋烟者，来自印度，初名洋药。今则中国也多栽种，不知其害，何日可去也。无奈，人皆嗜吃，不惜宝贵之光阴，不爱有用之金钱，日沉于洋烟苦海之中。血气枯槁，形容憔悴，与半死之人无异。若不早为觉悟，则不免倾家荡产，丧失羞耻，无所不为，自投罗网矣。吾人宜视之如猛兽焉可也！

韶关吴氏

韶关吴氏主要出自延陵郡渤海堂。谱载：福建上杭分别有两支迁入粤北。一支相传始迁祖为吴侃，字守真，福建上杭人，于宋理宗宝庆二年（1226）任南雄别驾，任满后定居始兴。后裔分布始兴隘子、江口、太平等。另有迁翁源支后裔，分居九龙水（今官渡下榕角）、新塘下西（今新江下西村）；另一支于明万历间由福建上杭瓦子巷迁出，先迁紫金，又迁连平，再迁翁源庙墩牛子圳、松塘、九仙。其后裔分布始兴、翁源、仁化、曲江、乐昌、乳源等地。

一、仁化周田渤海堂《吴氏族谱》

【迁徙源流】仁化周田渤海堂吴氏脉源自延陵郡，出福建上杭瓦子街。据仁化周田《吴氏族谱·叙宗》记：我族鼻祖侃公（守真），于宋理宗宝庆二年从闽入粤，籍官出任南雄州别驾。任满后，先定居始兴，后裔分徙翁源、仁化等地开基，自此，延陵渤海堂后裔繁衍。

【家训家规】仁化周田渤海堂吴氏家训、家规，谱载列作《家训十则》。兹列如下：

家训十则

一、孝事父母，敬事长上，和睦乡里，此乃先祖前贤格言。凡我族人自当遵守，毋为不孝、不悌、不义、不仁。如有虐待父母、妇婴及仗势欺人太甚者，经教育无效者，任何公叔、乡里都有权，也有责代受害者申诉。

二、士农工商，各守一业，皆须努力精进，可以百学多艺长，亦可精深一门专，以正当的职业道德，克胜前人，以振家声。在家务须勤奋农耕，科技兴农。谚云：有田不耕仓廪虚，有书不读子孙愚。此语足为后裔针砭。

三、赌博、吸毒、酗酒、游荡、嫖娼，不但坏心术，而且败家财，皆须严戒，以遵祖训，上可以对祖宗，下亦可以教子孙也。

四、凡我族裔孙，必须遵纪守法、安分守己，不准做偷、抢、扒、骗等违法之事，否则，将会受到法律惩罚。

五、过去同姓为婚，律主断离，今日凡三代之内血缘亲属皆不准结婚，包括姑表、姨表之兄妹，皆在优生优育，为子孙后代造福。

六、同姓过继必须昭穆相当，不可以孙为子，以弟为儿，有犯此者，谱牒则而不承认续修编排。

七、凡我族裔孙年满十六岁以上逝世者，一律均可在祖堂厅堂停放灵柩，但首先要在死者正屋厅堂出殡，不然死者家属要负责任，车夫也要拒绝执行和负责任，如在外去世者，已入殓的灵柩或骨灰盒（除判刑和在牢房死去以及作案时或追捕时击毙者），均可入祖堂厅堂祭灵。

八、祖堂之设原为春秋二祭及红白事之用，亦为今日聚会之公共场所，任何人不得占为己有。不得在厅堂及大门坪晾晒衣服，不得摆放任何物件，不准用于放养禽畜，更不准建违章建筑和私种果树。借用者必须及时清理卫生，违者后果自负。

九、必须正确对待族谱。修谱的目的在于溯源尊祖敬宗睦族，因此，任何人不得以族谱所刊载的源流亲疏为理由，进行拉帮结派，为非作歹。

十、族谱乃是家族历史，是家族的公开档案，是本族后裔寻根溯源之史料，望后代贤能子孙续修续刊，以传后代。

二、乳源铁士坪《吴氏族谱》

【迁徙源流】乳源铁士坪吴氏源自延陵郡渤海堂，出福建上杭侃公一支。谱载：鼻祖侃公（守真）于宋理宗宝庆二年（1226）从闽入粤，籍官出任南雄州别驾。任满后，先定居始兴，后裔分徙翁源、仁化等地开基。入清居翁源吴氏分房，迁徙乳源铁士坪立基，自此，延陵渤海堂吴氏繁衍乳邑。

【家训家规】乳源铁士坪吴氏家训、家规，谱载列记《家训》《家规》。其中，《家规》共八条。兹列如下：

家　训

家无论贫富，总要子孙贤肖；人无论智愚，总宜教之诗书。大之扬名显亲荣宗耀祖，小之明理达词知名识数，以及星相医卜皆不能歪纵，有贫极不能近师，鲁极不能记诵者，农工商贾皆为正业，亦宜从幼使教习礼义，讲明孝悌，庶知凛法章而守本分，不然，子弟之不逮，实父母之教不先，谁之过矣？

家　规

一、孝父母：人非父母不生，生而教养成人，其恩罔极。敬为人子者，必常侧左右就养，过则从容几谏，病则服侍汤药，死则经营葬祭。在家则婉容愉色，奉命唯谨，出仕则移孝作忠，显亲扬名，方尽子职。若违逆执拗，堕行辱亲，听妻子之言，而结仇怨怼，此不孝之罪，上通于天，五刑所以首严也。

二、友兄弟：兄弟为分形连气之人，无论同胞共乳，应以友爱。即支子庶孽，皆属一体之亲，必兄爱弟、弟敬兄。虽析居分食，无别尔我，斯合友恭之道，近有因财产而衅起阋墙，听教唆而祸延萁豆；同室操戈，视如仇敌，读棠棣脊令之诗，当感愧无地矣。

三、敬长上：长上不一，有在官在家之长上，有同姓异姓之长上，不仅名爵一端，凡年龄先我者，皆是也。自宜称谓各正，隅坐徐行，揖让谦恭，罔敢戏豫。若干犯名分，目无尊长，或以贤智先人而辚轹前辈，或以血气自恃而污谩高年，或矜富贵，或夸门庭，皆为狂悖，不得姑纵。

四、和乡里：同乡共井，相见比邻，虽不敌家人骨肉之亲，然亦当和睦以相尚，故必出入相友，守望相助，疾病相扶，有无相济。若势相恃富相欺，强弱相凌，大小相拼，或因微利相争讼，或小忿相仇杀，此为陋恶之俗，凡吾族中，当以戒之。

五、勤本业：人生各有职业，士稽古致贵，农力田得食，工精艺阜财，商懋迁获利，皆是为一生受用，以遗子孙者。故凡父兄之于子弟，必因其材质相近者教之，俾人各有事，庶不致为游惰之民。其有博弈饮酒，诡诈货奸，狐群狗党，不禽不兽者，将来穷老失归，嗟何及矣。

六、莫非为：人无论智愚，皆有所当为与力所能为之事，不得谓之非为。惟纵酒赌博，逞凶斗狠，足以败名丧节，杀身亡家者当之。族有此辈，父兄宜亟加惩戒，无致寡廉鲜耻，为獍为枭，贻害族姓。至于渎伦伤化，鼠窃狗偷，上辱宗祖，下玷家声，此王法不容者也。

七、择婚配：夫妇为人伦之首，万化之原。故儿女婚嫁，必择其妇之德性何如？婿之贤否何如？而家之贫富可勿计。使贪财下嫁而忍若鬻儿，六礼未备而贱同纳婢，区偶不均，门户不对，识者耻之……

八、慎祭扫：坟墓以掩祖骸，实后人发祥之始；祭祀以酬先德，亦子孙报本之心。故清明扫墓，必老幼亲临，虽远亦至，衣冠罗列，各致其恭，庶神歆祀，人受其福。若岁时缺祭，等于荒丘，惰慢失仪，同于儿戏，必明有人非幽有鬼责。豺獭不忘所自，人不若兽哉！

三、始兴渤海堂《吴氏族谱》

【迁徙源流】始兴渤海堂吴氏出侃公脉支。谱载：宋理宗宝庆二年（1226）自闽入粤，始迁祖侃公籍官出任南雄州别驾。任满后，定居始兴，后裔子孙散居始兴各处。

【家训家规】始兴渤海堂吴氏家训、家规，谱载列记《家训》，共九则。兹列如下：

家训

一、孝事父母：敬事长上，和睦乡里，此乃先祖前贤格言，凡我族人，自当遵守。毋为不孝、不悌、不义、不仁。如有虐待父母、婴儿及仗势欺人太甚者，经教育无效者，任何公叔乡里都有权，也有责代受害者申诉。

二、勤事耕读：士农工商，各守一业，皆需努力精进，可以百学多艺长，亦可精深一门专。以正当职业道德，克胜前人，以振家声。在家务须勤奋耕读。谚云：有田不耕仓廪虚，有书不读子孙愚。此语足为后裔针砭。

三、严戒五害：赌博、吸毒、酗酒、游荡、嫖娼，不但坏心术，且败家财。皆须严戒，以遵祖训。上可以对祖宗，下亦可以教子孙也。

四、守法安分：凡我族裔孙，须遵纪守法，安分守己……

五、戒同姓婚：（略）

六、昭穆同姓：同姓过继，须昭穆相当，不可以孙为子，有犯此者，谱牒不认续修编排。

七、重丧礼祭：凡我族裔，年满十六岁以上逝者，一律可在祖堂前停放灵柩……

八、慎祭祖祠：祖堂原设春秋二祭，有红白事用，任何人不得占为己有。不得在厅堂及大门坪晾晒衣服，不得摆放任何物件，不准放养禽畜，不准建违章建筑，私种果树……

九、善待族谱：族谱乃家族史，家族公开档案，任何人不得以族谱所刊载源流亲疏理由，进行拉帮结派，为非作歹。望后代贤能续修续刊，以传万代。

韶关邱（丘）氏

韶关邱（丘）氏有翁源、新丰、乐昌、仁化、乳源、始兴等数支，氏族主要源自中原。据谱载，五代乱唐时，山东、河南各支迁往福建汀州上杭、宁化等地。宋末元初，为避兵燹战乱，福建邱（丘）氏各支分迁入粤，其中，一支迁徙入南雄府保昌、始兴繁衍；一支分迁粤东嘉应、连平等地入粤北翁源地，元末明初时，因避兵乱，福建、嘉应、连平邱（丘）氏各支续迁入粤境北乐昌、仁化、乳源繁衍。此后，邱（丘）氏后裔遍布韶关南雄、始兴、翁源、新丰及曲江等地。

一、乐昌《丘氏族谱》

【迁徙源流】乐昌丘（邱）氏源自福建上杭。谱载：明永乐九年（1411），开基祖后丘氏绍岳公，自福建上杭迁徙乐昌秀水开基。自此，丘氏后裔遍布秀水、梅花、五山、两江、沙坪、九峰、河南、大源、乐城等地。明成化年间，再有丘氏法博公，自乐昌分迁乳源宋田上村开基。又有丘旺清，在桂岭开基；丘崇法，在庙背开基；丘法宗，在大塘开基；丘延志，在新塘开基（后迁乳城下街）。另有丘宜九原为韶州府吏，退职后迁到乳源洲下街，后裔分居到珠泗连、沙田、城内、洲横衔、小溪、河背水、下街等地。

【家训家规】乐昌、乳源丘氏家训、家规，谱载列记《家训》《家规八箴》，各列八条。兹列如下：

家　训

一、要尽孝道：孝者，百行之原也。人若不孝，纵官居极品，功盖天壤，不足贵也！亦思父母之恩，昊天罔极，人子粉身碎骨，万一莫报，可不孝乎？故服劳奉养，子道之常。循礼法，保身全体，无贻亲忧，孝之始也。扬名显亲，孝之终也。人能尽孝，则父母喜悦，祖宗默佑，天地眷顾，自然昌大久远矣。

二、要尽弟道：兄弟乃同气同体，谊属天显也。人若不弟，则同气已乖，暴戾成性，将衅生阋墙，外侮随至，必然乏理矣。亦思以幼敬长，分所当然。故隅坐随行，弟之道也，推梨让枣，弟之礼也；和乐且忱，弟之谊也；弟既敬兄，兄亦爱弟，手足之谊既笃，父母之心亦欢，自然和气钟祥矣。

三、要忠心：忠者，发已自尽也。食君之禄，事君宜忠也。代人谋事，待人宜忠也。人若不忠，则狡伪自恣，事君为奸臣，事亲为逆子。经云，事君不忠非孝也。但凡与人做事，必当尽心尽力，视人犹己。若父母兄弟、家庭骨肉之间，尤宜披肝沥胆，言无乱发，行无乱动，则在家可以为孝子，在国可以为忠臣矣！

四、要信实：以实之谓信也。人若不信，则信不由衷，行皆虚妄。孔子曰："人而无信，不知其所可也。"经云："朋友不信，非孝也。"但凡处己接物，事亲敬长之际，必要心口如一，内外相孚，则反身而诚，交友则为信友，事亲则为孝子矣！

五、要循礼：礼者，天理之节文，人心之准则也。人不循礼，则荡检窬闲，放佚无忌，以至干名犯分，为臣不忠，为子不孝，与人不信。《孟子》曰："礼之实，节文斯二者是也"①，可知孝弟之人，必遵礼法。先王制礼以辨名分，别尊卑，明贵贱，序少长，严上下也。凡在父兄宗族之前，必要谦卑逊顺，循子弟之礼，即在乡党明友，亦当恭敬揖让，不可骄傲怠惰，人称知礼。知礼而不生其恭，未之闻也。

六、要秉义：义者，心之制事之宜也。若不合义，则任意妄行，当为不为，不当为而为。虽灭礼悖义，犯法犯刑，往往有之矣。亦思辞让之心，人皆有之。凡一名一利，必要斟酌审慎，当辞则辞，当受则受，当取则取，当与则与。凡一言一行，一交接，一动静，一营为，务求当乎天理之公，协乎人心之宜，方可措置咸宜，自无妄作妄为，犯法犯刑，辱体累亲之失矣！

七、要廉洁：不贪之谓廉也。人苟不廉，则图谋不轨，只要利己，不顾害人，或因财而失义，或因利而倾家，以致贪思妄想，甚且为奸为盗，玷辱先人者，皆因贪之以一念，皆之祸也。必也勤俭自持，节用省费，淡薄自甘，朴素自居。不忮不求，无贪无妒，不义之财，一介不取，嗟来之食，死犹固辞。清洁若此，宁尚有贪食无行，作匿犯法，以贻羞族人矣。

八、要耻心：不肯居人下之谓耻也。人若无耻，则百事可为，甚至为奸为盗，身受刑宪，恬不知耻。亦思富贵功名，修为德业，皆从勤苦得来。颜渊曰："有为者亦若是。"语云："有志者，事竟成。"孔子曰："知耻近乎勇。"孟子曰："不耻不若人，何若人有。"又曰："耻之于人，大矣！"若耻心一生，自不甘居人下，必然发奋有为，立德立言立功以荣宗祖而光族人，岂尚有不孝不悌，不忠不信，无礼无义，卑污苟且之事哉！

---

① 出《孟子·离娄上》。

家规八箴

孝箴：善行无敌，厥首惟孝。父生母育，德何以报。仰维前贤，善承色笑。养志无违，谕亲于道。凡吾宗人，是则是效。

弟箴：何以恭兄，厥道惟弟。徐行后长，勿紊其序。仰维前贤，笃厚同气。柳问饥寒，姜称大被。弟恭兄友，荆花不悴。

忠箴：先儒有言，尽己为忠。人心不一，竭诚斯同。无妄为怀，不欺于中。堪为人谋，可达王公。勿贰以二，往来憧憧。

信箴：先儒有言，以实谓信。不诚无物，得主则定。言根于心，中敷于行。有孚盈缺，豚鱼格真。无信不可，恪遵圣训。

礼箴：圣德大备，莫善于礼。内主诚恪，外饬容体。周旋折旋，中规中矩。丧祭冠姻，此为之纪。敬慎威仪，免讥相鼠。

义箴：人生大防，惟利与义。是非可否，毫厘疑似。辨之既明，行之斯利。守经达权，义之与比。以义制，先型勿替。

廉箴：志士励行，莫重于廉。精白乃心，嗜欲胥捐。千驷一介，取与必严。出为名臣，处为圣贤。人夷出跖，服膺拳拳。

耻箴：机变之人，无所用耻。克励此心，始称男子。一念之恶，人视人指。少有惭恧，奚啻监史。知耻近勇，深味斯旨。

二、翁源河南堂《丘氏族谱》

【迁徙源流】翁源河南堂丘（邱）氏出福建上杭法昌。谱载：明正统二年（1437），福建上杭丘氏始迁七世祖仁义公之子祚、衡、祝、棋、德、祥六兄弟，携子孙七十余迁韶州府翁源怀德里开基。定居十年后，长子祚公迁铁场—铁龙开基，后裔散居翁邑东西部黄田等地；次子衡公迁始兴开基，后裔分徙始兴、曲江、南雄、英德及江西等地；三子祝公开基松塘，后裔分居翁源芙蓉、松塘、三华南门、周陂、江尾、南浦及乳源、新丰、英德等地；四子祺公开基始兴冷水坑，后裔分徙连阳、广西、雷州等地；五子德公迁居始兴马市开基，后裔散居翁源坝子、南雄，部分迁徙化州、四川等地；六子祥公迁翁源南浦，易姓肖，后裔散居翁源坝子、南浦、三华及英德大镇、桥头、新丰等地。

【家训家规】翁源河南堂丘氏家训、家规，谱载列记《家训》《族规》，其中，《家训》列作十则。兹列如下：

家　训

一、心地善良：为人最宜善良，种德子孙收福。凡事扪心自问，何须念佛吃斋。恶念莫起，善举勇为，忠厚传家人慕称。

二、品行端正：从来人有三品，持身端正为良；贪赃枉法难长，但见天良丧尽；心无邪念，行勿乖张，光明磊落子孙昌。

三、养父母：乌有反哺之义，人子岂无纲常？亲慈子温乐天伦，惟乐一家孝顺；三餐美食，不抵温言，随宜身份最自然。

四、友爱兄弟：兄弟分形连气，亲密不异手足。妇孺之语小人言，偏听偏信堪怜；弊履易补，足断难全，莫为些小龃成冤。

五、和睦邻里：远水难救近火，远亲不如近邻。三家五户宜相亲，缓急家帮衬；是非宜解，冤仇莫结；莫恃豪富莫欺贫，有事常相问讯。

六、教育子孙：教子最忌溺宠，无规不成方圆。雕琢方成美器，姑息未为慈祥。朴归陇亩秀归庠，勿令闲游放荡。

七、怜惜孤寡：天下穷人有四，孤寡最宜周全。儿雏母苦最堪怜，况复加之贫贱。寒则予以旧絮，饥则授之余米。

八、婚姻随宜：儿女婚姻大事，攸关家业成败。心美吃着不尽，红颜往往命乖；贤淑内助难得，人伦大礼须严，一切从简莫奢。

九、奋志芸窗：鸡鸣早起诵读，恭习圣贤楷模。宝剑锋从磨砺出，梅花香自苦寒来。凿壁偷光，潜习奋进。不愁脚下青云路，报国荣宗耀祖。

十、勤劳本业：有田劝尔耕锄，艺精也足养家。世事有本有末，还须务本为重。便宜莫贪，克勤克俭家富有。

三、始兴、仁化《丘氏族谱》

【迁徙源流】始兴、仁化（邱）丘氏出福建宁化石壁邱氏第七十世孙邱法会支。谱载：明宣德九年（1434），开基祖丘氏朱妣携八子迁始兴立基，居附城岭田七星岗村。后裔分布始兴、连平各地。传第七十三世孙邱梦复自连平迁仁化，清乾隆四十五年（1780）后裔分支又从周田迁至仁化岭田七星岗。

【家训家规】始兴、仁化丘氏家训、家规，谱载列记《祖训》（八则）、《祖戒》（十三则）。兹列如下：

祖　训

敦孝悌：父母之德，实同昊天罔极，虽竭力以事，犹恐未能报恩于万一。为人子者自当内尽其心，外竭其力，谨身节用，以勤服劳，以隆孝养。纵使仪文未备，而诚意自当有余，则孝思不厥，自锡尔类矣。至于兄弟，尤当怡怡无间，兄必友其弟，弟必恭其兄，勿以纤毫利便伤骨肉情。周公赋棠棣，田氏哭紫荆。连枝本同气，妇言切莫听。故康节邵氏有云："子养亲兮弟敬哥，休残骨肉起风波。劬劳恩重须当报，手足情深最要和。公艺同居古今罕，田真共处子孙多。如斯遐迩皆称美，子养亲兮弟敬哥。"斯真可味也，尔曹记之。

笃亲族：家之有宗族，犹水之有分派，木之有分枝。虽亲疏异形，而本源则一。所宜亲睦蔼于家庭，雍和达于族党。喜则相庆，以结其绸缪，戚相则怜，以通其缓急。勿以富欺贫，勿以强凌弱，勿妒贤而嫉能，勿争长而竞短。族有善良，当劝勉以戒之；族有奇邪，当惩创以戒之。则一族之内秩然，蔼然而雍睦可风矣。不可不励欤。

正夫妇：闺门之内，风化之源，夫妇之间，最宜严正。苟溺其中，而专听妇言，其害不浅。父母因之忤逆，兄弟因之而拆居，宗族因之而离叛，乡党因之而雀角，亲友因之而日疏，此岂为夫者不知哉？盖千百人之万言，总不若金鸾枕下一语横塞胸中，牢不可破也。尔曹当知之，明处之。当男正位乎？外女正位乎？内私也，而以理止之；顺也，而以义待之。毋使母牝鸡鸣晨，务宜如宾相敬，庶夫妇和而家道立矣。

整祠墓：祠乃祖宗神灵所依，必恤然清静，毋得在祠堂喧哗栖息，堆积货物，混扰亵渎，大干不敬。墓则祖宗体魄所藏，须隆然封固，毋得锄挖伤穴，以恫先灵。时而祠祭，时而墓祭，务必修葺完固。外则备其物，内则尽其志，庶馁乎其有见忾乎其有闻，而展亲之典乃尽。至于阴阳基址，原是祖宗所遗，毋得贪公济私，竞将阴宅余地。阴宅余穴私自竖造茔坟，与盗卖他人。倘有此等事情，许众族鸣究。毋得循情偏袒，即基址可以竖造茔坟，亦须会众会议，斟酌而行。无有相碍，方可造葬。斯为公举也。

敬老成：《礼》云："宪老乞言。"何也？盖谓既法其德行，又乞善言，于老人则老成所当敬也，明矣，尔曹凡见尊长，行当让路，坐当起身，循循执弟子之礼。慎毋以佻达而轻持重，以少年而薄耆老也，则幸甚。

重斯文：族有斯文犹人有衣冠。无衣冠，身虽具而不成体统；无斯文家虽众，不称望族。吾族历朝科第绅矜，代不乏人。为子孙者，皆宜肆力诗书，以绍箕裘。为父兄者亦当隆师重道，培养成才。其名成学优者，族间宜加隆礼珍重，毋侮慢，毋轻忽，珍重爱惜，不啻人之有衣冠，以为一族之仪表，庶将来弟侄知所鼓舞而奋志功名，光大先绪也。

务本业：维兹本业实为先务。为农、为工、为商业虽不同，而务所当务则同也。但日久生厌，舍旧而图新，作非分之营求，生意外之妄想。究之朝夕营营，不恒其德，治生寡策，历久无成，而志因以荒，而业遂于废矣。吾愿尔曹，为士者当谨身修行，矻矻穷年，服习诗书，敦崇礼让，退为有本之学，进为有用之才。为农者须春耕秋修，不失其时，樽节爱养，不愆于度。先事以备水旱，如期而输税粮，使地无余利，人无余力。工则审四时，包饬六材，日省而月试，居肆而事成。商则通有无，权贵贱，交易而退，各得其所。务体公平，勿蹈欺诈。诚能如此，务本则仓有余粮，囊有余利。当伏腊度岁之时，人方啼饥号寒，而我与家人妇子饱食暖衣，快何如哉？

尚节俭：《易》曰："不节若则嗟。"盖言不节俭必至有悔也。然则节为美德，宁以固陋贻讥，礼贵得中，勿以骄盈致败。衣服不可过华，饮食不可无节，冠婚丧祭，各安本分，房屋器具务取朴素。即岁时伏腊，斗酒娱宾，从俗从宜，归于节约。须量入为出，宁可入浮于出，不可出浮于入。若不知物力艰难，任意奢侈，夸耀里党，稍不如人，即以为耻，曾不转盼而家产立尽。即求如贫者之子孙而不得，悔无及矣。《孝经》曰：“谨身节用，以养父母。”尚其身体而力行之。

祖　诫

忤逆不孝：为人子，罪莫大于不孝。故不孝无律可造。凡子孙有缺父母衣食，并怨父母及当面咆父母者，父母一经送官，即行处死，尔曹戒之。

殴打尊长：按律，殴打有服尊长，照服分别杖徙。同姓亲属相殴，虽五服已尽，而尊卑名分犹存者，尊长犯卑幼，减凡斗一等；卑幼犯尊长，加一等。夫大凡子孙见尊长，须当敬让，即或有事故雀角，亦宜以理解谕，不得持刀行凶，自蹈国法。

奸淫族属：按律，凡奸同宗无服之亲，各杖一百，强者，斩。若奸有服之亲，递加杖徙，绞斩。凡子孙各宜遵理循法，如有犯者，许族众送官，依律究处。无服者家法重处，削名出族。

邪行窃盗：按律，盗窃初犯刺小左膊，再犯刺小右膊，三犯者绞。凡子孙纵贫，须安分守己，各事生业。发犯盗至三，许族长即会族众送官重处，毋得徇纵。

赌博游荡：按律，赌博杖八十，开场诱赌者同罪。若自来不务生业，专事赌博，酗酒，撒泼，又加等问罪，枷号三月。凡子孙，士农商贾，各就一业，不得游手好闲。闲必事赌，赌必为盗。如犯者，或父兄，或族众，送官枷责。

吞骗蒸尝：蒸尝为祖宗血食，子孙毋得失漏。如或耕祖田，批祖地，持顽不还租税，以及管祭之人过手欺骗者，依卑幼盗尊长律，侵一赔九。

剪发祖坟：（略）

继养失序：按律，不得乞养异姓为嫡，以乱宗支。虽立同姓，不得尊卑失序，以乱昭穆。罪俱杖六十，改正。凡子孙，以侄嗣伯叔，礼也。若以弟嗣兄，以孙及曾玄孙嗣祖，昭穆不当，族长会族众公罚乱序之罪，速行改正。

闺门不谨：（略）

恃顽健讼：盖讼起也，由于是非之不明，曲直之罔辨，遂执拗成性，冤仇日起，即属小忿，几人抢天呼地之惨，久质公庭，弃耕废业，钱财几经浪费，审结未知何时，迨至家产荡尽而后休。吾愿尔曹当明是非，辨曲直，化执拗，解冤仇。凡事当留余地，得意不宜再往，相争不足，相让有余。慎毋健讼，爱惜身家，斯为可美矣。朱子云：“居家戒争讼，讼则终亡。”宜常诵之。

纳赋税：钱粮为朝廷所需，必如期以输纳，而后家人妇子乃得优游于化日光天之下。倘持顽不纳，追呼日扰，合家莫宁，情实难堪。朱子云："国课早完，即囊橐无余，自得至乐。"尔曹宜三复之。

存忠厚：刻薄成家，理无久享；忠厚贻世，福有攸归。不损人而利己，不设计以害人，则存心自有天知，积善必有余庆。语云："愿留余巧还天地，学积阴功遗子孙。"此见道之言也，尔其味也。

慎言行：多言者老氏所戒，欲讷者仲尼所嘉。妄动有悔，不如静而不动。大刚则折，曷若柔而勿刚。吾见放言肆行者败，未见谨言慎行者亡。是则言行好，斯游君子域；言行妄，即入小人之乡。勿谈人之闺闱，勿议人之长短，勿以善小而不为，勿以恶小而不防？庶言行慎而忧悔寡，为人之道尽于此矣，可不勉哉？

韶关余氏

韶关余氏出安徽歙县休宁。谱载：唐开元八年（720），余氏祖有钦为太学博士，居歙之休宁，历数世至戭公，因避黄巢乱，先徙居邵武光泽，后又避五代之乱，迁江西南昌，再迁入粤韶州府曲江开基。北宋天圣二年（1024）曲江余靖举进士，历官集贤校理、右正言，使契丹，还任知制诰、史馆修撰、桂州知府、集贤院学士、广西体量安抚使，以尚书左丞知广州。余氏遂为韶州府望族。南宋绍兴十九年（1149），韶州余氏后裔分徙，迁居福建宁化石壁，淳祐年间，再辗转迁潮州府海阳青溪。景炎年间，因避兵乱，余氏再复迁曲江。明嘉靖年间，迁徙大埔黄岗青溪，后举家迁增城长滩，卜居于龙门上建。明正统元年（1436），余氏祖思贤，自龙门上建移居长宁（新丰）。繁衍分迁马头、石角、梅坑、丰城、回龙等地。又有后裔徙居始兴，分布在沈所、隘子等地。

一、曲江武溪《余氏族谱》

【迁徙源流】曲江武溪余氏出休宁戭公支。据武溪派衍一流《余氏族谱》载余靖撰《余氏族谱·序》记："大唐开元八年（720），有钦为太学博士，居歙之休宁。历数世至戭公，因避黄巢之乱，徙居邵武光泽，至戭公之长子曰从，避五纪之乱，迁居韶州之曲江，次子曰咸，居洪州分宁。予（余靖）即戭之五世孙也。以天圣甲子（1024）登进士第，寻擢集贤校理，与欧阳修同居谏职。斯时也，奸心佞舌充满朝廷，进不能兴唐虞，退不能辅三代余风。迩因黜镇广南，道经故邑，祀享余力……"

【家训家规】曲江武溪余氏家规、家训，谱载《家规》记作八箴、四禁、十六宜。又列《襄公训规》。兹列如下：

家　规

引：凡教子孙孝顺父母，尊敬长上，通明学业，敦本实行，不可无家规，以为之范。家规立，则子孙有所法戒。故将八箴、四禁、十六宜条例，详明指陈。使少长习焉心安，勿令见物思迁。智可进德，愚可寡过，处为孝子，出为良臣。愿世守勿替焉。

八　箴

孝箴：羊有跪乳，鸦则反哺。受气成形，谁无父母？长养婚读，劬劳辛苦。尔孝尔亲，子无尔忤。天道循环，历历可数。扬名显亲，身列华育。随身致养，滫瀡①是辅。委曲承顺，首镌箴语。

弟箴：谁无兄弟，如手如足。“脊令”急难，良朋谁与？枕伴谗言，间离骨肉。家资财产，争瞒相顾。如此之人，实为狠毒。怡怡一门，蔼容可掬。毋闻于墙，外御其侮。旨哉斯箴，倾心娱目。

忠箴：天冠地履，各分已定。尊卑贵贱，奉公秉令。毋作匪为，各安其仑。践土食毛，随分自尽。国税早完，无谄无妄，垂绅缙笏，勿图侥幸。丹心一点，忠肝一寸，志士仁人，史标名姓。

信箴：茫乎海隅，信仗之合。一语千钧，生死可托。季布之言，侯生之诺。勿二勿三，千秋卓卓。至诚感人，鬼惊神愕，朝更夕改，心目愧怍。挟诈怀疑，肺肝谁摸。真实无妄，随用无错。

礼箴：四维之中，礼实纲之。出处进退，须臾莫离。人而无礼，不死何为？倨侮傲慢，动则祸随。兽心人面，羊质虎皮。谦谦君子，惟德之基。中规中矩，抑抑威仪。自重重人，造次弗违。

义箴：人生制事，义以为质。不愧旦明，不欺暗室。荡荡坦途，如矢之直。君子所履，小人所视。气配浩然，塞乎天地。富贵浮云，王侯仆隶。惟义常贞，千秋勿替。守身保族，永矣为则。

廉箴：读圣贤书，负天地志。砥砺廉隅，正属其事。侠骨凌凌，圭角凌厉。一介取与，系马千驷。非道弗顾，非义弗视。极有分辨，极有识力。不稼不穑，不狩不猎。彼君子兮，餐不素食。

耻箴：羞恶之心，何人蔑有。扩而充之，磅礴星斗。惟愧斯奋，惟激知丑。呼尔蹴尔，行乞皆走。尔汝莫受，时铭心口。加意商量，精神抖擞。彼丈夫也，谁甘议后。行己有耻，兢兢自守。

四　禁

禁赌博：人之败家，商之失本，皆由赌博。纵膏腴万顷，如浪逐流。甚者，成群结党，奸淫盗贼，皆从此致。尝观人品行尽失，无分贵贱奴隶，同场者有之。败坏伦常，父子聚窝者有之，自己原不羞省，旁观多少切齿，故赌博宜首戒也。戒赌博，须与好人为伍。君子与士，则论读，则课勤。一切停赌化博之家，过而不入。打牌掷骰之场，避恐不急。时时警惕，念念持守。我不入其类，彼安得而诱斯，禁赌博之善术。

禁酗酒：人之放狂，多因酒后。酒非不饮，但不可过饮。过饮则伤，岂惟病出。尝见人酒后误事者，平日有礼仪，及醉后乱性，行凶逞锋，全

---

① 《礼记·内则》载：滫瀡以滑之，脂膏以膏之。滫瀡，读音 xiǔ suǐ。

然无忌。父兄难禁，惹起祸端。投保经官，何所不至。酒醒而愧悔莫及，皆因一时贪杯，以致得罪。醒眼大禹恶旨酒，孔圣不及乱。凡后生宜适情则止，勿得沉湎，致酗酒地步。

禁浪嫖：人生一世，当思终身结局。岂可穷奢极欲，惯成浪子风流。况彼花街柳巷之妇，已无羞愧，安有良心，客来要钱，那管倾家。尝有少年痴迷，穿花入嫖，以为一时之快活。无钱束绝，方知到老之孤单。劝尔后生，各宜猛惕。宜尔室家，下顾儿女，上绍祖训，勿为花嫖之客，致使色胆横行。

禁游闲：人之一生无成，总缘一时懒惰，不思务本立志，惟眠食了局。尝言祖有遗产，食之、穿之不尽。或可挨延半生，万一家贫，妻少子幼，不耕、不读，何所靠望故人。无论富贵贫贱，士农工商，必当各寻事业，方能荣身养家。不然，游手好闲，终成自误，岂谓人生有命限之耶。

十六宜

宜重族谱：夫家之有谱，犹国之有史。史以载分，古君臣之事绩，谱以列公孙子父之名字，是谱与史并重。吾族之子孙，宜世世重之。而毋亵者也。今颁谱之，伯叔兄弟自携回后，务谨密收藏，不得损坏以及私借、售卖等。

宜重祠墓：夫祖宗之灵何依？依于祠而已矣。祖宗之形骸何归？归于墓而已。立祠与墓，子孙宜永言孝思也。时而祠祭。尊卑长幼胜集如云，陈器荐食竭诚尽敬。凡栋宇墙垣有坏，则修葺之，有隙则补苴之，时而墓祭碑石有损，则移建之；蔓草丛生则芟除之。树木环绕而荫浓，是秀气之发泻也，宜爱惜而栽培之。此为事死如事生，事亡如事存之大道。我族各宜铭诸心。

宜立祭田：伊川先生曰：犲獭犹知报本，士大夫家多忽此，厚于奉生，而薄于先祖。噫，可慨也！父母自生育教婚创置期望以来，其为子孙计周且详矣。为子孙者可不体念哉！盖人于父母死后，当立祭田，永为追远报本之资，倘无田可立，公议每生丁出银若干，每新丁银若干，记薄订名，付贤能子孙，严立收约，生放以为置产之资。若生放丰盈，多置田产。凡族中冠婚丧祭，以及读书上进不能自给等事，俱可于中优助。如有不法之人灭祭、斩祀者，务鸣官治罪。

宜辨族类：同姓为族，而族各有类，支派之所分也。传世已久，虽无非类认为己族者，然亦不可不辨，如太一公分六房，既各编班派，倘相接而妄自尊大，其如世系紊乱若何？惟有立继，例载甚明。恐有不知，妄继同姓异姓子弟以乱宗，故谱内严为之防，规中愈为之禁。如有慕富贵势利，冒为同宗族中，辨之宜早也。

宜正名分：燕毛序齿，圣王所重，况庶人乎。盖同族兄弟、叔侄名分，称呼自有定序，稍有乖乱，人伦何存？晚世以来，人心不古，或居尊而狎亵，或居卑而阿承，皆非所以亲亲也。凡我族人，各于相见之际，不论远近，拜揖、言语、坐作，俱有尊卑之序，不但分定，而且理顺心安。又闺门之内，不可以庶母为嫡，跻妾为妻，有违伦常。倘有违者，族共惩之。

宜睦宗族：范文正公曰："宗族于吾，固有亲疏，自祖宗视之，则皆子孙。"此先贤睦族之格言也。末俗之人，或势骄力抗，或巧诈相欺，致亲族视若秦越，良可悯也。睦族之要有三：曰尊尊、曰老老、曰贤贤。以有四务，曰矜幼弱，曰恤孤寡，曰周窘急，曰息忿争。今试详之，名分独超者，尊也；恭敬勿简亵，年齿迈众者，老也。则以引以翼，才德兼全者，贤也。模范行止可师、可法，此谓三要。幼弱者，每易为人欺凌，宜有以矜之；孤寡者，不忍坐视，宜有以恤之；俯仰不给，英雄为之气短，贵有以周之，有忘身及亲而不顾者。此谓四务，同族尚其勉旃。

宜肃闺门：诗首《关雎》，《书》重厘降，盖闺门内肃若朝廷，纵使家道贫寒，亲操井臼，当如桓少君之执妇道；不幸寡居，心坚铁石，亦如燕节女，白首沐霜。此盖妇德无亏，门庭之庆也。安定胡先生曰：娶妇必须不若吾家。非谓务迁就以娶卑贱女也，倘骄悍妒忌，淫僻长舌，私溺子女，皆为家之累，偶尔不谨致玷门庭，悔将何及。凡我族人尚其严之于始。

宜端蒙养：童蒙者，圣、狂所由分也。古来圣母有胎教，有能言之教父兄。有小学、大学之教，是以贤才辈出，德成名立，而为人间肖子。今之教子弟者，以为蒙童无知，岁月有待，任尔优游，略不加意；及长染于习俗，不务正业，甚至忘身及亲，此皆幼程不教之故。出为父兄者，宜以孝弟、谨信、爱众亲，仁宗圣训，训迪之以为作圣之基。孟子所谓：中也养不中，才也养不才。故人乐有贤父兄也，吾族钦哉。

宜勤职业：生人之道，不过士农工商而已，勤则职业修，家声振，父母有光；惰则职业荒，身失措，亲族遗。哂是宜勤尚己，即如士则先德行，次文艺，日积月累，德成名立；切不可有败德行。农则耕耘、收获调度及时，毋荒芜田园，致饮食无靠；工居六职之一，事必期其成，专心致志，勿尚淫巧；商则出入公平，经营有道，不可以酒色浪费。果能各勤本业，则庆幸自至。

宜尚节俭：司马温公曰：为家长必量入为出。凡吉凶之费，皆宜遵节俭朴，存赢余以备不虞，则有恒产。若饮食、衣服、宫室、器皿及冠婚丧祭等，一一奢靡过甚，则泉货必竭，同族切宜猛省。

宜厚姻里：族有婚姻即谓之姻；族有邻近即谓之里。此情义相关者也。贵有无相通，患难相顾，若翁婿甥舅以及故旧，情义尤宜加厚。倘恃强凌弱，倚富轻贫，此皆刻薄恶俗。凡我族人，各宜痛戒。

宜息争讼：《经》曰：君子作事谋始，始能忍，终无祸。盖慎于始，而后无悔于终也。讼卦曰：惕中吉终凶。甚言讼之不可长也。若争讼不

已，即官府廉明，到城市便被歇家播弄；到衙门便被胥役呵叱。勿论寒暑雨雪，受尽风波，用尽盘资，伺候多时方能见官。理直犹可，理屈到底吃亏，甚至倾家辱亲，有何益哉？果有关于祖宗、父母、兄弟、妻子，万不得已之事，必经亲族公论，然后鸣官司。至田土户婚以及小忿，切莫听讼师唆摆，以贻后悔。此保家守身妙计，宜慎之戒之。

宜供赋役：任土作贡，朝廷大典。力役之征，国家常制。若赋税累欠，役使逃避，便为不法之人，至枷锁累身，及亲仍要赋役必供，非自贻伊戚欤。故必预为踌躇，方不愧为良民矣。

宜防奸盗：盖小人智过君子，每出于不备，或致被害，束手无策，及至鸣官，得不偿失。是自计疏也。今人聚处，非同乡即共井，务守望相助。即独居僻处，尤必谨密防维，不可疎忽自误。且里中或遇有踪迹可疑者时，加严禁，勿令潜伏。慎之慎之。

宜禁巫邪：巫师邪术，妄言祸福，惑人听闻而倍（悖）正道，害至大也。明道先生曰：邪诞妖妄之说竞起，涂生民之耳目，溺天下于污浊，虽高才明智，胶于见闻，醉生梦死，不自觉也！甚矣。昔贤固有左道之诛，朝廷尤有严禁之条。自兹以后，凡异言服之人与巫医、卜相命女流……不可不慎。吾人读圣贤书，当明正道，务屏左道。凡我族人永守斯规，无愧刑于之君子也。

宜遵四礼：伊川先生曰：冠婚丧祭，礼之大者。圣人制之，常人当率而由之也。言有冠者，则同日行礼长，子众子各从其类，拜用三加礼……

襄公训规

各处祖宗坟墓，岁节轮流祭扫，务孝敬，以尽报本之诚。

子孙盛衰，系积善与积恶而已。何谓积善？居家则孝友，处世则仁恕，安分守己，无作非为，凡所以济人者是也！何谓积恶？恃己之势以自强，夺人之财以致富，存心奸险，作事枭横，凡所以欺人者是也！是故爱子孙者，遗之以善；不爱子孙者，遗之以恶。《易》曰：“积善之家，必有余庆。积不善之家，必有余殃。”天理昭昭，各宜深省。

子孙和气处乡曲。宁使我容人，毋使人容我；宁使人敬我，毋使人畏我。切不可存怒人之心，恃势作威，欺凌穷愚。事有万不得已者，则当以理斥之。岂可与人炫奇斗胜，两不相下。彼以其奢，我以吾俭，吾何歉乎哉！

子孙当以正直处宗族。凡遇家庭有事，或因田地争竞，或因小忿争斗，务须披诚劝解，处断公平，不可旁观隐忍，唆是弄非，以起争端。至于外人或有欺凌，义所当行者，务宜同心协力，亲疏一体，则毁侮不生，而窥伺永免矣。语云：“家和福自生。”亶其然也。

子孙处世之道，不可过刚，亦不可过柔。凡百应对及一切交际，须适合中，粮钱必须早完，公事预先料理。凡官甲有事应对，必须和顺，不可逞其私智，刚强逆上，自取罪戾，以辱家门。

子孙居家须恂恂孝友。见父兄坐则必起，行则必随。应对必以礼称，呼必以字斟。不可以贤智傲先人，亦不可与伯叔同坐。然，为父兄者，亦不可当众詈骂，使人无容身之地。尊长有此，甚非教养之道。子弟倘有非为，当反复教训，使之自改。

子孙治家尚俭朴，毋浮靡。安分守己，甘淡薄，习勤苦。房屋不可过奢制，用度不可僭分。冠婚丧祭，当以家礼。宜从俭约，不可斗胜，以炫耀耳目。

子孙局量器识，须要宽洪深厚。处事接物，须谦卑逊顺，守富贵而若虚处，贤智而若愚。不攻伐人之阴私，不谈论人之过失，勿称量人之有无，勿妒忌人之胜己。苟盈满自足，骄傲接人，则祸可立待矣！各宜自思。

子孙不可以杂书教训蒙童。盖教法必择之以正，如幼学、小学教之齐规，成童大学则以四书五经、鉴序古文之类。先令读熟，随即讲明。则施教有道，而造就有基，异日即不作廊庙之器，而终身守用亦不浅矣。

子孙或有出仕，治家本分。事业道义所当行者，毅然行之可也。如或好勇斗狠，唆摆词讼，起觉滋事，以及灭伦乱纪，播弄是非，有玷家声者，纠族斥责不改，鞭之；鞭之不改，鸣官罪之；罪之不改，非余氏子孙，谱籍务削其名。

子孙男女婚嫁，不可羡人富贵，炫耀一时。男婚必配淑女，勿论妆奁；女嫁务择佳婿，勿较门第。盖婚姻论财，夷虏之道，各宜慎之。

妇人之义，从一而终。（略）

丧服之制。（略）

二、新丰秀田层坑《余氏族谱》

【迁徙源流】新丰秀田层坑余氏，出自武溪余氏襄公支。新丰层坑《余氏族谱》载：余氏世居韶州，南宋后移迁福建宁化，再徙龙门。至四世祖思贤公，于明正统年间，迁徙新丰层溪（层坑）开基。思贤公生六子，分徙新丰各地立基。又有千一郎后裔迁居梅坑长江、翁源龙仙、南浦、信宜、广西；再有万二郎后裔迁居下湾、罗陂、蓝田、锡场等地。据《莆田梁大平谱》载迁居新丰层溪余族之祖，从大埔迁增城，由增城迁居龙门上建，再迁层溪。其族裔除在层溪坑、上湾、秀田、大陂、石角、湾田、福水、军屯、张田坑、回龙、涧下聚居外，也分布于各地。

【家训家规】新丰层坑武溪余氏家训、家规，谱载列作《余靖公家训》与《余靖公训规》。兹列如下：

余靖公家训

一、孝父母：孝为百行之首，一有所亏即行莫赎。凡有无贵贱，且问身从何来？父生母鞠，保抱提扔，费尽劬劳教养，婚配殚成。当惧疾而求祷求医，身与之俱恙；当远游而倚门倚闾，心与之俱游。父母爱子未常少懈，人子之敬亲，可不加勤？故家有富必甘旨常供；即家而贫，亦当菽水常继，温定晨省，子职所宜。生养死葬，务期尽礼无憾，竭诚孝道，不愧其为人，亦不愧其为子也。

二、友兄弟：兄弟谊同手足，乃父母一体所分。休戚务宜相关，患难也应相顾。不以小忿弃懿亲，勿听妇言乖骨肉。勿争赀财致阋墙，勿恃意气至角弓兴怨。《诗》曰：“世间最难得者兄弟，门庭之内和气致祥。”父母其顺，则家道丕兴矣。

三、睦宗族：宗族虽非同父所生，实同宗所出。从族众人繁，应无厚薄之分。情深谊切，慎无隔膜。相见，勿见富贵而生歧求，勿见贫贱而生傲慢。务使尊卑有等，长幼有序，吉凶患份，争相处释，乃昭敦睦族之谊也。

四、和乡党：比闾之地，虽非亲戚，出入相友，守望相顾，疾病相扶，吉凶庆吊，相周相恤，乃称德邻。不可恃势力以凌人，不可逞智巧以愚众。勿因私仇使人兄弟不和，勿因小利而使人父子不睦。须排纷解难，勿背地生唆，须济急颠；勿鉴危弗教。一乡之中，谊同一室，斯姻睦任恤无愧，可封之仁矣。

五、隆祭醮：祠宇为祖先魂所依，墓坟乃祖先礼魄所藏。为子孙者，不可不世守而崇奉也。所以或道祭田，或存公费，或捐香仪。清明、重阳，享祀维虔，礼之本也。倘有子孙从他为，欲祖房退卖者，只宜售给本支承顶，断不许贪图重赀，卖与异姓。其本支承者，亦不应抵价抑勒，致生衅隙。至于午祭产，虽有贫困之人，亦不得退卖。甚者有不肖子孙，将已葬之坟墓挖去原骸，将坟出售者，应合族鸣究，复还原葬，斥黜其人，不许列于谱中。

六、重教育：朱子云：“子孙虽愚，经书不可不读。”古之圣贤义理具于书也。朝夕讲贯，可以陶养德性，开启智愚，对外可显亲扬名。其次，可知立心行事，持身涉世之要。故读书不特为起家之本，亦是保家之助。孟子曰：“贤愚利钝，非出科子孙之质，而成败实关乎父兄之教。”故凡我宗族，勿以贫难而辍诗书，勿以颀钱而弃教育。

七、勤颂读：学问之道无他，求其放心而已矣。苟能摈绝外缘，专心研索，熟读精思，日就月将，逮至浸淫浓郁，含英咀华，则青紫之取如拾草芥，显亲扬名、封妻荫子，皆在于此。语云：“不吃苦中苦，焉为人上人？”看世上登科发甲之英，谁非雪案萤囊之士？愿我后世子孙，习业务必朝稽夕考，惜寸惜分，不因循懈怠，庶学士鹊尺之兴而家声大振也。

八、慎交友：语云：“与善人交，如入芝兰之室，久而不闻其香，与之俱化矣。与恶人交，如入鲍鱼之肆，久而不闻其臭，与之俱化矣。”又云：“近朱者赤，近墨者黑。麻生蓬中，不扶自直，故君子必慎。”所与乡党中，笃志力学，孝友忠信之士；朴诚淳厚，好善乐施之人，是良友也。率弟子亲之敬之，舍己以从之。至于恃势凌人，矜才傲物，美衣粉脸，嗜酒行窃，赌博奸淫，生事犯法，丧良瞒心欺骗之辈，戒子弟远之避之，自省而改之。庶交友须正随而邪避远也。乃免赌、匪、淫朋之牵引而品行可归巨矣。

九、务耕稼：民以食为天，食之所出在地利。凡为农者务竭三时之力，水源蓄泄，预为备耕。更适期艺麻豆锄畬。男归皆付其力，木油果菜之类，亦可兼资。诚不惮胼胝之劳，自堪享盈宁之庆。愿我子孙竭力田亩，则千箱万仓，卬事俯畜，庶有赖乎。

十、崇节约：奢侈为败家之媒，俭朴乃集家之本。凡婚丧宴会，衣服饮食，皆当节省。勿尚浮华，苠嗜恣之念。愈纵愈狂，美又思美，丰又思丰，浸淫不已，胡可究极？不若俭素相安。勿以贪而殁富，勿以寡而为多。宁留有余，勿致不足。语云：“常将有日思无日，莫把无时当有时！”省一己之升，免借人一斗，诚至言也。况惜财即是惜福，奢费每多促寿。又何苦以难得而易失之财，恣情奢荡而害己哉？

十一、戒争讼：朱子训云：“居家戒争讼，讼则终凶。”诚以片牍甫投则科差之用，央请中正之用，自己往来般费之用，讼师保歇凭空吓诈之用；甚则贪官打点，疲吏拖延，事上增罪，节外生枝，有司武断向上鸣冤……种种费用，每至倾家。回想当初，所争几何？倘忍一时之气，直可省百几之忧。语云：饶人不是痴汉，痴汉不会饶人。此为理真言也。自觉理亏，忧希胜一筹，水清石现。身受剥肤之痛，声名败裂，财利冰消，后悔无及矣。

十二、惩横暴：子弟气习和顺为贵。若有赋性乖戾，逞离使气，倚党势力者，撒泼打降显干。（以上辑录本家训十二则，愿我族子孙勿替引之）

余靖公训规

一、各处祖宗坟墓，岁节轮流扫祭，务孝敬，以尽根本之诚。盖坟墓祖宗所依归，而子孙赖祖宗为庇佑。亡者安，存者也安，理之常也。人所贵者子孙，其死而坟墓有所托耳。世未有坟墓不祭守，而子孙昌盛者也。

二、子孙盛衰，系积善与积恶而已。何谓积善？居家则孝友，处事则仁恕，安分守己，无作非为，凡所以济人者是也何为积恶？恃己之势，以自强剥人之财致富，存心奸险，作事枭横，凡所在欺人者是也。是故，爱子孙者遗之于善，不爱子孙者遗之于恶。《传》曰：“积善之家，必有余庆；积不善之家，必有余殃。”天理昭昭，各宜深省。

三、子孙和气处乡曲。宁使我容人，毋使人容我；宁使人敬我，毋使人畏我。切不可存怒人之心，恃势作威，欺凌穷愚。事有不得已者，当以理斥之。岂可与人炫奇斗胜，两不相下？彼以其奢，我以吾俭，吾何欺乎哉！

四、子孙当以正直处宗族。凡遇家庭有事，或因田地争竞，或因小忿争，务须披诚相劝，处断公平。不可旁观隐忍，唆是弄非，以起争端。至于外人可有欺凌，义所当行者，务同心协力，亲疏一体，则毁侮不生而窥伺永免矣。语云：家和福自生。亶其然也。

五、子孙处世之道，不可过刚，也不可过柔。凡自应对，及一切交际，须适合中。粮钱必须早完，公事预先料理。凡官甲有事应对，必须和顺。不可逞其私智，刚强逆上，自取罪戾，以辱家门。

六、子孙居家须恂恂孝友。见父兄坐则必起，行则必随，应对必以礼称，呼必以字甚。不可以贤智傲先人，亦不可与伯叔同坐。然，为父兄者，亦不可当众詈骂，使人无容身之地。尊长有此，甚非教养之道。子弟倘有为非，当反复教训，使之自改。

七、子孙治家，尚俭朴，毋浮靡。安分守己，甘淡薄，习勤苦。房屋不可过奢制，用度不可僭分。冠婚表祭，当以家礼。宜从俭约，不可胜以炫耀耳目。

八、子孙局量器识，须要宽洪深厚。处事接物，须谦卑逊顺。守富贵而若虚处，贤智而若愚。不攻伐人之阴事，不谈论人之过失。勿称量人之有无，勿妒忌人之胜己。苟盈满自足，骄傲接人，则祸可立待矣！各宜自思。

韶关邹氏

韶关邹氏出自范阳堂邹氏。谱载：邹氏其先皆越王勾践之后，据《史记·东越列传》记，闽越王无绪与东越海王摇者，本姓驺（同邹）氏，汉武建元三年（前138）闽越攻东瓯，摇请内徙，率众处江淮间。是越驺氏首次扎迁之征。元鼎六年（前111）越王余善反，号驺力等为吞汉将军，发兵拒汉，汉遣横海将军韩说征之，东瓯破，是越驺二次扎迁之征，唐高祖武德三年，有祖阿蛮统制，领兵出镇幽州范阳，驺郡望因食邑范阳，子孙因以名，取驺为邹郡望。五代乱唐，邹氏分徙赣、闽，至宋末迁入粤北始兴、仁化等地开基，始兴邹氏主要分布在司前、隘子、马市、江口、罗坝等地。仁化邹氏开基祖九郎，原籍江西樟树，于元初官宰仁化，任满遂定居长江开基。元末明初，邹氏分徙粤北乳源、曲江等地。明嘉靖年间，有东莞、乳源、曲江邹氏迁入乐昌，开基祖分别为元麟、里梁、祈清，后裔分布在河南、九峰、沙坪、廊田、乐城等地。

始兴范阳堂《邹氏族谱》

【迁徙源流】始兴范阳堂邹氏，其先皆越王勾践之后。据始兴范阳堂《邹氏重修族谱·邹氏源流考》，邹氏本姓驺。汉武建元三年（前138）闽越攻东瓯，摇请内徙，率众人处江淮间。是越驺氏首次扎迁之征也。元鼎六年（前111）越王余善反，号驺力等为吞汉将军，兵败，驺氏二次扎迁之征也。至唐武德三年，有祖阿蛮统制，领兵出幽州范阳，驺氏食邑范阳，子孙因以为郡，更驺为邹。唐宋时期，范阳邹氏分徙赣、闽繁衍，宋末元初，再分徙入粤，迁始兴，后裔分居司前、隘子、马市、江口、罗坝等地。

【家训家规】始兴范阳堂邹氏家训、家规，谱载列作《家规》《家训》，各十则。兹列如下：

家　规

一、敦孝弟：孝弟之心，本乎天性，孩提稍长，皆知爱敬。由此扩充，为贤为圣。天地感通，神鬼照应。

二、崇忠义：忠臣义士，世所罕稀。赤胆真心，毫发莫欺。光争日月，气贯虹霓。凛然万古，为世表仪。

三、竞廉节：世道昌明，廉节风行。士树清操，女砺坚贞。一介不苟，九源自盟，山高流水，夜月寒冰。

四、尊高年：自古高年，圣朝人瑞。天厚栽培，帝隆眷注。所有颁白，不负道路。凡材必操，饮食定饫。

五、尚有德：至贵者道，至尊者德。言坊行表，世法世则。君赖以匡，民赖以泽。功载鼎彝，名勒竹帛。

六、贵有爵：爵别天人，有之皆贵。名位道德，何取何弃。天爵不修，人爵鲜至。从古已然，于今岂异。

七、恤无告：难寡孤独，最足矜怜。命生不辰，气数有偏。穷民无告，仁政是先。触目伤心，保诱宜全。

八、端继嗣：世绝则续，自古为要。小宗嗣祖，大宗承祧。统宜亲支，犹子竞肖。无嗣归宗，无渎祖庙。

九、重丧祭：慎终追远，与礼犹详。亲丧自致，碎裂肝肠。先祖如在，陈豆荐浆。书情书物，莫敢莫忌。

十、勤职业：士农工商，国号四民。各司其事，精以勤尽。尽则竭力，善作善成。出人头地，远近扬名。

家训

一、孝：得亲可使亲心欢，顺亲可使亲心安；富贵故足以荣亲，寡过自不敢辱亲。

二、悌：既不敢以贤智先，又岂可以富贵炫。随行后长不敢乱，容貌辞气不敢暴。

三、慈：己之子弟爱中严，人之子弟责内宽。难孤寡独宜相济，邻里宗族宜相安。

四、清：心清可以寡心欲，身清可以免身忧；不变声色品自高，不贪货利分不隘。

五、勤：耕者勤而衣食足，读者勤而功名成；治家勤而家兴旺，治国勤而国太平。

六、俭：天道恶盈而好谦，君子恶奢而喜俭；勤俭兼之当富贵，勤俭之家耐久长。

七、恭：恭而在上上不凌，恭而在下下不侮；既不亢以至于骄，复不卑而致于谄。

八、敬：心存敬心邪自清，身存敬身动不妄；敬以待人人敬我，敬以处事事安详。

九、忍：由来忍字最为高，百忍无忧嘱尔曹；临事之时忍耐过，过后方知忍字高。

十、和：阴阳和而雨泽降，夫妻和而家道成；兄弟和而争论少，乡邻和而是非平。

韶关沈氏

韶关沈氏出吴兴郡。谱载：本支为周文王第十子聃季载，成王时为司空，受封沈国，后裔遂以沈为姓，传十七世至沈隋，为楚国内史司参军，因功封吴兴侯，望出吴兴郡，因以吴兴为堂号。传至六十五世沈启承，为宋高宗绍兴二十七年（1157）进士，汀州府尹。其子沈廷辅再举进士，擢谏议大夫，卜居福建建阳，后裔子孙迁播于闽西、赣南、粤东等地。入明后，福建沈氏分两支迁入粤北。明正统年间，福建汀州上杭赤石径盛名里大塘背沈氏仲三公后裔永隆、永初、永高兄弟三人，背负父仲三公、母邱氏骨骸，自福建汀州府上杭赤石径迁入翁邑开基。先到钟南铺黄羌坑陈姓主居地，后迁江尾立祠。因迁徙居地有水名仁川，因以立望堂号“仁川”。长兄永隆公分迁夏村（今南塘管理区青龙村）开基；二弟永初公分迁湖心坝立基；三弟永高公分迁白塔岭立基。后裔分徙曲江、乐昌、英德、花县、广州、深圳等地。

明成化七年（1471），又有吴兴堂八十四世沈元达、沈元远，自福建上杭，分迁入始兴柴塘、远迳开基。另有两支迁乐昌，一支系于迁翁源后裔迁梅花，开基祖萦远公、萦进公；一支从广州迁长来、水口，清朝又从水口迁廊田沈家坊，开基祖白鹤公和念五郎。明末清初，迁始兴沈氏再分迁粤北南雄等地。

一、翁源湖心坝仁川堂《沈氏族谱》

【迁徙源流】翁源湖心坝沈氏出福建汀州府支。谱载：明正统年间，由永隆、永初、永高兄弟三人携父仲三公、母邱氏骨骸，自福建汀州府上杭迁徙本县立祠开基。因迁徙居住地有水名仁川过境，仲三公裔沈氏遂以“仁川”立望为堂号。长兄永隆公迁夏村（今南塘管理区青龙村）开基；二弟永初公迁湖心坝开基……自此，湖心坝永初公脉后裔繁衍，衍播海内外。

【家训家规】翁源湖心坝仁川堂沈氏家训、家规，谱载列作《家训十则》。兹列如下：

家训十则

一、致孝：百善孝为本，先知敬爷娘。寸草报春晖，时刻挂心肠。父母生身佛，孝顺理应当。在生勤服侍，细心来奉养。

二、友悌：兄弟如手足，姐妹要贤良。妯娌皆和气，亲戚常来往。逢人开口笑，邻里互相帮。家和万事兴，内外都安详。

三、教子：孟母善择邻，教子有义方。天明须早起，烧火煮茶汤。厅堂勤洒扫，庭院花果香。勤俭传家宝，浪费无天良。

四、敦爱：百年同船渡，有缘结鸳鸯。妻贤夫祸少，恩爱福寿长。相夫又教子，重任肩上扛。白头相伴老，比翼又飞翔。

五、劝学：月光照莲塘，围屋闻书香。尊师又重教，遍地建学堂。胸中有笔墨，出门气轩昂。读书破万卷，胜过有宝藏。

六、处世：出门衣冠正，仪容须端庄。人敬我一尺，我敬人一丈。细声讲大事，万事好商量。做人讲诚信，大路坦荡荡。

七、养廉：为官在一任，造福遍一方。勤政且廉洁，明镜悬高堂。施惠莫图报，受恩不可忘。莫做亏心事，一觉到天光。

八、重商：客家百业旺，崇文又重商。耕山能致富，贸易能越洋。爱财取有道，和气财源广。架造回乡里，祖宗也名扬。

九、遵生：前人多种树，后人可乘凉。珍惜水与土，留与子孙享。作息循规律，养生调阴阳。青山映碧水，福地是吾乡。

十、怀乡：儿女立大志，敢闯走四方。随遇安身地，他乡做故乡。能文亦能武，爱国又爱乡。叶落归根日，桑梓留芬芳。

二、始兴吴兴堂《沈氏族谱》

【迁徙源流】始兴吴兴堂沈氏出周文王第十子聃季载。谱载：聃季载成王时为司空，受封沈国后，传十七世沈隋，因功封吴兴侯，望出吴兴郡，因以吴兴为堂号。传至六十五世沈启承，宋高宗绍兴进士，汀州府尹，又其子沈廷辅举进士，授谏议大夫，遂卜居福建建阳。明成化七年（1471），八十四世沈元达、沈元远由福建上杭分别迁居始兴柴塘、远迳等地开基，后裔于明末清初再分迁南雄。

【家训家规】始兴吴兴堂沈氏家训、家规，谱载以“孝悌忠信，礼义廉耻”训释，列作《家训八章》，又列《家规十六则》《宗族教戒》《家法》等篇。兹仅列《家训八章》《家规十六则》如下：

家训八章

释孝：为人子，孝于亲。作榜样，教儿孙。儿不孝，己生嗔。己不孝，宜自惩。父母在，奉鸡豚。非唯养，色笑承。显父母，立功名。亲殁后，莫久停。要择地，先择心。祖虽远，祭必诚。做好人，行好事。身不辱，亲有荣。

释悌：最难得，为兄弟。如手足，不可废。古夷齐，让国位。其次者，张公艺。不分居，凡九世。田氏分，荆树瘁。今之人，不知义。起争端，多因利。为财物，伤同气。最不肖，兴讼事。将钱粮，饱胥隶。若此者，非人类。

释忠：何谓忠，在忠心。为臣者，忠于君。人不一，心无分。循天理，顺人情。便是忠，宜体行。为人谋，必尽诚。人重托，我担承。要始终，不负人。人有善，扬其名。人有恶，适宜扪。存忠厚，与儿孙。忠良子，鬼神钦。

释信：何谓信，在人言。一言出，不可谖。千金重，九鼎传。昔仲路，孔门贤。无宿诺，信义全。处朋友，信为先。共患难，托死生。家庭内，位宜兼。托孤幼，宗祀绵。死者话，犹生前。欺诬泯，诈伪捐。人若此，庶近焉。

释礼：敬天地，礼神明。守王法，涉春冰。事非礼，不可行。尊祖先，孝双亲。修坟祠，奉尝蒸。衣冠楚，文质彬。敬高年，重斯文。别长幼，辨卑尊。谨夫妇，重人伦。分内外，戒邪淫。一礼字，抵金千。人无礼，兽与禽。

释义：凡义在，便当行。居王土，沐皇仁。守国课，莫逡巡。外骨月，及姻亲。若亲族，若乡邻。援穷困，悯零丁。修要路，架桥亭。施茶汤，便行人。凡美举，赞其成。力人余，捐尝蒸。置学田，培人文。一义字，亘古今。

释廉：人非蚓，饮黄泉。谋衣食，也需钱。取有道，不伤廉。有执业，德自全。工商次，耕读先。勤和俭，抵万金。富有命，听自然。非我有，莫垂涎。义与利，须权衡。最不肖，侵尝田。私囊饱，喜翩翩。若此者，罪弥天。

释耻：言在耳，记在心。一耻字，宜认真。人无耻，便辱身。男盗窃，女娼淫。其次者，为优伶。若皂隶，是真伦。辱祖宗，玷子孙。三代后，难求荣。有犯者，宜改行。不知耻，谱除名。去粮莠，不徇情。训八条，仔细听。

家规十六则

一、敦孝悌：子舆氏云："尧舜之道，孝悌而已矣。"人能孝悌，则为圣为贤，早已立其基址。孝悌顾不重欤？使于此而不尽，则大本已亏，为族之蠹，虽有他技，不足数也。族中倘有此辈，急宜重处。

二、睦宗族：宗亲者，一本之所从出也。虽五服殊制，亲疏异宜，而其始实一人之身。故亲亲居九经之一。古圣王莫不爱恤族党，以固宗子，矧属在编氓，可视犹秦越欤？倘有以富欺贫，以贵凌贱，以尊压卑，以强欺弱，甚至以小加大，少凌长者，我族人宜以家法绳之。

三、谨婚姻：夫妇居五伦之一，闺门实万化之原。故《易》基乾坤，《诗》首《关雎》，诚重视也。然则子女之婚姻，岂可苟哉？但于此不谨，或贪厚奁而非求淑女，或忻声势而联姻匪人，其不致儿女终身之忧也几希。甚至有同姓为婚，罔念渎伦，转嫂为妻，贻羞中构者，一经查出，削名出族。

四、教子弟：语云："父兄之教不先，则子弟之率由不谨。"盖子弟中材者多介在可成可败之间，惟父兄有教以先之，庶免无成之叹。苟不能涵育熏陶，中也而弃不中，才也而弃不才，听其饱食终日，流荡忘返，则子弟之入于匪僻。父兄之贤与有几，按规定罪，作不孝论。

五、务本业：盖闻业精于勤，荒于嬉。本业不可不务乎哉。如其不务，则士虽读而名不成，农虽耕而食不足，工不居肆则技艺不精，商名贸易而货财不殖。日事游谈，浪费岁月，势必见异思迁，流为匪类，有玷门庭矣。愿我族众，士勤读，农勤耕，工勤技艺，商勤贸易，斯力有逢年之效。

六、崇节俭：节俭宜崇，奢侈宜戒。盖天地之生财，只有此数。而生人之费用日见繁多，故即裁省冗费犹恐不给，况复恣意浪费乎？每见世人从图目前可观，罔顾将来不继。致使家业渐退，日朘月削趋于败，岂非不崇节俭阶之历欤？凡我族众，冠婚丧祭，宜称家之有无，日用宜量入为出，庶贫可致富，富不至辞贫，保家业于无既矣。

七、重蒸尝：蒸尝者，祖宗血食之资，先人之灵爽，子孙之孝思，实式凭焉。故无论先代所留遗，目今所创置，皆宜轮流职掌收管，以为岁时祀典之费。倘有因房数人丁不均，遂欲将尝田分散以及盗卖者，定以绝祀之律论。

八、重祠宇：祠堂为宗祖凭依之所，子孙观瞻之地，务宜修整洁净，勿以闲物堆挤，勿得纵畜践污，所安先灵也。

九、守坟茔：宗祖坟墓，近远不一。或与他姓连界，或与别房邻近，或共众坟而各房附葬。每逢清明、冬至，务宜及时醮扫，以免侵淆争端。

十、崇祀典：事莫大于尊祖，礼莫大于承祭者。春露秋霜，为子孙者，能无怵然。故当祭期，务宜修洁祠宇，虔备祭仪，整肃衣冠，亲行祀事。无或参差失礼，庶孝思稍伸而祖灵歆格，福我后人。

十一、重斯文：家有斯文犹身有眉目。眉目不具，不得为完人，斯文不重，不称为望族。吾族历朝科第绅矜，代不乏人。族属子孙，皆宜奋志诗书，以绍箕裘。为父兄者亦当隆师重道，培养成才。其名成学优者，族间宜加隆礼珍重，为族之仪表，庶将来弟子知所鼓舞而奋志功名，光大先绪也。

十二、戒赌博：大凡不义之事皆足于损人害己，而惟赌博为尤甚。故每有富家子弟，始然莫不品行端重，一旦身入赌博场中，乡邻轻之，妻孥羞之，其辱身贱行为何如！且不宁惟是。盖孤注既尽，而环顾身家无以为养，于是为盗窃，为乞丐。上干刑律，下辱父母。不孝之大孰过于是！族中倘有此辈，重责不贷。

十三、严称呼：孔子曰：“君子于其言，无所苟而已矣。盖名不正则言不顺。”若公孙叔侄，概呼以名，全无上下之分，则有觍目，与禽兽何异？倘仍前陋习，重处不贷。

十四、杜争讼：古有戒争讼，诗云：“不甘受辱反添辱，欲占高强转失强。”则争讼之宜杜也审矣。故朱文正公有曰：“居家戒争讼，讼则终凶。”斯言也，诚居家之药石也。倘不论曲直是非，专事斗殴，迨至抱号结讼，不惟荡尽家产，亦且桁杨随及，将亏体辱亲，亦作不孝之罪论。

十五、急输将：孟子曰：“无君子莫治野人，无野人莫养君子。”则勤纳赋税，理所宜然。若怠慢国课，将必追呼日至，鞭棰随及，将发肤不保，亦作不孝之罪论。

十六、珍家谱：宗法废而谱始兴也者。上治祖祢，下治子孙，旁治昆弟。一姓之系，属伦纪攸关，所谓传家之宝也，可不珍欤！兹修既竣，装璜成牒，共一十四部，草谱一部，编定字号，各房按号字给领。受谱者必珍藏谨守。如奉蓍蔡若视犹弁髦，轻借人阅，及卖人抄写，以致损坏者，则前人有作，后人失坠我家乘，亦与不孝等量齐观。

韶关张氏

韶关张姓氏族出清河堂张氏始兴（郡）君政公派下。据民国曲东清河堂《张氏族谱·序》载：汉留侯张良之先五世，相韩，韩为秦灭。良欲为韩复仇，初击秦于博浪沙，椎误中副车。继佐汉高祖灭秦，以功封留侯。传至金，为大司马，皓为司空。世居武阳，子宇，历任北平范阳太守，乃迁方城。宇孙盂成封肥如侯，数十传复由方城而徙襄阳。至隋时，守礼为涂山令，君政为别驾，于韶卒于官。其子子虔、子胄遂家于韶，即今曲江县城。子胄生弘愈，愈生九龄、九皋、九章、九宾，俱擢高第，至显宦。九龄字子寿，一名博物，官拜丞相……

九龄一脉传至十六世孙化孙（字传万）入福建任汀州知府，定居上杭县瓦子巷水南村，为翁源、仁化和乐昌张氏先祖。张化孙七世孙善仁（字安成，号二郎）随父由福建到翁源县江尾镇蒽茅岭定居，后善仁又辞别父母和兄弟，迁至仁化东田定居。善仁为仁化和乐昌张氏的开基相，后裔分布在城关、董塘、红山、城口和乐昌，以及湖南汝城等地。

今在韶关始兴、翁源、新丰、仁化、曲江、乐昌等地，俱分布有张氏（君政公派系）分房各支。

一、翁源蒽茅岭《张氏族谱》

【迁徙源流】谱载蒽茅岭张氏一脉，属始兴君政公派下，途迁福建宁化，分迁上杭，传至元末明初，文公自福建上杭返迁回翁繁衍。据清乾隆二年（二修）蒽茅岭《张氏族谱·序》记：始祖文公于明初携妻带子，从闽杭西迁，闻先居石街、珠玑等地，经艰辛茹苦，终至蒽茅岭开基。又清道光二年（三修）蒽茅岭《张氏族谱·序》记：吾蒽茅岭一族，始君政公由北随任而南迁曲江，传至端公。元兵南侵，而携子孙，长途跋涉，由曲江始兴东迁福建宁化开基，至化孙公又迁居上杭。传至文公，从闽杭西迁，历尽艰辛，返辗回粤翁开基……

【家训家规】蒽茅岭《张氏族谱》家训、家规，谱载列作《家风》《家约》。其中，《家约》共十二则，兹列如下：

家 约

亲父子：伦纪始庭闱，慈孝宜敬止。慈当为严君，孝亦称诤子。爱子苟勿芬，终虞堂构圮。敬父无几谏，恐贻州闾耻。

友兄弟：兄弟之亲熟等同，虽分呼吸气相通。如身手足原相倚，似树枝分本共丛。急难惟持方有济，阋墙犹不似无戎。友生任是思情洽，那比同胞至性融。

睦宗族：万派合源，千枝同根。人于宗族，水本同源，意薄情睽，疏离日见。思明谊美，自然安便。幼弱必矜，孤寡必恤。于此解纷，于彼周急。吾族雍和，忍字为先。凡属后起，当为象贤。

和邻里：鸡犬声相闻，桑麻阴接地。相望咫尺间，当有仁厚意。疾病相扶持，守望相捍卫。勿以忮害心，各私持生计。

训子弟：人生至乐父兄贤，训语谆谆属望坚，功无积累名难就，玉不磨砻美不全。儿辈劝君顺教读，顽愚产业亦徒然。

重农桑：国家自古重农桑，衣食之源莫怠荒。男耕女织勤节俭，幼忻饱暖老安康。一室盈宁欢聚会，好游化日乐陶唐。

息忿争：些微小忿动相争，不计身家不顾生。酿祸却忘三自反，罹形方悔一时横。行凶立见前途险，忍气才知世路平。凡事让人非我弱，温柔到处喜逢迎。

戒骄横：才思富贵那堪骄，但守谦冲受益饶。矜己傲人人共嫉，虚怀下气气相调。周公才美犹然逊，石子豪华立见消。试看青年浇薄子，何顺过亢首翘翘。

禁奢侈：极情奢侈一时光，只恐豪华景不长。饮食但求饥渴饱，衣食何用绮纨装。铢寸积累成家子，万贯消融落魄郎。直待阮囊羞涩后，始知乘兴太倾筐。

严懒惰：懒惰之人福不长，只因本业易抛荒。耕耘尽力雍食继，诵习惟勤姓氏芳。玩喝偷闲衣食窘，嬉游佚乐性情戕。光阴过隙无虚掷，莫把诸君任徜徉。

戒赌博：赌博原来是祸胎，千金那惜片时灰。俨然富贵豪华子，顿作贫寒下等才。祖父百年勤积累，子孙一掷不徘徊。衣衫褴褛成无赖，失陷妻儿泪满腮。

禁盗窃：懒惰原为窃盗媒，又因赌博结群来。治生本有谋生路，处乏宁无济乏才。种养耕田能温饱，庸工贩卖自源财。甘心匪类多遗臭，孝子慈孙赎不回。

二、曲（江）乐（昌）清河堂《张氏族谱》

【迁徙源流】曲乐清河堂张氏，出自黄帝子少昊青阳氏第五子挥，以汉留侯张良为烈祖，唐丞相张九龄为元宗。据民国曲东清河堂《张氏族谱·序》载：张良之先五世，相韩，韩为秦所灭。良欲为韩复仇，初击秦于博浪沙，误中副车。继佐汉高祖灭秦，以功封留侯。传至金，为大司马，皓为司空。世居武阳，子宇，历任北平范阳太守，乃迁方城。宇孙孟成封肥如侯，数十传复由方城而徙襄阳。至隋时，守礼为涂山令，君政为别驾，于韶卒于官。其子子虔、子胄遂家于韶，即今曲江县城。子胄生弘愈，愈生九龄、九皋、九章、九宾，俱擢高弟，至显宦。九龄字子寿，一名博物，官拜丞相，自是而后，孙枝日繁，各耕读传家，人文蔚起，为曲乐两邑右族①。

【家训家规】曲乐清河堂张氏家训、家规，谱载列作《族约说》，记家族条约；又有士、农两训。兹列如下：

族约说

引：约者，束也。家有约，犹国律，皆束之俾就，厥范无荡检逾闲也。吾族世守忠厚，率由礼仪风教，固存焉。《诗》曰：“虽无老成人，尚有典型。若弃而矩矱，非惟自既匪彝，抑亦实遗祖羞。”② 孔子云：“以约失之者鲜。”兹采事之尤关修齐风化之要者，条例于谱。凡我族人，其各共凛之型，无坠家声焉，则幸矣。

孝父母：父母者，子之天地也，一有违慢，罪莫大焉。凡为子者，当念身之所从，出富贵则鼎烹以奉养，贫贱则菽水以承欢随分甘尽，不留遗憾，方无忝于所生。尤贵修身慎行，思贻父母令名。苟一节有乖，伤教败俗，虽日用三牲之养，尤为不孝也。《诗》云：“明发不寐，有怀二人。”③

和兄弟：兄弟，一体而分者也。宜友爱，不宜忤逆。大被以同眠，灼艾而分痛，此古人天伦之乐事，而后世所难得者也。慎毋计小利而伤大义，听妇言而疏骨肉。即偶有不协，亦须委曲以善全，庶兄弟翕而父母顺，子孙之效法不远矣。《诗》云：“式相好矣，无相犹矣。”④

敬夫妇：夫妇者，人伦之始也。有夫妇而后有父子，有父子而后君臣上下，而后礼仪有所错（措）。故古人严谨若朝廷，相敬如宾客，良有以也。若因貌丑而见恶，家贫而请休，是皆未闻鲍宣之妇，提甕出汲，宋弘⑤之对，糟糠不弃者也。然夫为妇之纲，必夫和而后妇之顺正。以就浅就深，黾勉同心则得矣。《易》云：“夫夫妇妇，而家道正。”

信朋友：朋友乃五伦之一，如欲资之，以成其德，断非信焉不可。故

---

① 古称右族，意指豪门大族。

② 句出《诗经·大雅·荡》。

③ 句出《诗经·小雅·小宛》。

④ 句出《诗经·小雅·斯干》。

⑤ 宋弘，东汉人，光武帝刘秀想要宋弘抛弃妻子，改娶湖阳公主，宋弘回答“贫贱之交不可忘，糟糠之妻不下堂”。典出《幼学琼林》。

显而在朝则同寅协恭，生死不相悖负，晦而居野，则合志同方，缓急每以相需若夫酒食相徵，逐貌与而心违，所谓匿怨而友，深为圣贤之所耻者矣。《易》云：“二人同心，其利断金。”

睦宗族：宗族，由祖而递分者也，虽有亲疏，而气脉同源。富贵有无相济，休戚相关，喜会相庆，过失相规。倘遇鳏寡孤独，尤宜加意矜恤。勿以富骄贫，勿以贵傲贱，勿以强欺弱，勿以众暴寡，勿以少凌长，勿以利破义。合爱同敬，而敦睦之风成。《诗》云：“岂无他人，不如我同姓。”

慎亲丧：父母无百岁长存之身，人子有三年必尽之制……《孟子》云：“惟送死可以当大事。”

谨祭祀：祭所以报本追源也……《诗》云：“春秋匪懈，享祀不忒。”

严内外：为宫室辨内外，以防渐也……《易》云：“男正位乎外，女正位乎内。”

端蒙教：父兄之教不先，子弟之谨不率。故凡童子初生时，按以小学法例，能食，教以右手，能言，教以男唯女俞，能行，教以唱喏，能知，教以礼仪。少不识尊卑，则严诃禁之。示之以象数方名，习之以洒扫应对，出入饮食必后长者。及出就外传读《诗》《礼》诸经，始为之讲解，便知仁让之风。自是小子有造驯，可至于成人有德矣。《易》云：“蒙以养正，圣功也。”

隆师友：人受天地之中以生，所恃践形惟肖者，学也。学非师友不为功，师取明道，亲师则观，摩则效，自可有成。友以辅仁，择友则直谅多闻，皆为我助，严惮切磋之益，岂有涯哉。独是师与友，以道自重，苟非卑礼盛情，诚意恳到，亦不克相与以有成。是在人之有志者，加勉焉。《弟子职》云：“温恭自虚所受是极。”

勤职业：古称四民，士农工商是也。士则纪纲所由正，农则赋税借以供，工与商亦器用，需之以成财贿，资之以通均，为国家利赖也。要之，业精于勤荒于嬉，为士农工商者，务宜竞业，以尽厥职，不可有一之或懈，致贻废堕之羞。况劳心则善，心逸则淫。善恶之分，皆由于此。《诗》云：“无已大康，职思其居。”

崇节俭：按《周礼·冢宰》：以三十年之通，制国用，又立九式之规制。岁杪之法，皆量入以为出也。经国且然，何况于家。每见世俗，尚浮华服饰，侈绮丽肴，馔斗丰美，不惟越礼败度，亦安所得不歇之泉货任其取资。吾族宜守先民质朴，遗下即冠婚丧祭，并当剂量以行。《易》云：“不节若，则嗟若。”

戒争讼：夫物，不得其平则鸣。讼者，鸣之属也。要皆吉少而凶多，故家族小有忿争，宜听长老公平者处分。即或外侮相加，亦当和逊。谚云：“世事让几分，天宽地阔。”若逞凶恃豪，或听人媒蘖因而败产荡家，后悔奚及，戒之！《易》云：“以讼受服，亦不足敬也。”

厚故旧：人情乐于趋炎而附势。每于外戚故旧，富而多财，贵而名显者，往往殷勤加礼。若贫不能自存，声不出闾巷者，则概置不顾。此乃人情之偷也。抑思故旧，不遗之谓何休必于吾祖吾父之知交，吾祖吾父之中表，吾祖吾父之周亲苗裔，厚贲予之不必望报，亦不使人知，乃为阴德。《诗》云：“惟桑与梓，必恭敬止。”

创义举：父母之前，不可称德色。而宗族之间，正贵多义举。吾人叨祖宗荫庇，幸而家积丰裕，若私以肥，尤殊属不义。故凡祭仪之或薄，寝庙之或坏边豆礼器之或缺或失，咸为增修而补益之，则祀事修而孝心存矣。至族属或贫无以自存，婚嫁之不能及时，子弟之有志读书，而日用无资，以及不测之变，棺椁衣衾之无由办者，一一不吝所有，而力为玉成。则庶几利非所计而义立于宗族矣。《礼》云：“博施备物，可谓不匮。”

以上族约十六则，读之真言言中理，字字切情。仍照刊之，以垂不朽。愿我族人，谨为佩服可也。

两　训

士训：读书要无三虚。一无虚日：日十二辰，除早膳、午膳、晚膳之外，或读书，或作文，或习字。自朝至暮，靡有暇时，则庶几得所未得而日不虚矣。二无虚读：以期于熟，或时艺，或古文，或子史。必理精法，当历久不磨，则庶几终身以之，而读不虚矣。三无虚作：以法所得，或理学，或论说，或记序，必依法缀就再三改订，则庶几题无剩义，而作不虚矣。

农训：耕田要无三失。一无失耕时：当春也，阳和布土，膏动百物萌。必沾体涂足，以耕以耜，则庶几野无旷土，而耕不失矣。二无失耨时：维夏也，日酷烈，气腾蒸，物畅茂，必培根下汗，载芟载柞，则庶几禾易长亩而耨不失矣。三无失收时：至秋也，金风薦炎暑，体百宝成，必筑场纳稼，为至为割，则庶几粟非禽饱，而庄不失矣。

以上二训，可以教家人，即可以教族人。故录于此，欲世世子孙之为兴农者知儆也，岂曰小补之哉。

三、仁化烟竹《张氏族谱》

【迁徙源流】仁化烟竹张氏始祖始于梁天监宝生公。据烟竹《张氏谱·序》记：宝生以贤良仕梁，任始兴太史。生文志，筑室于乐昌安平（即今贝兴）。志生偲、偕、仁。兄弟以义勇入援基城，偲授江州史，封赠光禄大夫，谥忠烈。伯仲均有官爵，仁以将军显。至梁陈唐宋元明间，人才辈出。偕之裔至七世孙造祉，迁居仁化江头。传至二十七世景春公，景春之六世孙廷谅等，于大明正德年间，因避世乱迁烟竹，故今仍尊景春公为烟竹之始祖也。

【家训家规】烟竹张氏家训、家规，谱载列作《家箴》，共十二条。兹列如下：

家 箴

一、孝双亲：孝者百行之原，不爱其亲而爱他人者，君子谓之悖德。故为子当念身所从出，富贵则尊养之；贫贱则菽水亦可承欢。随分自尽，不留遗憾，庶无夭矣。《诗》曰：“明发不寐，有怀二人，是宜猛省焉。”

二、忠君上：忠所以事君而置身通显，竭力尽职。有功于国，即有光于家。虽有亩肱，亦当勤稼穑，以早完赋税。《诗》云：“夙夜匪懈，以事一人。”尚慎旃哉。

三、和兄弟：兄弟本吾同气，最宜友爱。勿计小利而伤大义。勿听妇言而乖骨肉。稍有不协，犹须委曲善全。自无角弓，翩其反矣。《诗》曰：“式相好矣，无相犹矣。”其凛之毋忽。

四、敬夫妇：夫妇人伦之始，有夫妇而后有父子。古之人夫和妇顺，相敬如宾，何其盛也。故《易》曰：“夫夫妇妇，而家道正。”比物此志也。

五、正尊卑：尊卑之际，名义所关。每见族人倨傲，或以富骄贫，或以贵凌贱，或以强欺弱，甚至悖症争症，恬不知羞。《孟子》云：“亲其亲，长其长，而天下平。”庸可忽乎。

六、孤恤幼：孤幼者，仁政所必先也。其在同族，尤当体祖宗之心，时加周恤，贤智者扶持之，愚不能者教养之，毋亲听其人于匪类而不顾也。《诗》曰：“哿矣富人，哀此惶独。”其加意焉。

七、信朋友：朋友五伦之一，相资以成其德。故在朝则同寅协恭，在野则然诺不欺。若貌与心违，诈伪相尚，能无愧乎？如《易》所谓：“二人同心，其利断金。”方称是焉。

八、睦宗族：宗族乃一本之亲，故《帝典》先明德，以亲九族，虽亲疏不同而氛脉自通。必合爱合教，而后敦睦风成。《诗》不云乎：“岂无他人，不如我同姓。”宜三复焉。

九、勤职业：“业精于勤荒于嬉。”士农工贾，各有其职，则人各勤其事，况劳则思善，逸则思淫。《诗》曰：“无已大康，职思其居。”诚哉是言。

十、崇节俭：世俗竞尚浮华，凡服饰器用馐馔之类，卒以侈靡相耀。余辈宜守质朴，凡冠婚丧祭，酌量而行。《易》曰：“不节若，则嗟若。”可不畏哉。

十一、戒争讼：讼者凶也。切剥肤者无论已。若稍有忿争，宜争忍耐。其勿听人媒孽，以致败产伤义。谚云：“世事让三分，天宽地阔。”不其然乎。

十二、禁邪淫：恶行败名，邪淫为甚。故伦常所关，名义所系，凛然可畏。一朝失足，上辱宗祖，下丧身家。《书》曰：“自作孽，不可活。”可不慎欤！

四、乐昌寨背《张氏族谱》

【迁徙源流】乐昌寨背张氏出自张氏德成后裔朝山公一支。乐昌寨背村《张氏族谱》载：公号朝山，德成公之冢子，邑庠生也，祖居旧地白鹿之洞辽水坑背。公往徙，不意旁庄取稼，见夫树木荫翳，幽香芳发，碧清泉而涓涓，潭湾湾而水流。龟蛇镇于洞前，仙峰立于后者，赤城也。喟然叹曰：“此诚毓秀之区也。”卜日启行，束装载粮，偕同母之弟选公，合志乔迁。先公未迁之日，梦与葛仙公弈棋，弈罢，仙翁招游山林，指云：“此乃弓长发迹之处。”语毕而去，不见其踪。公忽梦醒来，觉与前日所见喜悦嘉赏之境，恍惚相同，又详其“弓长”之语，乃张之象也。公乃决于行往迁，自是，张氏开基于寨背。

【家训家规】乐昌寨背张氏家训、家规，谱载列作《家规十劝》《家训九诫》等篇。兹列如下：

家规十劝

一、劝笃孝悌：孩提之童，无不知爱其亲。及其长也，无不知敬其兄，可知孝亲敬长是天性中事。且晨省昏定，有何难事？自扰锄有德色，箕扫有谇言，而天性薄矣。如识亲为己亲，长为己长，则幡然而悟，何致私妻子而忘其父母，听床第而间其手足？况孝悌为百行之原，不孝不悌，不可以信友。故必生死葬循乎礼，而以力之能为者事之，隅坐随行循乎仪，而以分所当然者致之，无黍所生，斯为完人。家喻户晓，共念怀抱之恩、同体之谊可也。

二、劝保尝产：春秋二祭之资所出者，尝产保尝者，不论贫富，惟公而已。祖宗血食坟茔，虽远异姓，知为某家之坟，不敢纵畜作践，侵占疆界，惟孝子顺孙能藏己身用度，以丰祖宗之俎豆。情文兼备，非虚应故事，奈何轮流管尝者，彼此常多推诿，甚至一有公事，或致愆期。必也每岁应从会议，将收支数目开列清晰。如此，不但无瞒尝谷之弊，且无私卖尝业之患。庶报本有自追远可观矣。

三、劝正名分：同族兄弟叔侄，彼此称呼自有尊卑定序，众人所易知。独论名分于闺中，恐有尊庶母为嫡，跻妾为妻者，大乖纲常，反蒙诟笑名门。故家必全尊卑之礼，言顺事成，心乃相安。

四、劝睦宗亲：晚近世风浇漓，或以富贵骄，或以智力抗，或欺凌长幼，怀忮求之心，甚至相角相仇，循环不已。此皆不睦之由。夫睦族之要有三：曰尊长、敬老、亲贤；又有四务：曰矜幼弱，恤孤寡，周困急，解忿争。有此数行，不期睦而自睦。《诗》曰：“式相好，无相犹。”即睦族之谓也。人能以祖宗之念为念，自知祖宗之当念矣。

五、劝肃闺门：男正位乎外，女正位乎内，圣训也！君子正家取法乎此。吾见世之不肃闺门者，妇女结社往来，年节看灯，入寺烧香，皆本夫之过。即妇果冥顽化顺，何致凶悍妒忌，傲僻长舌。要之，教妇在初来，择妇必世德。若娶礼仪勤俭家之女，三从四德，姆训夙娴，其正乎内，尤利崇礼仪。

六、劝崇礼仪：古昔盛时，饮酒有让豆觞之美，过庭有避席之文，鸡鸣有瀚漱之节，礼也。而让寓乎其中，推之迟行避路。男钦族长，女敬姑嫜①，皆礼让之所在。我以礼让施人，人也以礼让酌我，则礼让成风。耕者让畔而无侵占之弊，仕者让功而无夸绩之嫌。细而推梨让枣，何风之淳。无他，沐浴于《曲礼》《仪礼》诸篇者深也。行能“师古”，在邦无怨，在家无怨。

七、劝存忠信：忠信乃吾心之本，夫子教人继之忠信。人己无欺乃忠，始终如一为信。然信可孚于乡党，必先忠于家庭。代为之谋，以己事应之，可谓忠矣。倘一忠而欲人感己，德忠也未善。故善用忠者，常怀信于全忠。

八、劝敦诗书：圣贤以所知所行，垂之诗书，后知人道其义，则可以修身，齐家，敦伦治国。古者，八岁入小学，无论敏钝俱就塾，使知义理。至十五六，然后观其质之所近，为农、为士，始分其业。夫士列四民之首，固宜务实，行实，学不可浮。文资进取，要思父兄志念，深体师长立教。一旦游庠登科，仍以举业者，训子弟则诗书世守。人多俊肖，祖宗有不含笑默佑哉。

九、劝尚节俭：俭者，君子之德。世俗以俭为鄙，非远识也。俭则足用，俭则寡求，俭则可以成家。故老氏三宝，俭居一焉。夫俭，非吝啬之谓也，但用之有节。冠、婚、丧、祭，原有定式，贵循乎分。若好门面，总要胜人卖产借债，全不顾虑。此风一倡，何以裕后？即设法应用，犹如剜肉补疮，所损日甚。吾愿宗族人，等量入而出，斯耕三可以余一，耕九可以余三。男子服用，固宜俭素，妇人尤戒华饰。若金珠绮罗，求其所欲，则冶容诲淫，慢藏诲盗。一事两害，莫甚于此。况妇识无他，只宜勤纺织，供馈食，簪饵衣裳，简质而已。内外合德，其家未有不丰。

十、劝勤执事：士农工商，业虽不同，皆有常识。勤则业修，惰则业毁。为士者，须修德，行习文艺，科第为重；务农者，须勤耕种以备养家；为工者，须勤工作，不可伪弄；至商不论大小，日近街市，须省费钱财，不可浪荡江湖。解决诸弊胥捐，不惟姻里钦仰，家可以恒保。

家训九诫

谨酒色：古今来丧德失仪者厥为酒，败常乱俗者莫如色。曹月川诗曰：“养性勿贪昏性水，成家宜戒败家汤。”虽酒为人合欢，毋肆酒以陶

① 古代妻子对丈夫的父亲和母亲的称呼。

情。世有因酒而恋色者，乘酒以争斗者，此皆不知酒为色之媒，凶之阶。故孺子时须读《酒诰》诸篇。而为父兄者，必教之以仁、义、礼、智，以养其愧耻之心。稍有不遵，即正言厉色以谕之，此除酒色之根源也。

禁凶暴：凡事要自反，不可怒人；凡事有至理，不必动气。专动气者，多行凶暴。或因酒狂，或恃力猛，或以贫骗富，以弱欺强，全无畏忌。不由以理劝解，稍有拂念，忿及在旁。遂敢逞拳持刀，忘身辱亲。有此凶行，不遵族约，即解禀惩治不贷。

严赌博：赌博必败家，不能受福。知者贪而赌，愚者诱而赌。赌博之子所以出，实由家教不严，无人约束。始则懒惰，虽有恒产而不耕。继则好饮。不顾父母、妻子之养，花街、店市日夜专趋。或赌输而盗物，或博胜而杀牲。此乃伤风败俗，有玷于祖宗。内察出，缚祠严惩，强者送官究治，窝赌也如之。

解争讼：争端不一，讼由想胜，众欲弭其争，则相劝，劝争不听，遂至终讼，世俗皆然。不知讼事有害无利，事可以止，当讼者迷。至于财被人得，辱则自当，悔亦晚矣。故君子作事，谋审乎始。始不能忍，宜听解讼者，所使盘费奔徙，及歇家衙门之弊。讼心潜消，且有此讼钱让与他人，何争不息？有此讼理，反受人气。何劝不醒，争讼者切勿徒罪乎人，而又得解讼者。委曲恳挚，协心秉公，以判之则争者，哑然自失，何有讼乎？

戒骄淫：人生天地间，当以礼义自守，勿以骄淫致败。骄者，淫之媒。骄者之心满而肆，即父兄督责而不知耻，有时竟成污行，施之异姓不可，况同族乎？《族约》严禁：男无引诱之术，女无艳冶之色。其淫何自？《蕉窗十则》云："未见不可思，当见不可乱，既见不可忆。"真遏淫之至语也。

勉清粮：朝廷国课，以下供上，古今通义。若酒色懒惰，拖欠钱粮，便不是良百姓，犯律在条。至官府催科，或躲避拘罪，连累房长。不为身家披坏，且玷辱父母，仍要纳税完官，何苦？预劝共户各房子弟，勤耕己业，每年先办清己粮。秤时讨经手理书所填印押，收票存证，则优游自在，群相安于无事之天，亦厚族之一端也。

究盗匪：谚云："礼仪生于富足，盗匪出于贫困。"然贫非病。贫而无生理，又不守贫，乃病。使贫而不耻，匪为则怨己之无如人之有，贪人之财，遂钻孔入穴，窝匪射利，诱拐妇女，无所不至。一经察出，拷打赔赃，送官究治。有此恶行，不惟玷辱门面，恐累及亲族。务宜众约齐攻，解禀免祸。或窝或盗，毋得容忍。斯有不齿他亏，盗匪之风可息。

慎交游：朋友所以辅仁。谁无交游，而取资则在乎己，借鉴则在乎人。彼温恭直谅之友，交之，可以讲学论道，日与孝友谦和者游，则德业相劝，过失相规。教训我子弟，使无蹈于匪僻。若交狂躁惰慢之辈，宜顽无耻之徒，诱以博弈饮酒，导以骄奢浮荡，哄以贪财赎货，蛊惑多端，益我子弟之不肖。故凡为族长，每当会约之时，叮嘱子弟：近良士而远凶人，不惟德可立而名易成。慎之！禀之！

止邪巫：禁止闻巫邪术，律有明条。盖鬼道盛，人道衰，理之一定者。故一切左道惑众之辈，宜勿令其至门。惟妇女识见庸下，叟喜媚神邀福。其惑于邪巫也，尤甚于男子。世间僧道之外，又有斋婆、卖婆、尼婆、卜妇、女相等项，往往哄诱费财，甚有犯奸盗者，为害不小。各夫男须皆预防，察其动静，杜其往来，以免后悔。亦齐家紧要之事，谨之！

五、新丰《张氏族谱》

【迁徙源流】新丰张氏出韶曲江君政公派下。新丰《张氏族谱》载：一〇五世君政公任韶州别驾，举家从河东迁入粤始兴郡曲江开基繁衍。至元末明初，有张氏化孙公开基福建，后裔迁入粤东一带。传第五代孙昊宝，于明初自江西吉安迁南雄珠玑巷，后裔转迁粤博罗，又迁归善县（今惠阳）东门口。至明正统间，迁粤东张氏后裔复迁粤北新丰、翁源、英德等地立基衍播。其中，公化孙支九子，长子仁一居白沙水槽头（今遥田长安），生二子，法清留居老家，法宾迁清远。次子仁二，住沙田顶头（今长安英雄坪）。三子仁三，迁东莞茶园。四子仁四，迁河源分坑。五子仁五，迁从化吕田纸峒；生三子：长子法孟、次子法传，迁张田，三子法清留居从化，法传之子聪海先迁沙田游鱼寨，后迁马头船潭。六子仁六，留居鱼湾，分支迁翁源田心。七子仁七，迁从化吕田张村，分支迁花县。八子仁八，先迁翁源新江荷树下，生五子：长子号百一郎，迁马头木头坑；次子号百二郎，失传；三子号百三郎，迁高州；四子号百四郎，迁礤头黄沙坑；五子箩生，迁回龙新峒。九子仁九迁回龙有古堂。明隆庆三年（1569）从英德的沙田、遥田、回龙，翁源的黄沙坑，河源的张田、马头划出建立长宁县，民国三年（1914）改称新丰县。明嘉靖年间，仁五公之孙永祺公从张田迁回龙岭头。永祺公玄孙鸣鹏于清康熙年间迁西宁县石楼堡（今信宜安莪）开基。清乾隆年间，仁五公第十代孙廷襄、廷劝、廷敕、廷彬迁立溪。

【家训家规】新丰张氏家训、家规，谱载列作《家约十律》《张氏家规》。兹列如下：

家约十律

和兄弟：兄弟之亲孰等同，虽分呼吸气相通。如身手足原相倚，似树枝分本共丛。急难维持方有济，阋墙犹不似无戎。友生任是恩性洽，那比同胞至性融。

和乡党：乡党姻邻谊匪轻，好将淑气与逢迎。老成硕望须时近，流俗睚眦切莫争。但率至诚频应接，那堪机巧漫相倾。鼠牙雀角宜惩忿，仁里相安自在行。

训子弟：人生至采父兄贤，训尔谆谆属望坚。上达总由勤学永，成章定许用心专。功无积累名难就，玉不琢砻美不全。儿辈劝君须教读，顽愚产业亦徒然。

重农桑：国家自古重农桑，衣食之源莫怠荒。男力耕耘女纺织，幼忻饱暖老安康。饥餐玉粒来风雨，寒暑新棉自篚筐。一室盈宁欢会聚，好游化日乐陶唐。

戒骄矜：才思富贵那堪骄，但守谦冲受益饶。矜己骄人人共嫉，虚怀下气气相调。周公才美犹然逊，石子豪华立见消。试看青年浇薄子，何须过亢首翘翘。

息忿争：些微小忿动相争，不计身家不顾生。酿祸却忘三自省，罹刑方悔一时横。行凶立见前途险，忍气才知世路平。凡事让人非我弱，温柔到处喜逢迎。

禁奢侈：极情奢侈一时光，只恐豪华景不长。饮食但求饥渴免，衣食何用绮纨装。寸铢积累成家子，万镒花縻轻薄郎。直待阮囊羞涩候，始知乘兴太倾筐。

严懒惰：懒惰之人福不长，只因本业易抛荒。耕耘尽力饔飧继，诵习惟勤姓氏芳。玩愒①偷闲衣食窘，嬉游佚乐性情戕。光阴过隙无虚掷，莫把诸居任徜徉。

戒赌博：赌博原来是祸胎，千金那惜片时灰。俨然富贵豪华子，顷作贫寒下等才。祖父百年勤积累，子孙一掷不徘徊。衣衫褴褛成无赖，失陷妻孥泪满腮。

儆窃盗：懒惰原为窃盗媒，又因赌博结群来。治生本有谋生路，处乏宁无济乏才。种土耕田多获利，佣工贩卖自源财。甘心匪类多遗臭，孝子慈孙赎不回。

张氏家规

敦孝悌：孝悌之本，道所由生。欲孝父母，须宜兄弟。昔在孩提，亲无不爱；及至成人，深恩竟昧，内必致敬，愉色婉容；外必竭力，膳寝命从。兄弟之伦，道在友爱，毋蓄私财，毋听妇说。兄宽弟忍，荆树花开。一门和顺，福自天来。

省祠墓：祠以栖神，墓以藏形，形神所在，须致安宁。一入祠堂，谛观栋宇。有坏则茸，有漏斯补。春秋时祭，诚敬存心。祭履祭仪，备洁以临。惟彼丘墓，尤宜整好。毋令数传，荒烟蔓草。碑志必勒，禁界必清。清明省扫，永杜占争。

正名分：尊卑长幼，秩序本天。率履不越，各分肃然。其在同班，序

---

① 玩愒：指贪图安逸、旷废时日。

之以齿。十年五年，事随而已。若论长辈，非同等夷。黄口多尊，由发多卑。小子无知，疾行无长。傲气日生，且肆欺罔。必明礼让，必致敬恭。饮食晋接，一一从容。

睦宗族：万派合源，千枝共根。人于宗族，水本同源。意薄情睽，疏离日见。恩明谊美，自然安便。为隆为杀，服制则殊。祖宗视之，亲疏实无。幼弱必矜，孤寡必恤。于此解纷，于彼周急。我族雍和，忍字尤先。凡属后起，当为象贤。

慎嫁娶：女嫁男娶，人道之原。欲繁枝叶，必重本根。男女择德，作合善始。性行均淑，百年福祉。近来嫁娶，彼此凭媒。最可哂年，选色论财。遇之不淑，即非佳配。不顾倡随，而专诟谇。至若同姓，毋许开亲。恪守典礼，克重彝伦。

肃内外：女内男外，大闲所存。嫌疑不远，淫乱之根。男女七岁，食席异处。叔嫂之间，不通言语。维门有阃，内外戒严。无言出入，乱端永杜。圣人制礼，防微慎密。有孚威加，家人终吉。阖门之地，俨若朝廷。雍雍肃肃，遐迩观型。

严嗣续：宗法之立，所以嗣先。大宗小宗，等杀秩然。宗脉流传，瓜绵不绝。无子息者，立嗣延燨。兄弟之子，古云比儿。以之续后，于礼合宜。异姓虽亲，宗不可乱。邻贾背乖，实自取患。应立则立，大义相承。子孙千亿，振振绳绳。

重农桑：日不再食，岁不制衣。饥寒交迫，仰屋而欷。饥寒何来？不耕不织。男女交勤，饱暖聿至。男勤为何？竭力耕田。无恒产者，工贾宜专。女勤为何？纺织机杼。中馈之余，不辍寒暑。无荒无怠，不啬不华。具此完美，大吉人家。

修家塾：教以继养，古有成规。马牛襟裾，饱暖何为？子弟七岁，即入家塾。姿质纯顽，杂字束牍。有轶众者，训诲当明。四教四术，三物六行。渐长学文，择师课习。灵心以开，善端以立。学习经史，实至名扬。书声论秀，门第增光。

崇节俭：家之财用，勿过持筹。量入为出，节是减谋。惟奢易倾，惟俭斯足。蓄积一饶，不虞窘促。裁省冗费，禁止繁华。粗衣可服，蔬食亦佳。居不贪高，器帷求洁。冠婚丧祭，均有品节。不坏门面，美德堪风。一事浮奢，虽富必贫。

守法律：怀刑怀德，君子其人。弁髦法律，莫保身事。国垂宪典，除奸禁乱。三令五申，谁敢或玩。每逢朔望，约集宗堂。耆老居上，子弟立旁。律例多条，逐一明讲。犯重犯轻，照治不爽。各自警省，同归善良。风淳俗美，永享平康。

完国课：粮钱国课，屯民正供。如其拖欠，官必不容。差役官惩，登门吵闹。大声疾呼，那时谁靠。我田我粮，我自承当。何累差役，替我受伤。早完不多，润欠难少。良善急公，有何烦扰？惟勤耕读，足不履庭。

自得至乐，善哉孝亭。

和戚里：人心难知，暗藏干戈。稍有拂意，无风自波。居多无他，在于和气。和而兼爱，受用无既。临事相让，退步自宽。临财相让，少得亦安。毋恃富强，无欺单弱。忿气一生，彼此相角。爱人人爱，尊人人尊。安闲自在，争讼无门。

谨交游：人生处世，端在友交。交游一定，比之膝胶。交得其人，受益不少。交非其人，为累不小。毋曰邂逅，诗警偕臧。毋曰比辅，易戒匪伤。交在慎始，慎在知择。如分薰莸，如判黑白。非类既绝，君子偕行。不同不染，终身洁清。

韶关陈氏

韶关陈氏有保昌（南雄）、始兴、翁源、新丰、乐昌、乳源等数支，其源郡望主要来自河南颍川。谱载：五代乱唐时，中原颍川陈氏避乱迁徙福建繁衍，宋末元初，为避兵燹，陈氏分迁入粤。至明初，迁韶关陈氏达到高潮，据始兴、翁源陈氏谱载，自明洪武年间，福建上杭陈氏一脉，大规模始迁始兴、翁源，又有笃庆堂陈氏，分别从江西全南分徙南雄府保昌、始兴等地，至明嘉靖年间，陈氏在始兴成为第一大姓，陈氏繁衍致始兴有“陈半县”之说。翁源陈氏自福建汀州迁来，分居在翁源周陂双联、龙田、昆山、高二、陈村、黄河、双青和南浦沙坪、江尾圳头等地。始迁祖为万一郎和万三郎。明清时期后裔分迁至云浮、郁南、罗定、信宜、广西、四川及韩国等地。翁源陈氏先辈有著名抗倭名将陈璘（周陂龙田人）。另始迁祖系仲瑞公，分居江尾镇白莲等村，后裔分布在翁源周陂镇和南雄、始兴等处。新丰陈氏祖籍河南，由陈姓始祖陈福基于南宋末任广南东路安抚使，后弃官居南雄府溪塘，传至三十世，迁徙英德、翁源周陂，明中叶迁入新丰遥田。又有一支于隋开皇九年（589），迁居江西吉安泰和里柳溪，再分两支入粤迁新丰：一支于南宋宝庆三年（1227）迁入新丰贵子口嵩下湖洋尾，后裔繁衍丰城、梅坑、马头、石角等乡；一支从江西吉安迁河源，后裔卜居新丰马头雅盖。乐昌陈氏有两支：一支元末由福建省上杭县迁来云岩，开基祖为贵方和胡满公，另一支明初由翁源迁来，开基祖为万一郎、万二郎和万三郎，后裔遍布云岩、秀水、五山、庆云、梅花、沙坪、长来、九峰和两江等地。乳源陈氏于明成化三年（1467）由福建省上杭迁乳源，开基祖万四郎，分居在均容上下排、洞头、岐下、坳里、粟山、县城等地。

一、始兴颍川堂《陈氏族谱》

【迁徙源流】始兴颍川堂陈氏一脉出福建上杭瓦子街。谱载：先祖陈祖虞（亿昌公）原居福建上杭瓦子街，明洪武年间卒，妣戴氏携九子迁广州五仙街，时因海疆未宁，长子发强、次子发兴迁始兴净花村开基。其后裔由始兴净花村分迁于南雄大塘逆龙坑，珠玑聪背、龙回桥、陈公庙、珠玑巷，黎口三洲、水口桥，全安富村坪、营子下、羊角岭等地。又有陈氏两支，一支顿岗祠（原为顿纲）陈姓，始迁祖为陈远五，于明景泰二年（1451）从福建上杭曾坑寨背迁来始兴落户，后裔分居在顿岗镇的千家营、水晶寨、净花村、围下、顿岗墟、坪岗、东流坝、竹头下、东南岭、贤兴、岭下、龙凤壁、冠佩等村，由于子孙繁衍，又大量外迁四川、江西、湖广、陕西等。另一支为外营祠陈氏，始迁祖为陈文珊，于明洪武年间从福建省上杭县瓦子街迁入始兴顿岗下坊开基，子孙分居始兴全县，后裔于明嘉靖年间分迁南雄。

【家训家规】始兴颍川堂陈氏家训、家规，谱载列作《家训》。兹列如下：

家　训

一、孝悌：夫孝者，天经地义，人生百行之原也。父母之德，昊天罔极，人子欲报亲恩于万一，当内尽其心，外殚其力。谨身节用，以勤服劳，以隆孝养。毋博弈饮酒，好勇斗狠，无货私财妻子，始无愧于孝矣。至若父有家子，称曰“家督”；弟有伯兄，尊曰“家长”。凡日用出入，事无大小，众子弟悉当咨凛焉。饮食必让，语言必顺，步趋必徐行，坐立必居下，凡以明弟道也。夫十年以长，以父事之；五年以长，则肩随之，况同气之人乎？故不孝与不悌相因，事长，与事亲并重。能为孝子，然后能为悌弟。孝悌克敦，斯称为人，可不勖诸。

二、睦族：《书》曰：“九族既睦。”《礼》曰：“敬宗收族。”明有道必以睦族为重也。夫人处亲族中，宜接之以温厚，处之于谦冲。毋恃富以侮贫，毋扶贵以凌贱，毋饰智以欺愚，毋以强而凌弱。谈言可以解忿，施德不必望报。人有不及，当以情恕。非意相干，当以理遣。我既有包容之度，彼必生悔愧之心。一朝能忍，宗人称为善良；小忿不争，族内推其长厚。由此而争端不起，速讼无因。岂致结怨，耗财废时失业，甚而破产流离，以身殉法者哉。

三、业儒：韩柳欧苏，固才略之最著亦文字之堪夸。古人云：“读书破万卷，下笔如有神。”诚哉是也！我观族中子弟，上智下愚者少，中材者多。为之父兄，家业颇盈自当敬迓；贤师督训，业儒不可姑息。即为子弟者，亦宜芸窗砥砺，几席沉修，三更灯，五更鸡。鼓励青云志，则八月桂，二月杏，自标姓氏香矣。

四、重农：夫日食之利，生于地，长于时，而聚于力。稍不自力，坐受其困。勤则耕三余一，耕九余三；不勤则仰不足事，俯不足蓄。古者天子亲耕，为天下倡。盖以农事为至重也。今告我族，凡耕稼者，勿好逸恶劳，勿始勤终惰，因天时偶歉而轻弃田园，勿慕奇赢倍利而取改旧业。苟能胼手胝足，竭力耕耘，东作自然西收，将日积月累，可驯至于饶裕，子孙得以世守田园，利赖自无穷矣。

五、节俭：生人不能一日无用，即不可一日无财。然必留有作之财而后供不时之用。故节俭之道尚焉。夫财犹水也，节俭犹水之蓄也，水流不蓄则一泄无余，水立涸矣。财流不节则取用无度，财立匮矣。故值仓箱充实之时，即当预为节约之计。若酬酢往来，浮华是尚，冠婚丧祭，奢靡是衿，衣服华丽，饮食甘肥。一至空虚，彼时啼饥号寒，困苦无告，寡廉鲜耻，为盗作娼，无所不至，可不慎欤。

六、礼让：礼为天地之经，万物之序。道德仁义，非礼不成；尊卑贵贱，非礼不定；冠婚丧祭，非礼不备；酬酢燕飨，非礼不行。是知礼之体大而用广也。然礼之用贵于和，而礼之实存乎让。夫子曰：“能以礼让，为国乎何有?”诚能和以处众，卑以自牧，在家庭而父子兄弟归于肃雍，在乡党而长幼老弱归于雍睦。毋犯嚣凌之戒，毋蹈纵恣之愆，毋肆一念之贪遂成攘夺，毋逞一时之忿致起纷争。各戒浇漓，共归长厚，则循于礼者无悖，于敦于让者无竞心。蔼然有恩，秩然有义，岂非大和洋溢者哉。

七、正学：人受天地之中以生，惟此伦常日用之道，为智愚所共由，索隐行怪圣贤不取。为学者，圣经贤传，所当朝稽而夕考焉。至若不经之典，妄诞之言，则为异端，自当屏绝，以正身心。将见所习不苟，品行自端，事亲孝，事君忠，莫不悉由于正学之所基矣，可不审矣。

八、输将：夫以下奉上，先公后私，分所宜然。依限而纳，无待追呼，斯称善俗。凡我族人，有国课者，务宜急速早完，勿得任意迟缓。窃思朝廷正供，我等本乐输将，以报宸衷之万一。又况有难抗欠者，追呼孔亟，刑杖随加，将使无名之财，且浮输纳之数而国课仍不能稍宽，则与其为抗粮之顽夫，何若为急公之良民，获其所余以资俯仰，其为安乐，当何如耶？愿吾族中共勉之。一业常，人生天地智愚不同，莫不择一业以自处。士农工商，业虽各别，而所当尝则一也。夫身之所习为业，心之所向为志，业与志本相须而成也。但恐日久生厌，舍旧图新，或为浮言所动，或因际遇未通。一念游移，半途而废，作非分之营求，生意外之妄想，而志遂以荒，业遂以废矣。凡我吾族中，务须士食旧德，农服先畴，工利器用，商能货财，则富庶丰享，自有由来矣。

九、端行：大凡子弟之行不端，皆由父兄之教不谨所致。为父兄者，启其德性，遏其邪心，广其器识，正其嗜好。人之淑慝邪正，必自为子弟之日始。今告吾族人，凡有子弟，务必严加约束，而游手好闲，博弈饮酒，交结匪类，放辟邪侈，纵耳目之欲，以为父母戮，在所当禁。倘任其游荡，恣情一至，陷溺而不悟，以致罗法网犯刑章，为父兄者独能晏然而已乎？慎之，慎之。

十、戒赌：语云：“人生百艺可随身。赌博场中莫去亲。”盖赌博一项，例禁甚严，有犯必惩。况赢输一说，今日赢一两，实得不过数钱。来日输二两，断难求免半分。及至典当无具，贷借无门，饥寒迫身，流为盗贼，陷入囹圄，五刑交加，倍尝痛苦。上遣羞于父母，下贻累妻儿，乡党弗之顾，亲友弗为恤，求生不得，求死不能。赌博之祸，必至于此。凡我族人，最宜猛省。

十一、息讼：大凡物不得其平则鸣，是讼端一项，非必谓尽能无也。然必审视其事之何如耳。如果阴谋强占，难以理处，出于不得已者，贻可鸣之于官。至基礼貌，口头稍有不顾，此乃无甚伤害。动辄结讼公庭，费钱损财，荒时失业，将富者因此而速贫，贫者因此而陷身。是不忍之，为害甚矣。今为族人劝，凡有横逆之投，必须自反。即有睚眦小忿，亦当忍耐。古人唾面自干，良可法也。《易》云：“讼则终凶。”劝我族人，宜三复斯言，即可以保全身家矣。

二、始兴笃庆堂《陈氏族谱》

【迁徙源流】始兴笃庆堂陈氏出自粤东支。谱载：宋末元初，福建陈氏之宗保徙居惠州，宗起偕子成玉、孙风安由福州迁虔州之桃川�行；风安三子明远徙居惠州博罗，次子明达于明洪武年间，迁始兴开基。明达公是我笃庆堂之鼻祖也。明达公随母黄、许氏从江西全南�竹中寨徙居广东始兴县城内老陈屋开基立户。传至仁盛公卜居墨江，遂为开邑之始祖。

【家训家规】始兴笃庆堂陈氏家训、家规，谱载列作《祖训》（共十六则）。兹列如下：

祖　训

一、孝顺父母：人生有五伦，孝亲为首重。凡有人子者，即竭力供养，顺承亲志，犹难图报万一。倘不顾天伦，忤逆不孝，一经察觉，族老房长，即宜秉公正伦。小则家法训惩，大则鸣官重治，断不稍宽。为人子者，须当凛之，慎之勿违。祖训自犯罹咎也。

二、友爱弟兄：凡今之人，莫如兄弟。即使至爱无间，犹恐无以笃埙篪。故为兄弟者，务宜各尽友爱，毋以小忿而忘大义，毋因妇言而伤同气。由是，兄弟既翕和乐且耽，以致父母之顺，岂不孝友兼全乎哉？愿吾子孙勉而力行之也。

三、和睦宗党：尝读《帝典》言曰：“克明峻德，以亲九族。”《诗经·邶风·谷风》曰：“凡民有丧，匍匐救之。”然则睦族和乡，非人生所宜交尽哉？愿吾嗣孙，其在宗族，去六逆而孝六顺。其在乡里，通有无而御患害，其斯以为人乎。倘有因嫌角力，恃强逞凶，不睦不和者，该房长持理以相责焉。

四、克谐夫妻：天地配以阴阳，人生偶以夫妇。此男女居室，人之大伦也。若反目不和，则家道不成矣。愿我子若孙，务须夫妇克谐。勿因貌而生妒，勿因境而生嫌。富贵贫贱，各随其分，黾勉同心，不宜有怒将见。夫妇和而家道成，不犹之阴阳和而雨泽降也哉。

五、正名定分：昔夫子有曰："名不正则言不顺，言不顺则事不成。"是则正名定分，其有关于伦纪也匪轻。惟愿吾子孙人等，上下各尽其职，尊卑莫逾其伦。一切纲常名教，井然有序，秩然有等，则齐家之道得，不但无贻讥于巷里，抑且仪型于乡邦矣。

六、立嗣过继：（略）

七、遵管祖业：夫立谱原以联宗派，亦以杜后患也。查我族内祖地甚多，内有同祖共尝同祭而地未分者，有先世分房已各分定葬祭者，又有公共祖地内有葬一二坟者，其人生前有功于祖，通族议许，殁后傍祖安葬，借此以报之，凡一切祖地尝业旧规，悉遵先世相承传管，至今并无异议。嗣后各房子孙，宜各照旧管业。毋得因谱，秉宗派一脉为辞而恃强飞占各房坟山以及尝业等项。如有此情，会族执谱究处。

八、永守蒸尝：诗曰："喜蠲为喜，是用孝享。"则禴纪蒸尝之祭，所以尊祖敬宗，以展其一念之孝思耳。故于祖手所遗祭田财产等项，以为俎豆荐馨之费，须当永守而善承也。愿我后人，毋因嫌隙而思瓜分。倘或借端分析，致令废祭失祀，则忘本弃亲之罪，所必惩焉。如或蒸尝现存，至轮年值祭者，不依时举行，主祭与祭与礼生诚意，懈怠迟延误祭者，一并惩罚。

九、珍重家谱：族谱之设，原以上承先绪，下启后裔。不知几经勤劳，乃得告成。是谱为传家之至宝也……

十、公举族长：窃惟族老房长，所资以排难解纷，使一家仁让，宗族和睦。则族老房长之宜举也，由来尚矣。然拟非其伦则好恶偏，而赏罚不公，何以使彼此悦服，而使各相安于无事也？今我族中，惟择持重老成正直无私者，举为族老房长。倘族中有公事，该族老会同各房房长公议。倘各房有事争端，该各房请本房房长释处，务使是非各得其平，则争竞之风息，而亲睦之风成矣。

十一、各务本业：士农工商，乃生人之本业。人必各归一业，庶可望其生平之有成也。倘或游手好闲，宴饮淫乐，不事生业，势必入于邪僻将见赌博奸盗，无所不至，流下下贱，恬不知耻。如斯人者，玷辱祖宗，合族查出，家法重惩不贷。

十二、居家勤俭：凡世人败家破产，皆由怠逸侈靡。是勤俭者，乃居家之善格也。故为人务宜勤心生业，不得惰其四肢；量入为出，无事侈靡伤财。倘或不勤不俭，自取消败者，后悔无及。宜凛之，慎之。

十三、立品端庄：言行为君子之枢机。枢机之发，荣辱所关，乌容不谨。故慎尔威仪，为斯人之模范。浮躁佻达，实世俗之屡憎。然则人之立品，可不端庄乎哉？故必廉隅整饬，措履规方。切勿轻扬自取玷辱。诚以一行既失，终身莫补。可不自省乎？

十四、笃志勤学：古者，家有塾，党有庠。所以教育子弟，使成材也则学，要矣，然或志不笃，则学不勤，而材亦难成。夫"终童为山东之英妙，贾生为洛阳之才子”，何一不出于学，何一不出于勤学？故，子弟能攻苦以图上进，大厥家声，斯为族中之良。若嬉戏自荒，不思书香之宜绍，是败类也。为父兄者，其必惩焉。

十五、慎交友：五伦之中，友居一焉。故出门广同人他山切攻玉，友之关于人也亦重矣。然友有贤否之别，苟不择其邪正贤否，而冒昧以友之，则善日退而过日长，岂能免于比匪之伤燕朋之累乎？愿吾子孙嗣人等，谨凛自持，不徒矜言，结纳所贵，拣择正人，则相济以道，相契以信，同方合志，劝善规过，两有得矣。

十六、早完钱粮：自古劳心治人者，食于人；劳功治于人者，食人。此上下之分定，而天下之通义也。凡我孙嗣，勿论粮数多寡，毋隐毋抗，皆当急公奉上，各照实数，依时封纳。格言曰：“国课早完。虽囊橐无余，亦得致乐。”诚哉是言也。倘或迟延逋欠，致干法纲，则差签催扰焉。有饱食安寝之乐乎？

三、始兴文珊公支《陈氏族谱》

【迁徙源流】陈氏始兴文珊公支陈氏出颍川脉。谱载：本支原居福建上杭，始迁祖伯公五传及文珊公，文珊公生九子，与堂弟文茂公生五男，于宋末避乱迁粤，文珊公率九子卜宅始兴立基。

【家训家规】始兴文珊公陈氏家训、家规，谱载列作《家训》。兹列如下：

家　训

敦孝悌：《诗》曰：“父母之德，昊天罔极。”人子欲报亲恩于万一，当内尽其心，外竭其力。谨身节用，以勤服劳，以隆孝养。至若家有长子，弟有伯兄，凡日用出入，必存弟道。盖五年、十年之长，别肩随兄事之仪，况同气者乎？故不孝与不悌，相因事长，与事亲并重。能为孝子，然后能为悌弟，子弟其可不勖诸。

睦宗族：《诗》曰：“九族既睦。”《礼》曰：“敬宗睦族。”明人道必以睦族为重也。夫人处宗族中，宜接之以温厚，处之于谦和。慎毋恃富以侮贫，毋挟贵以凌贱，毋饰智以惊愚，毋恃强而欺弱。如是宗人称为善良，族内模其长厚。争端不起，速讼无因。岂至结怨耗财，废时失业，甚而破产流离，以身殉法哉。

业儒：古人云：“读书破万卷，下笔如有神。”诚哉是言也。我观族中子弟，上智下愚者少，中材者多。为父兄者，自当敬迓名师督训。儒业不可姑息。即为弟子者，亦宜芸窗砥砺，尔室潜修，三更灯，五更鸡，鼓励青云志，则八月桂二月杏，自飘姓氏香矣。

重农：夫日用之利生于地，长于时，而聚于力。故勤则耕三余一，耕九余三。不勤则仰不足事，俯不足蓄。今告我族人，勿好逸恶劳，勿始勤终怠，勿因天时偶歉而轻弃田园，勿慕奇赢倍利而辄改旧业。苟能胼手胝足，竭力耕耘，自可训致饶裕子孙，利赖无穷矣。

节俭：人生不能一日无用，即不可一日无用财。然必留有余之财而后可供不时之用。故节俭尚焉。若酬酢往来，浮华是尚；冠婚丧祭，奢靡是矜；衣服华丽，饮食甘肥，一至空虚，彼时啼饥号寒，困苦无聊，无所不至，可不慎欤。

讲礼让：夫礼，天地之经，万物之序也。道德仁义，非礼不成，尊卑贵贱，非礼不定，冠婚丧祭，非礼不备；酬酢燕享，非礼不行。是知礼之体大而用广也。诚能在家庭而父子兄弟底于肃雍，在乡党而长幼老弱归于和睦，蔼然有恩，秩然有义，岂非太和洋溢者乎？

正学：人受天地之中以生，惟此人伦日用之道，为知愚所共由。故圣经贤传所当朝稽而夕考焉。至若不经之典，妄诞之言，所当屏绝。将见所习不苟而行自端，事亲孝，事君忠，莫不悉由于正学之所基矣。

急输将：夫以下奉上，先公后私，分所宜然。依限而纳，无待追呼，斯称善俗。凡我族，有国课者，务宜急速早完……

习常业：人生天地，莫不择一业以自处。士农工商，业虽各别，而所习常则一也。夫心之所向为志，身之所习为业。但恐日久生厌，舍旧图新。或为浮言所动，或因际遇未通，作非分之营求，生意外之妄想，而志遂以荒，业遂以废矣。凡我族中，务须士食旧德，农服先畴，工利器用，商通货财。则富可成庶，丰享有自来矣。

端行：大凡子弟之行不端，皆由父兄之教不谨。为父兄者，当启其德性，遏其邪心，广其器识，正其嗜欲。今告族人，凡有子弟，务必严加约束。而游手好闲，博弈饮酒，交结匪类，在所当禁。倘任其游荡恣情，一对陷溺而不悟，罗法网纪刑章，为父兄者，独能晏然已乎？慎之，慎之。

息讼：凡物不得其平则鸣，是讼之一端。非必尽能无也。然必审视其事之何如。如果阴谋险占，不得已者，无论至于口角，稍有不顺，无甚相害。动辄结讼，将富者因此而速贫，贫者因之而愈困矣。今为族人劝，有横逆之投，必须自反。即有睚眦，小忿亦得忍耐。古人唾脸自干，良可法也。《讼》曰：“讼终凶。”族人其三复斯言也夫。

戒赌：盖赌博一项，例禁甚严，有犯必惩。况今日赢一两，实得不过数钱。明日输二两，断难求免半分。及至典当无具，借贷无门，饥寒迫身，流为盗贼，陷入囹圄。上遗羞于父母，下贻累于妻儿。乡党不之顾，亲友不为恤。赌博之祸必至于此。凡我族人，最宜猛醒。

四、始兴顿岗《陈氏族谱》

【迁徙源流】始兴顿岗陈氏出颍川脉支，始闽之上杭。谱载：本支始迁祖为陈远五，于明景泰二年（1451）从福建省上杭曾坑寨背迁来始兴，分徙顿岗千家营、水晶寨、净花村、围下、顿岗墟、坪岗、东流坝、竹头下、东南岭、贤兴、岭下、龙凤壁、冠佩等村。子孙繁衍又外迁四川、江西、湖广、陕西等地。

【家训家规】始兴顿岗陈氏家训、家规，谱载列作《祖戒》《宗规》，各十则。兹列《宗规》如下：

宗 规

展礼祠墓：祠乃祖宗神灵所依，必恤然清静；墓则祖宗体魄所藏，须隆然封固。时而祠祭，时而墓祭。展示大体，必预加敬谨修葺完固精洁。孝慈贤达，料理蒸尝，明器典礼，牺牲咸备，毋使侵骗缺失。有坏则修之，被人有害，合力护之。患无忽小，视无逾时。若使逡延，所费愈大。一切优戏闲要博弈饮酒，毋得在祠前喧哗栖息，堆积货物，混扰亵渎，大干不敬。至值事务，宜香灯洒扫，照检漏水。此事死如事生，事亡如事存之道，族人所宜首讲者。

孝顺父母：孝为百行之原，人生重大事也。幸得高堂无恙，庭帏最乐。古人一日养不以三公换。但昊天罔极，慰德难报。粗举大略，倘率循罔越焉。百顺首重立身，次则事业显扬。至服劳奉养随分自尽，肥甘可致敬菽水亦承欢。下气怡色柔声，时时须谨。不幸父母有过，更当起孝起敬，积诚感动，几谏无形，引咎归己，有善归亲。甚而挞之流血何敢反唇诟谇？慎毋好货财，私妻子，交匪人，疏兄弟博弈饮酒，懒惰嫖淫，逞凶戳辱，妄身及亲。若夫出外远游，纵非闲荡，当思桑榆暮景，朝夕不能奉侍，更使倚门挂心，以及狎恩恃爱，直义无隐，总非得亲顺亲。凡此孝行天地神明，吸呼可通。试看大舜，烈风雷雨，弗迷祖诫昭然，问心更明勖哉？

尊敬长上：长幼有序，经垂“五典”。辨人禽，少离小浇凌，传列大逆，贻祸福。诚念天显而笃友庆，则大和洋溢于家庭。况义在从兄，推准咸顺，达之宗族有公叔，移之州里有官师，各循名分尊卑，更为心安情洽。末世兄弟尔尔，风俗浇漓，或以富贵骄，或以智力抗，或恃顽泼，或狎亵昵。凡此不逊为贼，圣人会扣其胫。国典既有常刑，家法岂无重警。

教训子孙：人谁不爱其子孙，子孙爱之在教训。谁人子孙不教训？教训之道在义。方择良师，束修供膳须殷勤，邀好友子来，赠答必贤仁。耳提面命无匪僻，切磋琢磨有规箴。稽古，十百贤圣订一堂，居今三五君子赞一室，子弟未有不成立者。末俗轻师慢友，教亦无成。骄奢淫逸，市井征逐，纵外人议论纷纭，子恶竟为不知。迨致坠厥家声，督责频加，追悔何及。总由禽犊爱憎也。再修身为家教之本，已为弗纳于邪僻贪污则不言，而子孙之仪型早正。

亲睦宗族：亲睦九族，古帝所重。而其要有三：曰尊尊；曰老老；曰贤贤。名分属尊，行者尊也，则恭顺退逊，不敢触犯。分属虽卑而齿已迈众，老也，则扶持保护，事以高年之礼。有德行文学，贤也。贤为本宗桢干，则亲炙仰慕效法，忘分忘年以敬之。又有四务：曰矜幼弱；曰恤孤寡；曰周窘急；曰解纷竞。幼者稚年，弱者鲜势，人所易欺，则随处当存矜悯之心；鳏寡孤独，无所倚靠，则随在当体爱恤之仁。衣食窘迫生计无聊，少为推解。一滴甘露则周之，可以积阴德；人有忿则争，得一人以劝之，气遂平。遇一人以助之，气愈激。当局最迷。居间善解，族属之责，亦积善之事也。引申触类，为义田、义仓、义学、义冢。教养同族，使生死无一失所。陶渊明有言曰：“同源分流，人世易疏，慨然寤叹，念兹厥初。”

谨肃闺门：男正位乎外，女正位乎内。叔嫂不通言，圣训也。纵贫富不齐，馌耕刈麻井臼之类，势所不免。而清白家风，男女岂容混杂？或不幸寡居，贞烈炳耀。亦以三从四德，姆教夙娴也。若徇财妄娶，家教无闻。性悍妒泼，傲僻长舌，牝鸡司晨，必为家累，罪坐其夫。若本妇顽冥，化诲不改，夫亦无如之何者，据本夫告祠，询访的确，当祖宗前，合众给以除名帖，或屏之外氏之家。《颜氏家训》曰：“娶妇必欲不若吾家者，盖娶贫女有益，非娶卑鄙之女，以贻祸也。”至于妇女相聚结社、讲经、泼涉、祈福祠庙，烧香寺观，赴会男女，携僧尼看春，看灯，看戏，搬弄是非，昼日游庭，早夜行露，结联兄弟姊妹，认拜父母舅姑，吊探越宿，往往出乖弄丑，败家之道。一切严禁，庶无他患。

勤修职业：士农工商，所业不同，皆是本职，须当各勤生理。勤则职业修，惰则职业坠。修则父母妻子有靠，惰则资身无策，姗笑姻里。所谓勤职业生理者，非徒尽力，要在各尽道，以全生、生之理也。士先德行，次文艺。勿因读书识字，舞文弄法，造歌谣，匿名帖，出入公门，有玷行止，贿托败官，以辱宗祖。农不得窃田水，纵牲下田践踏，赖田租，欠钱粮。工不得作淫巧弄人，伪器售卖。商不得虚花浪费，假伪欺骗，职业亦不越四民之外。为僧道，为胥隶，为优戏，为吹打，为轿夫，屠牛。若赌博一事，近来相习成风，凡倾家荡产，招祸速衅，无不由此。犯者宜会族众惩治，不则罪坐房长、族长。

崇尚节俭：人生福分，各有限制。饮食、衣服，起居，一一朴啬，宜有留余，不尽之享，以还造化，则节俭可养福也。奢靡败度，俭约鲜过，则节俭可以养德也。多费多取，屈志求人，不免奴颜婢膝；费少少取，随分随足，浩然自得，则节俭可以养志也。不得已者，勉强办干。在得已者，何苦妄费。若作为无益，浪费无经，酒食游嬉，相征逐好门向，逞豪华，往往至于倾家荡产，寡廉鲜耻，更不好看相。谚曰：床头金尽，壮士无颜。须谨记之。

禁止邪巫：禁止师巫邪术，律有明条。盖鬼道胜人道衰。国将兴，听于人；国将亡，谄于神。举凡鸡占鼠卜，遣煞遣雷，谩言其佛降生，烧香聚会，斋婆、尼姑、跳神、卜妇、僧道，一切左道惑众，切勿至门。妇女尤信哄诱，骗财犹小，甚至出丑。先当杜其往来，此齐家最紧要者。

慎用家法：家法者，祖宗整齐一家之法也。祖宗规诫，违则法随。但当慎用，毋得偏徇，遂至倾倒轻重，出入舞翻，怕强欺弱，恃尊凌卑，以众暴寡，逞顽辱善，任蠢俗而倒议贤智。甚至酒肉饵贪不揣己身，咆哮祠堂，糊涂使法。此等之人，未暇论彼是非，预先当为惩戒者也。故族内有事，本可宜情理和解则为和解，毋得轻渎祠堂，至关系名教。赴诉族长、房长带赴祠堂，方得击鼓，通族贤达、长幼、尊卑，肃然整齐。彼此焚香燃烛，跪禀教曰："祖灵鉴察，设有昧心欺罔者，愿甘天诛祖谴。"然后族众一同昭告祖灵，曰："裔孙等奉祖宗规诫，以治不肖。代祖鞠勘，两旁毋敢偏徇左袒，如有私情违理武断，列祖在上，阴冥诛殛，无有攸赦。谨此以告。"然后老成与贤达，平心和气，详审情实，参酌议处，彼此心服。小过则赦，大过斯惩，书其过于祠堂。若能悔谢自新，即去犯条，梗顽法惩。如终不悛，事关名教，即出族除名。若久已犯诫，出族之人不在族庭之列，并不得与祠堂之议，第禀告通族，不得擅用酒肉上祠。如有此等明系理亏，希图酒肉之徒附和、偏袒，议事者，既食人酒肉，亦不便与议。须知一法轻用人情，有限天理不容，痛入骨髓，憾及子孙。谨之。慎之。

五、乐昌《陈氏族谱》

【迁徙源流】乐昌陈氏出始祖四十七世祖用广公。谱载：明宣德年间始迁祖用广公自湘灵县入粤，迁徙乐昌河南开基。后本支再移居乐昌九峰上廊湾子等地。明清时期，湾子陈氏后裔分徙上廊、长坪、北坑、旱禾田、横坑、茶坪、王洞、大廊、小廊、坪石等地，部分后裔分徙湖南、江西、台湾等地。

【家训家规】乐昌陈氏家训、家规，谱载列作《家范》《家训》。兹列如下：

家　范

一、尊朝廷：太平之世，声教覃敷。谊隆轩冕，恩德泥涂。普天率土，莫不沾濡。矧吾陈宗，被泽尤殊。金门赐爵，玉册蠲租。稽颡顿足，鼓腹含哺。何以仰答，远者宏谟。出励名臣，处为硕儒。安吾作息，急乃公输。扬诩大化，嬉游唐虞。

二、敬祖宗：陈氏先代，渊源宏远。冥索遐稽，弥深缱绻。德为畤立，功为孰建。宜都以来，滋培不浅。司马参军，日浛流衍。补阙才高，秘临闻显。著作贤嗣，庐峰绝巘。徙乎江州，始基是践。自斯而遥，其绪日展。俎豆勿忘，咸相绳勉。

三、孝父母：父母生我，鞠育劬劳。顾复之恩，自少而耄。几经艰难，以养以教。冀其克遂，悲喜相交。与言及此，心中如刀。谓地盖厚，谓天盖高。跔蹐无报，徙属里毛。遐思古人，其乐陶陶。养惟其志，不惟其肴。致其慕者，涕泣而号。

四、和兄弟：鹡原志喜，雁序分行。维礼与诗，盖有明章。矧蹐圣世，跻乎虞唐。荆花芳馥，接叶联芳。埙篪韵协，手足相将。和乐且耽，庶顺高堂。追维先代，厥有二方。惟其难也，实在名彰。无歌偏及，以致阋墙。千古以来，被止眠姜。

五、严夫妇：人伦伊始，兆自闺门。阴阳之义，亘古常尊。好合可乐，狎昵宜朘。正位内外，各以其分。鸡鸣致警，戒旦时闻。以乐鼓钟，以友瑟琴。梁妻举案，冀妇如宾。惟鸿与缺，道行于身。不知其然，以亵而亲。脱辐至矣，则又何云？

六、训子孙：繄惟义族，后起联翩。兰含春媚，桂馥秋妍。何以栽培，护其性天。巍巍桢干，饱乎云烟。诗书有田，农亩有经。耕食凿饮，为诵为弦。终身远到，基于少年。循矩斯方，受规在圆。非规非矩，遗羞昔贤。父兄之教，在所宜先。

七、隆师儒：圣贤之道，孰与为明。千秋统绪，任在儒生。发聋启聩，鼓振金鸣。石渠白虎，木铎传声。惟其义备，斯感至情。游扬二子，立雪于门。苏章千里，不惮遥程。跋涉艰楚，负笈而行。吾陈东佳，无骛乎名。隆宠师儒，以集群英。

八、谨交游：人生所忌，处独居幽。慧无以发，思无以抽。士农工贾，惟其匹俦。或出或处，气类同求。戒勿知己，比匪非仇。声气是诩，他日为尤。与其为滥，毋宁隘收。金兰善谱，不类盟鸥。少壮一诺，终当白头。风雨契阔，致意缪绸。

九、联族党：江州一族，异流同源。阅十一世，和处笑喧。非吾伯叔，即我弟昆。长幼上下，无寒无暄。驰驱皇路，退伏高原。咸敦一脉，岂有嫌言。二百余口，饔餐同轩。时勤课教，谨笃训勉。有才足论，有勋与展。何疏何戚，门庭欣然。

十、睦邻里：古者八家，同井相助。由近而远，情谊攸著。为邻为里，居游与聚。疾病相持，死丧与赴。患难忧危，戒惊恐惧。謦欬欢逢，寿孝媾娶。伏腊周旋，心融情豫。岁酒同甘，烹宰饱饫。阛阓里闾，倒屣解履。诗称洽比，殷其景慕。

十一、均出入：生财之难，期其亘足。制用有经，积施相续。积而不施，施而不毂。侈靡吝悭，均为簿俗。生齿云多，资用繁缛。老疾殡祭，莫敢不肃。以赡耕稼，以资诵读。家庭内外，持筹仆仆。惟均惟平，度其盈缩。乾糇以愆，为汝曹勖。

十二、戒游惰：凡人之生，畴无担荷。均在四民，责无敢堕。行必期为，志惟务果。奋进而前，犹不与我。矧其嬉游，安而偷惰。既历艰危，无挫坎坷。丈夫志雄，磅礴磊砢。进止帷幄，了如观火。何乃自戕，手足委舜。家范谆谆，名为佩左。

家 训

敦孝悌以重人伦；
笃宗族以昭雍穆；
和乡党以息争讼；
重农桑以足衣食；
尚节俭以惜财用；
隆学校以端士气；
黜异端以崇正学；
讲法律以儆愚顽；
务本业以定民志；
训子弟以禁非为；
息诬告以全善良；
戒匿逃以免株连；
完钱粮以免催科；
联保甲以弭贼盗；
解仇忿以重身命；
明礼让以厚风俗。

韶关林氏

韶关林氏有保昌（南雄）、始兴、仁化、乐昌、乳源等数支，其源郡望主要出自陕西西河郡，谱载：林氏为黄帝三十三世孙比干后裔，比干仕商纣，被纣王焚面剖心，有遗腹子泉生于林石室。武王灭纣，表比干忠德赐泉林姓，改名坚，是为林姓之太始祖，望出西河郡，先秦林氏迁河北安平，秦时迁山东济南，至汉又徙江苏下邳。入晋永嘉五年（311），林氏禄出任晋安郡守，遂定居晋安。晋太宁三年（325），由于外族入侵，祖禄移迁入闽，为始迁祖，后裔播迁闽、赣各地。明洪武至正统年间，林氏后裔迁入粤北翁源、新丰、乳源开基。明景泰六年（1455），又有林宗春、林宗和兄弟由福建武平迁始兴顿岗，分别卜居上台、佛子坳。又有始迁祖林宗泰由福建武平碰背迁始兴。林宗寿由江西龙南迁始兴清化，林士奇于明永乐二十一年（1423）由福建莆田迁始兴，后裔分迁南雄等地。明清时期，林氏后裔遍布韶关始兴、仁化、新丰、翁源、曲江、乳源等地。

乐昌梅花《林氏族谱》

【迁徙源流】乐昌（乳源）梅花林氏出晋安林氏。据《林氏族谱·梅花街念明一朗曾孙佑公派下系世录》载，始祖林佑，原籍潮州府海阳（今潮安）洋标塘。于明嘉靖三年（1524）与妣张氏携带大用、大选、大乾、大纪四子，徙迁粤北，佑公察梅花层峦耸翠，土地肥沃，于是于梅花立基，房建于通京大道两侧，命名梅花街。历数十年农商并举，四子成人立志，又衍派各地：大用分迁军营下坑里，大乾分迁石带狗塘（苟塘），大纪分迁龟上都马溪，大选留居梅花街。选生五子仰峰、朝峰、彦峰、贵峰、少峰，乾生奇，纪生韶、碧。八兄弟裔孙后又迁四处繁衍。至林氏十三世，人口众多。林家再将西京官道侧土地购下，造房开店，遂成梅花商贸盛墟，官道朝京向扩建，林氏于墟悬“十德名门”匾……

【家训家规】梅花林氏家训、家规，谱载列作《家规》，共十则，又作《圣谕广训》（十六条）。兹仅列《家规》如下：

家规

一、教家必先孝悌：孝、友、姻、睦、恤、任，《周礼》谓之“六行”。“六行”敦，必自孝悌始。盖孝悌为百行之原。古人云：“惟孝友于兄弟，施于有政。”尧舜之道，孝悌而已。则教家者，勿得不以此为先哉？

二、齐家必本修身：身修而后家齐。圣经贤传，言之炳如日星。盖身如木之本，水之源。正本清源，斯不劳而自理。若身不修而望家齐，不亦伐其本以求其木茂，塞其源以望流长哉？如是而欲家人受范，未之有也。

三、居家必本自诚：一族中虽有尊卑，老幼不齐，大率与我分相等耳。此固不可以势屈力服也。必本诚意以相流通。故诚于事亲则亲，亲之义生焉；诚于事兄，则敬长之道出焉……

四、整家必肃防闲：家人妇子间，固贵有恩以相亲，尤贵有义以整肃。苟非义正词严以整肃之，而谑浪戏谈，则佻达成风，中勾之羞雄狐之刺所由来也。故必正身以驭家，董之用威，咸知礼义，严畏不敢犯焉……

五、处家必顺情理：处一家中必审乎情之当，理之安。倘我不顾情理而倒行逆施于彼，则彼也不顾情理，而倒行逆施于我。虽欲不令而行，不禁而正，其可得乎？

六、传家必以忠厚：刻薄乃酿祸之胎，忠厚为传家之本。盖刻薄者寡思寡恩，则必惟利是视，虽父兄之前亦悍然不顾，此家之元气所以泻也。子孙欲悠长垂业久远，不以此训，诚乎？

七、在家必宜寡欲：浓酒厚味皆伐性之斧也，软玉温香实迷心之鸩毒。苟沉浸而入其中，则身固由之丧。家亦由此，微然有子孙多蹈其辙者，岂非父兄之教不先，子弟之率不谨乎？此固持身保家之要，慎毋忽而不察也。

八、治家必须精勤：治家固贵乎勤，尤贵于精。惟不勤则不能精。不精，即勤亦无益。朱子云：“黎明即起，洒扫庭除。”此言勤也。又云：“须要内外整洁，既昏便息，关锁门户，必亲自检点。”此非精乎？

九、理家必知节用：一粥一饭，当思来之不易；半丝半缕，常念物力维艰。苟生之者有时，用之者无度，岂非暴殄天物哉？况不虑日后之空乏而用，以快当时之豪举，焉有不困乏之理乎？古人虽冠婚丧祭，必称家之有无以用之，早有以见其深矣。

十、兴家必由积德：无倚势以作威，毋害人以利己。虽有小忿，毋困人于穷迫之时。宁当俭用，莫吝济于贫苦之辈。盖鳏寡孤独，人能怜恤，所以积德也。《周礼》曰：“皇天无亲，惟德是亲。”能如此者，家道有不兴隆乎？

韶关罗氏

韶关罗氏主要出自江西豫章。谱载豫章罗氏，为黄帝裔，开宗于祝融，传至郐公匡正，从武王伐纣，因功封国于罗水之阳，称为罗国。其后子孙遂以国为姓，公支衍派，迁播各地。有罗珠者，仕汉惠帝，为治粟内史，号大农公，出守九江，乃为豫章罗氏始祖。有唐一代，罗氏分迁湖北襄阳转湖南长沙，后裔移居福建上杭。宋罗氏始祖弘正任江西吉安府主簿，由福建上杭迁居江西安远；又有始迁祖罗开国，南宋末为龙图阁大学士，因直谏贬安远州，迁南雄保昌城北门隐居，后裔分迁始兴，分布在江口、太平、花山、罗坝、顿岗、马市、隘子等地；元至正年有始迁祖罗诗材，取进士，自信丰知新兴，过境南雄邓坊，择地卜居。又有罗和，自江西庐陵迁南雄珠玑。明宣德六年（1431），迁居安远罗氏，迁入粤境信宜，景泰七年（1456）由信宜迁入新丰沙田（阳福高），清顺治年间析居遥田、回龙、梅坑、丰城等地。明朝年间，始兴有十数支罗氏自始兴凉源等分迁南雄各地开基。有开基祖罗清泉，于明嘉靖五年（1526）由翁源迁至仁化胡坑坝里开基，谱载罗清泉传八子，分迁仁化各地开基，后裔分迁远徙罗定、湖南汝城等。另有江西泰和罗氏开基祖厥铭，于万历年间迁居仁化扶溪等。

曲江大桥豫章堂《罗氏族谱》

【迁徙源流】曲江大桥豫章堂罗氏支出始兴、保昌。谱载：本支于明嘉靖间自始兴迁仁化周田，始迁祖系罗和。后裔清代分徙大桥、长坝等地开基聚居。部分迁湖南汝城及罗定等地。

【家训家规】曲江大桥罗氏家训、家规，谱载记列《治家祖训》《祖训》《祖诫》等篇，兹列如下：

治家祖训

父子所贵者慈也，子之所贵者孝也。君之所贵者仁也，臣之所贵者忠也。兄之所贵者爱也，弟之所贵者敬也。夫之所贵者和也，妇之所贵柔也。事师长贵乎礼，交朋友贵乎信。

见老者敬之，见幼者爱之。有德者，年虽卑于我，我也必尊之，不肖者，年虽尊于我，我必远之。慎勿谈人之短，切莫矜己之长。仇将以义解之，怨将以直散之。

人有小过，含容而忍之。人有大过，以理而论之。勿以善小而不为，勿以恶小而为之。人有过则谅之，人有善则扬之。

处公无私仇，治家无私法，勿损人而利己，勿妒贤而嫉能，勿逞怒而报横逆，勿非理以害物命。见不义之财勿取，遇合理之事必从。

诗书不可不读，礼义不可不知。子孙不可不教，童仆不可不恤。守我之分，理也；听我之命，天也。人能如是，天必相之。

此乃日常信行之道，若衣服之于身体，饮食之于口腹，不可一日无也，不可不慎哉。

祖训

第一，孝敬父母。人之一身受气于父，成形于母，故曰父母之恩昊天罔极，惟尽诚尽敬，论亲于道。富则守礼，贫则竭力，贵则安分，贱则务本，此即孝敬者也。不然者，大犯则治以忤逆之罪，小犯则惩以违背之条，既乖天伦，即离人纪。

第二，慎终追远。养生者不足以当大事，唯送死可以当大事，此人子之所以宜慎终也。思己身之根于父母，因思父母之根于祖父母，必探其大本，必究其始源，此人子之所以宜追远也。人不为参三财而万物自命，孝子慈孙也。

第三，兄友弟恭。和气可以集福，顺德可以迓祥，而况埙篪有调，式好无尤，宴饮则和乐，且孺死丧则求袖孔怀。故为兄者不可恃长自傲，为弟者不可恃幼自骄，即令我为兄，尤当使弟难乎其为弟，我为弟，尤当使兄难乎其为兄，不然久室操戈，则手足乖离而笞挞加及。

第四，夫妇严谨。夫妇伦常之始，配偶室家之缘，故必敬戒无违，不可流于零露蔓草，致情义之乖离，亦必尊卑有序，不可等夫绿衣黄裳，致嫡庶之颠倒。夫致力于发奋职业，妇必善作贤妻良母，且鸡鸣交警媲美于前贤，读机相伴克肖乎古哲，岂仅求家道之成而已哉。不然，琴瑟不调，鸳鸯有乖，其余不足观也。

第五，亲睦宗族。天下无异姓，人世无殊氏，而况一本同源，九族共脉者，敢不肫肫怡怡，以伸缱绻乐易之情也乎。故不可以富骄贫，又不可以贵压贱，且不可以强凌弱，更不可以尊傲卑，庶几五服雍和九代融泄也。不然，视为秦越待若霜萍，有惭元圣之戒子多矣。

第六，谨重妻配。娶妻百年之好，完配卜世之良，所以承祖祀，接宗祧，吉凶昭告神祇，宴贺拜复姻娅者，此也。故不可贪富贵忘其四德，更不可爱艳冶忽其伦理，且不可纵情欲略其卑贱，并不可任燕婉失其伦常。

第七，嫁赘贤良。原罪而嫁以己子，谨言而配以兄女，古昔至圣已郑重于其先矣。顾不可苟然于其后也哉，故或年龄相当异或位次相等，不必役役于富贵，不必戚戚于贫穷，凡有里长户籍，身家清白，而无废疾担恙者，士农工商可也，渔樵耕牧可也。不然，一日不谨，百年有悔。

第八，敬重斯文。士人读书明理，见多识广，凡事必能洞达，此士所以居四民之首也。盖乡之有斯文，如人之有眉目。无事之时，读古论今，言仁讲义，可以风励乎。乡党有事之时，搦管挥毫，知明处当，可以见重于亲戚，岂非如人之眉目清楚者乎。故一遇斯文，必内存恭敬，外加礼貌。不然，轻亵斯文，则临事眩乱，立犹而墙。

第九，勤业务本。白日莫闲过，青春不再来，此古人警人之怠惰也。莫把真心空计较，清晨莫落非非想，此古人警人之汎滥也。故夫孝子慈孙，当勤心力，以顾父母之养。须切身家，以恢创垂之策。欲求大富贵，须不苦功夫。勤恳修职业，事业必有成。不然，怠惰汎滥，终身悔恨。

第十，忠君报国。人不可尽为朝臣也，而忠报之心则不可以无位。故夫孝子慈孙，戒骄奢，戒淫佚，戒赌博私宰，戒斗殴强横，戒酗酒乱性，戒盗窃败行。安分守己，急公奉上，耕田完租纳税，收租践约善行，借贷清偿，许诺慷慨，则宗新忻欣，而宰令欢欢矣。忠报孰大于斯哉，此尽孝即所以尽忠也。

祖　诫

第一，诫忤逆不孝。父母恩深罔极，而罪莫大于不孝，故不孝无律可逭。凡子孙必恩孝奉养父母衣食，并不得当面抢白父母。

第二，诫倚力犯尊。按律，凡行殴者，应服尊长按轻重究处。同姓亲属相殴，虽五服已尽，而尊卑名分犹存，尊长犯卑幼，或卑幼犯尊长，同当究处。大凡卑幼见尊长，行当让路，坐当起身，循循执子弟礼，即或事故雀角，亦当以理论解。倘若不顾名分，恃力行凶，经核贯属实，轻则认罪，跪谢被殴尊长，重则送官衙依法究处。

第三，诫行奸乱伦。按律，凡行奸者，虽属异姓必按法究处，同为一本九族之亲，并非异姓之可比者乎。凡后嗣子孙，各宜循礼守法，不得行奸乱伦，更或以伯叔兄弟之妻为妻，以侄妇为妻，其事愈显，灭伦甚愈，直与禽兽为伍。倘有此情，决拿重责，削名出族，送官衙究处。

第四，诫邪行盗窃。按律，盗窃行为，国法难容，人人共诛之。凡子孙纵贫，宜各安分守己，以务生业。如有犯盗者，即拿重处，或送官衙惩治，服亲不得异言。

第五，诫赌博游荡。按律，赌博或开场诱赌者问罪。若自来不务生业，专务赌博，酗酒撒泼，则加等问罪。凡子孙，士农工商各就一业，不得游手好闲，闲必事赌，赌必为盗。如犯者，或父兄，或族众，立即拿获教改，若仍不自悔悛改，送官枷责。

第六，诫至期失祭。按律，礼文四时有祭，今吾等乃士庶之家，春冬为重，凡春祭冬祭，依期祭祀。祭祖是敬宗，至期不可推托不祭。

第七，诫侵骗蒸赏。蒸赏，为祖庙食，子孙有能力捐助者，须当记录，不忘其德也。至若耕祖田、批祖地，恃其强横，不完租税，或冒收欺骗者，依卑幼盗尊之律，侵一赔九，不得姑苟，以免子孙受其累也。

第八，诫鬻卖祖坟。……凡子孙纵贫，不得盗卖祖坟，如犯者，即通族众，立拿重责，送官治究。

第九，诫居丧嫁娶。（略）

第十，诫继养失序。（略）

韶关周氏

韶关周氏出江西庐陵脉支。谱载：周氏本为黄帝裔，本姓姬，传至古公檀父，迁岐山，建邑于扶风西北周原之地，国号曰周，因以周为姓。唐末，周氏因避战乱迁居江西庐陵九曲水，以庐江郡周矩为始祖，周矩仕后唐为监察御史，传至十二世，裔孙周彦美于南宋，由吉州迁福建上杭，元至正元年（1341）迁龙县新洽，后移居翁源白石开基，传至十五世以后，裔孙于明初分迁粤北始兴、仁化。永乐年间，翁源周氏分支移居连平，明末清初再分徙迁入粤北英德、曲江、乳源及南雄、始兴等地。清嘉庆年间，有永茂子友敬迁入新丰。另有始兴周氏，始迁祖于明初由福建上杭迁始兴狮茅坝开基，后裔于清康熙年间，分迁南雄上南坑、园岭。园岭周氏始迁祖周永绪，传三代至周元海，撑船谋生，定居南雄城水上新，又始兴周氏主要分布在北山、太平、顿岗、城南、马市等地。又有仁化周氏，出汝南周氏，谱载本支出汉高祖刘邦将周邕后裔子孙周仁，因封汝坟侯，迁籍河南汝南立基，故以汝南为堂号，始迁祖文宾开基曲江，明末从曲江之白沙迁居仁化长江、扶溪官波水立基。另有新丰周氏出庐陵脉支，南宋咸淳四年（1268）复迁入广东五华水寨，再迁入新丰。

仁化长江汝南《周氏族谱》

【迁徙流源】仁化长江汝南周氏出汝南堂脉支。谱载：本支于明初迁自福建上杭，开基祖文宾，明末清初，因频遭兵燹，自曲江迁居仁化长江、扶溪立基，后裔繁衍仁化各地。

【家训家规】仁化长江汝南周氏家训、家规，谱载列作《家训》。兹列如下：

家　训

一、隆孝道，以敦天伦：得亲顺亲，虞帝美传乎。典册以志养志，曾参孝著于篇章。后辈宜谨先贤，当法承欢爱，日须诚竭力之忱；戏彩娱亲，常勤孺慕之念。果其存心孝顺，则彼苍必报以三多。若其蓄志逆忤，而律法已于乎五禁。凡我族属，敬听无违。

二、笃友恭，以全一本：克恭克友，《周礼》传手足之爱；吹埙吹篪，风诗美骨肉之恩。故荆树长荣田家之友于当效，而同眠大被姜氏之天显宜遵。是则式相好无相尤，常存和谐之心。尤其必不藏怒，不宿怨，乃为亲爱之至。慎勿阋墙起党，以致角弓贻议。凡我宗枝，急勉勿懈。

三、亲九族，以昭雍睦：帝尧首重睦族，君子不施宗亲。故凡为一本，宁厚毋薄。而既属九族，宁亲勿疏。尊卑有分，勿以强欺弱而众暴寡。老幼有序，勿以少凌长而小挟大。喜则相庆以结缱绻，戚则相怜以通缓急。如因薄物微故以致败纪坏纲，则家法难容，而族等宜戒。

四、及时祭，以隆追远：如左如右，先圣固有。祭祀之诚，以孝以享。后人宜存追远之念。故绘祀必陈黍稷，而蒸尝当列鸡豚。虽视无形而听无声，事亡勿及事存，然爱乎见而忾乎闻，有诚亦即有格，是则春秋缺祀，而使先灵之恫怨，何如芬苾时升，以受宗公之禧祉。

五、勤醮扫，以杜侵占：安祖固须宅兆，妥先必欲佳城。使其醮扫无闻，则侵占者必多。果尔修培不密，则颓败者不少。所以昔年之汉寝，已为今日之唐陵。故先坟之在远方，麦饭年年宜供。而祖茔之历年，鸡黍岁岁当陈。则颓败之虞可免，而侵占之弊自息。

六、务耕作，以丰衣食：三时以厚生为急，八政以食货为先。故帝王犹重三推，而先圣尚修六府。况草野与情，岂可优游适志。苟芟柞不力，难免石田之悲；若耘耔维勤，自无菜色之患。幸而旱魃无虐，固欣歌坚好之实。即或雨泽愆期，亦可挽于溢之灾。凡我九族，务急三时。

七、勤诵读，以致显扬：朝稽夕考，桓荣一朝而致贵；心唯日诵，李贺七岁以取名。可见志切青灯，海底寻珠不惮劳，则必以心融黄卷，蟾宫折桂有何难。苟其迁延岁月，虚度光阴，慕诵读之名，无研穷之实，纵遇圣明之世，亦抱贫贱之羞。我族后生，慎勿甘居人下。

八、禁奸淫，以端族习：大伦造端夫妇，首恶独在奸淫。故嫂叔不敢通言，古所深戒。男女不亲授，爰礼有明言。倘有不顾廉耻，顿起奸心，始也锁穴相窥，既为伤风而败俗；继也跃墙相从，必致忘身而丧家。上贻父母之忧，下折儿孙之福。家规难逃，国宪必究。凡我子侄，宜佩勿忘。

九、息争讼，以重身命：好勇即以丧躯，守家乃为重命。故刚强取祸处见杀于鞠；居忿激亡身，仲子覆醢于妹。倘遇忿时，急宜思难。若逞一朝之气，遂亡七尺之躯。大则戮于市朝，身首两地，小则倾丧产业，冻馁交加。生无所主，死有余辜。可见小忿当前，须以大量是处。

十、戒赌博，以全家产：猜红疑绿必致败产，押宝斗牌定然倾业。迨至家无斗筲，室如悬磬，非作鸡鸣狗盗，必为拐骗窝逃。发觉经官，频加重罪。赃家固治以断指之律，附和亦拟以笞杖之刑。胡不回首猛思，务本力农，何为聚党成群，招刑取辱。

十一、崇节俭，以惜财用：凡职以开财源，《周礼》有制。六府以厚民用，《尚书》甚详。倘任意奢靡，纵家累千金，恐渐罄于匮乏。必留心俭约，即室存寸玉，乃终至于丰盈。独不思大羹玄酒，可荐天地，亦何必象箸玉杯，以燕宾朋？宁为固陋贻讥，勿作奢侈致败。

十二、慎丧礼，毋失天心：制别亲疏，服分轻重。齐衰斩衰，当奉为不易之法。小功大功，必凛为一定之程。辟踊蒸祭，固尽人子之职。无财难悦，莫作强为之欢。近世奢侈成风，毋因丧亲而退业。不思父母生存，尚贻子孙无穷之策。一旦挥如泥沙，俗云：尽孝恐失天良。

十三、戒婚姻，毋联同姓：太昊完婚，必异姓而通嫁娶。周公制《礼》示同姓不为婚姻。故结纳初婚，宜咨诹于三问，即鸾胶再续，周昧于一时。人伦由此不正，族属因以难端。不惟见惩于姬公，亦且贻讥于后世。况嫂叔转配，尤为丧尽天良，人鬼之所同嫉，族属之所不容。纵谓六礼艰窘，何颜面于九泉。

韶关官氏

韶关官氏出自上官氏，郡望天水郡。谱载：官氏始祖上官子兰公，祖姓芈，为楚怀王稚子，因聪慧贤能，王甚爱之，封地上官邑，因以地为姓，为《荆楚十八姓》著名姓氏之一。唐末黄巢起义，上官氏避乱，南迁福建宁化上杭等地，改姓官，始迁祖官膺。元末明初，为避战乱，始迁祖第四代孙耀、擢、跃等四兄弟，分徙入粤东大埔、海丰等地。明正统三年（1438），福建上杭胜云里官氏七兄弟迁出，入粤北立基。老大千一郎迁至翁源龙仙，老二千二郎和父母官五郎夫妇迁至始兴隘子，其子孙主要分布在隘子，千三郎迁入仁化县南木罗洞，千四郎、五郎迁向不明，千六郎迁湖南宜章长宁乡十四都，千七郎迁英德青塘。清道光十三年（1833）至咸丰十年（1860），千二郎后裔官乾荣父子三人在满堂建起三座大围，合称满堂大围。官氏分布在始兴隘子、太平、司前等地。翁源县境内有少数后裔分居。

始兴清化天水堂《官氏族谱》

【迁徙源流】始兴清化天水堂官氏出明正统三年（1438）福建上杭始迁祖五郎公支。谱载：大明正统三年，五郎公携二子由闽省上杭迁来隘子千家镇定居，后二子将其父五郎公骨灰搬来隘子安葬。由此，官氏繁衍清化二十余世，是为明清始兴四大家族之一。

【家训家规】始兴清化天水堂官氏家训、家规，谱载列作《家规十二条》。兹列如下：

家规十二条

一、重国课：盖自划土分疆，四海共登仁寿之域，耕田凿井，万姓咸蒙乐利之休，我皇上以一人而养天下，吾侪自当效力作而奉一人，此赋税之输，实不容缓也，朱子曰：“国课早完，即囊橐无余，自得至乐”，愿我族人朝廷正供，届期急公奉上，勿致吏扰追呼可耳。

二、重节烈：夫忠孝节烈及男女百岁，例得褒嘉，我族有此人，理宜申鸣，当事转请旌表，倘因孤幼及力乏不能者，族属务宜资助共成厥美。

三、敦孝弟：夫孝弟为人伦之本，爱亲敬长之良，虽孩提之童，亦所能知，克全此者，庶可为人。况圣谕首重人伦，教孝弟至详，且悉我族人，各当敦笃大本，无负天良。倘有不孝不悌之辈，不惟国有严刑，并有干连族长，岂不畏哉。今之人或因只生一子，父母姑息养成，而不知出首，或因衰老力弱而不能首者，凡在三族和邻佑人等，务宜鸣官重治，并削逆裔谱牒，其妇媳干犯者亦然。

四、严冢祀：切祖堂祖冢祀田皆先人所立，心力艰苦所贻，于后人者务宜酌定章程，以为世守，毋得更改。倘有私卖祀产，盗葬祖山并及谋买强占等情，大干法纪，该族长毋得怜恤宽宥而坏纲常。此事关乎大义，故特著之，惟各遵守，倘若干犯，噬莫及矣。

五、重师教：夫“民生有三，事之如一，父生之”，师教之①，则尊师取友，子弟方有成立，日就月将乃可绍继书香，今之人不知择师教子，甚且一曝十寒，则安望其异日之有成也。况人才不择地而生，实由父兄择师之善教，倘或务简便尚浮夸，所以子弟流于不类，贻笑父兄。苟能着意其间，将见斯文日起，门第生辉，我族勿视为寻常可。

六、睦宗族：夫宗族为一本之谊，岂可无雍睦之风。然八家同井，尚且出入相友，守望相助，疾病相扶持，况吾族谊属一本，休戚相关，睦族之道可不亟讲欤，今我族人处邻里乡党，必须礼义相尚，庆吊相闻，而蔼然于里巷间，奕世自应昌炽。至若修祠葬祭，一切义举公件，务必矢公矢慎，协力同心，毋得贤智相先，势力相压，恪遵恂恂圣训，尤见一族和气焉。

七、戒争讼：朱文公云：“居家戒争讼，讼则终凶。”诚哉是言也，一有争讼便伤和气，故人居乡曲邻里而能容忍，不惟能保全身，并且使囹圄生草，讼庭落花。若族中不肖之辈，无故滋事伐害宗族，或挟私仇而压卑凌长，欺弱暴寡，皆名义所关，均属可恸可恨。族长务必秉公理论责罚，使之改过迁善；如若强顽不化，鸣官究治，永不许入祠祭祀。若被外人欺凌者，族间务必出身扶助，以增家光，不得坐视成败。愿我族人忠厚传家，宜折衷朱文公家训焉。

八、饬廉隅：夫砥砺廉隅为立身之大节。无论智贤否，皆宜各修其身，故凡奸淫邪盗，悖逆父母，凌犯尊长，兄弟阋墙，一切极丧天良，实属无耻之徒，循良子弟断不出此。倘族中有干犯者，按事公论，大则处死削其谱名，小则逐出不容归宗。若此，则吾且为斯人哀。然必设立家规，不惜谆谆预白者，亦深望其无蹈罴习，以玷家声，共臻雍睦之风可也。

九、尚节俭：朱子云：一粥一饭，当思来之不易；半丝半缕，恒念物力维艰。凡冠婚丧祭，往来吊庆，称家之有无。倘有不肖子弟，或陶情于柳巷花街，或适意于呼庐喝陆，或快活于山珍海味，或辉煌于锦衣绣裳，

① 出《国语·晋语一》：民生于三，事之如一。父生之，师教之，君食之。

以致身家不顾，倘经查出，严责不贷。凡我族内子侄，各宜循规蹈矩，克俭克勤，以毋忘祖德宗功可耳。

十、遵礼法：《礼》云：有礼则安，无礼则危。庭帏内外，尊卑有分，长幼有序。《易》曰：男正位乎外，女正位乎内，一切纲常之事，皆宜严肃也。兹与族人约：男女不杂坐，不亲授受，外言不久于阃，内言不出于阃。凡侍从应对之间，长者不及，勿谗言，矧可糊混，妄加绰号以为戏谑，各有正大名字，务宜照序称呼，以振家风为幸。

十一、严闺门：尝见妇女朝谒寺观。语云：不敬祖宗，朝神奚益。然世俗每常朝谒，妇女常游寺观，粉饬梳妆，俏卖风流，竟无僧俗之分，实为可羞可恨，而不知积不善之家，必有余殃。圣人云，获罪于天，无所祷也。我族人务宜整肃闺门，无玷家风为幸。

十二、重作养：从来人家发越①，荣耀门庭，必培植子弟为先，倘任其安逸，不为教读，虽有聪明子弟，流为下愚矣。昔黄状元家训云：不读诗书纵富万金，定遭愚人之论；能通经史，虽穷四壁，堪称儒士之门。至哉言乎。愿我族人各宜遵之，为祖宗增光，慎毋惜资财而借口儿孙之愚顽可矣，异日光大门庭，荣膺封赠，吾族有厚望焉。

凡十二条皆为齐家之道，注析详明，只求易晓。属在同族，凡有家长父兄之责者，各宜时时教诫，严加督责，勿以语意庸浅，而置之度外可也。

---

① 出司马相如《上林赋》：郁郁菲菲，众番发越。指香气射散也。

韶关胡氏

韶关胡氏主要有新丰、乳源、南雄、始兴、仁化等数支。谱载新丰胡氏，祖籍河南淮南，汉高祖时迁宁夏安定胡家坊开基，南朝宋初年迁江西豫章奉新华林，宋建隆三年（962）迁庐陵（吉安），建炎三年（1129）因金兵入侵，避难迁入福建长汀胡家坊，元英宗至治元年（1321）再由长汀迁至永定。明洪武元年（1368）迁入上坑溪南里，明天顺元年（1457）入粤迁惠州府，至嘉靖年间，迁入长宁（属惠州府新丰县）遥田开基，后裔析居回龙、沙田、梅坑、黄陂、马头等地；又谱载乳源胡氏，唐末由江西迁入乳源，始迁祖为杖来公，本支传至第四代胡宾王，南汉大宝元年（958）中进士，其后裔繁衍分布于云门、江湾、登云坊、官溪、大唐等地，旧乡民有清明节，共祭胡宾王之墓俗；又南雄、始兴胡氏，于明洪武四年（1371）由福建上杭迁南雄府保昌，后裔分徙河源，再迁翁源新江南塘开基，始迁祖为千一郎。后裔一支迁坝仔上爱，一支迁始兴分布在太平、城南、沈所、马市等地，另有分支迁仁化等地。

南雄始兴《胡氏族谱》

【迁徙源流】南雄、始兴胡氏，出福建上杭，迁南雄珠玑巷支，始迁祖扶摇公。始兴四地《胡氏族谱》载：扶摇公，字起鹏。胡氏满公第七十四世孙，举进士，历迁郎中，官至广南路廉访使，授韶州判。迁始兴立基，后裔分徙始兴满塘、沈所、墨江清化及小江坝诸处。

【家训家规】南雄始兴胡氏家训、家规，谱载列作《胡氏谱房永远定规》与《胡氏家规训词（八则）》。兹列《胡氏家规训词（八则）》如下：

胡氏家规训词（八则）

一、隆孝敬：人子一身皆父母所生。当其未生，则十月怀胎。及其已生，则三年怀抱。幼而抚育，顾复长而读耕。婚配费尽几许心力，受尽无限劬劳。迨子既成人，亲将衰迈。为子者，务宜竭力奉养，时加爱敬。事生母宜自然，事继母事亦然。毋顺妻而逆亲，毋厚子而簿亲。生葬与祭，悉尽诚心，此百行以孝为先也。各房子孙如有忤逆不孝敬者，一经宗族证明，即传合族房长处办。初犯重责，再犯出族。

二、笃友爱：兄弟者，分形同气之人也。为兄则须爱弟，为弟则须恭兄。同母之兄弟，固宜相爱，异母之兄弟，亦宜相亲。同处之兄弟，固须相商，异处之兄弟，亦须相顾。毋存私以害公，毋纵情而害情，而害义，毋德妇言而乖骨肉，毋因财产而斗争，操戈同室，万古罪人。此和气所以致祥也。各房子孙有不敦友亲者，即传合族房长，重责不贷。

三、教弟子：有子不教父之过，有弟不教兄之过。人之气禀有清有浊，有明有昏。其清而明者教之读，浊而昏者教之耕。读者不可徒掠虚名；耕者不可使不识耕。读所以为大也，为父兄者，总须教以义，教以廉耻，教以孝弟忠信。即或改业商艺，亦须各安本分，各守范围。各房子孙有不如是者，重责其子弟，并责父兄。

四、择婚嫁：柏卢先生治家格言："娶媳求淑女，勿计厚奁。嫁女择贤良，勿贪厚聘。"即我瑷公亦言，嫁女必择胜吾家者。胜吾家则女之事，人必敬必戒。娶媳须不若吾家者，不若家则媳之事，舅姑必执妇道。各房子孙务遵二公之明训，斯可无玷家声。

五、慎交游：孔子有言曰：与善人交，如入芝兰之室，入而不闻其香，与之俱化矣；与恶人交，如入鲍之肆，入而不闻其臭，亦与之俱化矣。能交君子，必不致为小人。若交小人，必不能为君子。近朱者赤，近墨者黑，习与性成，势所必然也。故人生在世，必交上人，各房子孙宜慎之于始，方可无悔于终。

六、惩奸淫：万恶之多以淫为首。好淫者短寿，乱淫者绝嗣。古语云："我淫人妇笑呵呵，妻子淫人意若何？"又曰："为人莫欠风流债，借得来时还得快。近报在本身，远报在儿女。"天道好还之理也。败名丧德，莫此为大。杀身亡家，从兹不免。各房子孙如有奸异姓妇女者，重责；奸同姓妇女者，出族。

七、禁赌烟：赌烟者，耗家之媒，盗贼之数也。迩来世风赌博，洋烟争趄，覆辙不知猛醒。必致废时歇业，败尽家资，丧尽廉隅。甚且甘为倭盗，甚且鬻卖女儿。上则玷辱祖宗，下则贻害孙曾。各房子孙有犯于此者，重责，务宜痛惩力戒。

八、戒斗讼：凡人有横逆之加，不平之事，自揆理直，惟向房头、族长、正直无私之人申控理论，从公处断，即可息讼。切勿好为斗殴，逞一时不忍之气，惟终生不测之灾。又轻赴有司，效武断乡曲之行，致构讼官厅之累。盖斗则致伤，不伤己则伤人。伤人者，律有明条：讼则受累，虽累人，终累己。累己者家必退败。至于本家兄弟叔侄，尤宜平和论理，切勿使气斗讼。惟冤情重大者，不在此限。各房子孙须知勉。

韶关钟氏

韶关钟氏出颍川堂分支敦睦堂一脉。其分布于粤北南雄、始兴、乐昌等地。谱载：乐昌钟氏于明万历年间，由江西赣州迁入九峰文洞，开基祖为祖勤，后裔分布在九峰、北乡、廊田、大源和乐城等地。南雄钟氏，为汉钟离眛之子钟接之后，南朝梁元帝时，临海令钟宠为避侯景乱迁居赣州，其后裔分迁赣南、闽西等地，而后有多支分徙南雄。另有一支为钟仁清之后裔，本支祖居河南许昌，南宋末，仁清任雷州主簿，任满北归，途经南雄，见山水秀美，乃携家卜居于此。再有始迁祖钟仁绅一支，宋淳祐三年（1243）仁绅举进士，任肇庆路总管，宋咸淳二年（1266）北归，闻元兵逼境，遂卜居南雄。明洪武十九年（1386）又始迁祖钟叔敬，因避寇乱由龙南迁徙入南雄定居。始兴钟氏，其出迁始祖钟理政支，谱载：唐末理政公官拜参军校尉，金紫光禄大夫，上柱国，居福建汀州。至元末明初，其后裔南迁始兴开基，历数代二百余年。明末清初，有三十九族分迁南雄。

始兴敦睦堂《钟氏族谱》

【迁徙源流】敦睦堂是颍川堂的一个分支。谱载：朱温篡唐，改国号大梁，有钟氏理政公为保存忠节，不事二朝，弃官退隐，卜居汀州筑室隐居，取名同睦村（现同睦坑），后人以此为本支取名敦睦堂。传至第十八世祖仁山公，于元末元统三年（1335）由闽汀迁入始兴，为钟氏迁始兴开基祖。

【家训家规】始兴敦睦堂钟氏家训、家规，谱载列作《钟氏先训》《钟氏宗范》《钟氏家规》《家谱条约》等篇。兹仅列《钟氏宗范》《钟氏家规》如下：

钟氏宗范

一曰正伦序：别上下，辨贵贱，而一民志，莫言于伦序也。伦序不正，则纪纲紊乱，则华夏无异于夷狄，至戚无异于途人，上下何由而别，贵贱何由而辨，民志何由而一哉？故立伦序之范。

二曰慎婚姻：婚姻为人道之首，万化之原，不可以不慎。昔人谓嫁女必须胜吾家，娶妇必须不若吾家者，盖若其执妇道，知敬戒，以德配德也。其所谓胜者，亦不过富贵略加，名位略崇，差胜于吾耳，岂良贱大不相等之谓哉？故立婚姻之范。

三曰敦祭祀：祭祀所以报本也。人而不知报本，则豹獭弗若矣。观乡邑中之于祭祀，大都仪物虽丰，而诚意鲜至，祭典不经，仪节疏略，有祭亦犹之乎无祭耳。故立敦祭祀之范。

四曰兴学校：人伦之所由明，礼仪之所由出，实关于学校。学校不兴，则去禽兽也不远矣。就如世俗，所谓学校，上则取青紫，建勋业，次则窃禀禄，为士儒，引纸行墨，皆学校之所系也，故立兴学校之范。

五曰息争竞：争竞，凶德也。夫人必自侮，然后人侮之。苟能平心下气，谦德隐忍，则争竞奚自而生？奈何好勇斗狠之风，炎凉势利之尚，在在有之，而吾族殆有甚焉，其何以为熙皋之民，名宗之裔也？故立息争竞之范。

六曰输钱粮：钱粮者，乃士民之首务。诚能依期封纳，则上官无催科之扰，吾人得享安晏之乐。故立输钱粮之范。

七曰惩奸伪：风俗日偷，奸伪日长，其为害可胜言哉！夫羞恶之心，人皆有之。今使有人叱吾为奸伪之流，吾必然艴然而怒及其人。不知吾弗为之，心恶其名，而身蹈其事，羞恶之良心终灭矣。虽欲因其良心而化导之，奚可得乎？此政刑之在，斯世所不能免，故立惩奸伪之范。

八曰释小忿：释小忿，敛福之本基也。人与人共处日久，安得无你我互碍之处？但非不共戴天之仇，何必记念心头。苟自反而非，须当抚衷改悔。即自反而是，亦当大度包容。有等局量浅狭之夫，往往以些须微嫌，务必寻衅而报复之，迨至衅无可乘，反借旁人之事，以泄己愤，却自己隐名匿迹；或以无造有，或以虚作实，暗中使咀，言言可信。其人不知而中其术。遂致彼此伤产破家，结为子孙之怨而不可救。斯人也，想必自矜得计，殊不知阴骘大损，究为天道所不容。语云“害人终害己”，吾族以为然否？故立释小忿之范。

九曰尚勤俭：勤劳俭朴，乃保身持家之大本也。士勤则学日进，农勤则仓日积，工勤则艺日精，商勤则货日溥。以致内外上下之人，皆能济于勤俭，其不丰且裕者几希矣。故立尚勤俭之范。

十曰严约束：约束，所以一象志也。纲维赖于肃，礼法赖于行，趋向赖于定。苟约束不严，则人心离决，事无统纪，虽有严刑峻法，何由而措？纵能勉强措之，亦终不能信服于人矣。故立严约束之范。

钟氏家规

人生不过于伦常，而伦常莫严于名分。敦睦九族，人伦攸叙，定分不可越也。今后凡长幼相接，称谓必依辈行，座次必分先后，不得骄富贵，矜才能，恃强肆横，欺蔑尊长。而尊长亦不得恃尊压卑，挟长凌幼。假使遇极难处之事，极难忍之辱，须念你我均一体，属应听长者解释，则忿恨不平之气自此潜消，而仁让和睦之风亦从此兴矣。式好相，无相尤，诗言不足信乎?

族间子弟，当童稚之年，惟嬉戏，莫思古道，皆因骄惰所害。为父母者，切勿姑息。乘其天真未漓之日，须延塾师严课，朝夕教以孝，于亲敬，于长友，于兄悌，孝悌忠信，礼义廉耻等事，反复开导，彼耳目既清，德性日复，及出现先生长者，谦恭逊顺，不敢骄傲放肆。此等弟子，虽幼必是贤肖子孙，及长便是圭璋令器。为弟子者，不可不勉。

族四民之业，各有专司。为士者，期许必要远大，潜闭芸窗雪案间，刻苦钻研，自有扬名显亲时候。或资禀愚鲁，家贫不能延师，须教以方及医卜诸事。苟能各执一艺，则志气专而众诱远，艰苦尝而艺亦精矣。虽不能大显门户，亦可有营生保家。况子弟所习，不过耕读二者，故良农不为水旱不耕，良士不为未遇不学。若袖手游食，饥寒困迫，所行必多越礼犯法，所为必至流荡邪辟，甚而结党聚类，酗酒赌博，犯上作乱，无所不至，身家莫保，辱及祖宗，良可哀悯。

……

财谷借贷之类，不无争长竞短，以伤同气。凡此当辨虚实，富者不可瞒心昧己。或事属一房，则请房长开释；事属一族，则请族长识理者处明。如不经投房族，恃刁好讼，经控官府，众察其实，出递公呈，以为逆祖训之罪惩治。

族中为外姓所欺，家族诮协力扶持之，毋坐视其覆也。或外姓理直，族庭自当劝解，以见吾族之大纲也。一元旦为一岁之首，本家子侄群集祠上，交相罗拜，以免登门贺岁。

韶关饶氏

韶关饶氏出始兴，谱载，饶氏第四十五世祖元亮公，系长江以南饶氏太始祖，传至六十六世祖万兴公，于明正统初年（1436）由福建龙岩迁始兴黄田开基，九年后定居总铺营下。旻禄公于明景泰元年（1450）由福建上杭迁始兴水口开基。另有均义公于明景泰二年（1451）由福建武平迁始兴溯源东山水开基，后裔分布在始兴、南雄、曲江、仁化，以及江西赣州、赣县、南康、大余、信丰、崇义等地，后裔远徙广西、四川、湖南、贵州、云南等。

另有一支于明代由福建迁入乐昌，开基祖为永聪公（五三郎），分布在乐昌河南、梅花、白石等地。

始兴《饶氏族谱》

【迁徙源流】始兴饶氏源出山西平阳。传六十二世济宇公，迁居大南坑幅村，生四子，一郎公居武平，二郎公迁上杭，三郎公迁龙岩，四郎公迁大埔。传六十六世龙岩万兴公，于明正统初年，迁徙始兴。据《饶氏族谱·重修联谱序》记：明正统初年，六十六世万兴公由龙岩迁始兴黄田开基，越九年，定居总铺营下。又有旻禄公于明景泰元年由上杭迁居始兴水口；有均义公于明景泰二年由武平迁始兴溯源东山水安居，命二世开基跃溪都上庄村。

【家训家规】始兴饶氏家训、家规，谱载列作《祖训十则》。兹列如下：

祖训十则

一则孝弟宜敦：有子云：孝弟为仁之本。《孟子》云：人人亲其亲，长其长，而天下平。可知孝弟为人生之首务。为子者，当思有以服劳奉养，尤必体其心志。万一遭人伦之变，亦必善全乎骨肉，毋伤乃父之心。至弟有伯兄，尊曰家长，则当推事亲以事长，使如手如足，敬爱弥周。庶处则为孝子悌弟，出则为一代伟人，各宜禀遵，毋违是训。

二则宗族宜睦：范文正公之言曰：宗族于吾固有亲疏，自祖宗视之，则均是子孙。能以祖宗之念为念，自知宗族之宜睦也。乃有不肖者流，或以意见偶乖，顿失宗亲之义，甚至小嫌细故，借端泄恨，恃其强横，诬善良为奸盗，群起而倾其家。如此浇风，殊堪痛恨。吾族中倘遇此等人，合族自当共斥，或约族中正直绅耆，送官究治，以儆强暴，庶不失雍睦之谊焉。

三则乡党宜和：窃念此间相接，缓急可恃。家有贫富，概接之以温厚；邻有强弱，皆处之以谦冲。谈言可以解纷，施德不必望报。倘睚眦小忿狎昵缴嫌，一或不诫，凌竞以起，因而互相械斗，屈辱公庭，甚至报复相寻，靡有底止，大非安生业长子孙之计也。尔其鉴诸。

四则职业宜专：凡士农工商，各有正业。当思各勤其业，毋得游手好闲，惰其四肢，否则背业而驰，势必入于邪避赌博奸盗，败家破产，无所不至。甚至流于下贱，甘为差役，恬不知羞如斯人者，有玷门庭、上辱祖宗，为吾族中所宜共恶也。宜慎之懔之。

五则子弟宜课：古者八岁入小学，至十五岁，各因其材而归于四民，秀异者入大学而为士，教之德行。愚谓子弟之成败，关一家之盛衰。人之爱子，尚有力者，务宜延请有品有学之士，隆其礼意，使之当教为孝、悌、忠、信。所读须六经论孟，明父子、君臣、夫妇、昆弟、朋友之节次；读史知历代兴衰治平措置之方，至料举之业，志在登科发甲，所谓求在外者得之有命是也。

六则名分宜正：凡上下尊卑、长幼贵贱，各有定分。毋得紊乱。《论语》云："名不正则言不顺，言不顺则事不成。"可知分所关断不容苟。吾族中有继嗣者例宜立贤、立爱，而昭穆务求其合称呼，方不混淆。万一得异姓之子，养为式毂，谱内刊刻一子字，以广推恩之义，是亦为宗族中立权变之方也。

七则纶纪宜肃：男正位乎外，女正位乎内，男女有别，礼之大经。倘有不顾廉耻，悖理乱伦者，此名教之罪人，族中所不容也，通族查实，抹名黜族，永不许载入谱内。第事关名节皂白，务必分明，如有挟嫌而冯空架热，使捏抱不白之冤，不诬罔之罪，律有明条，合族亦所共斥，不肖者知所惩戒矣。

八则争讼宜息：太平百姓，不登讼庭，便是天堂世界。盖讼事有害无利，要盘缠，要奔走，若造机关，又坏心术。虽万不得已，只宜从直告诉，又要早知回头，不可终讼。切不可听讼师、棍党教唆，财被人得，视自己当省之，省之。

九则窝匪宜诫：《周易》曰：比人匪人，不亦伤乎。晏子曰：君子居九择邻，所以避患也。可知奸猾浮荡之徒，为非作歹之人，断不宜利其财物窝藏，以干国宪。吾辈不交游手无籍之徒，不为行险侥幸之事。如此，则井里安然，鸡犬无惊，不亦善乎。

十则邪巫宜禁：夫禁止师巫，律有明条。一切左道惑众，诸辈宜勿令至门。至于妇女，识见庸卜，更喜媚神徼福，其惑于邪巫也，尤甚自风俗日偷，斋婆、卖婆、跳神、卜妇、女相、女戏等穿门入户，人不知禁，以致哄诱赀财，甚有犯奸盗者，为害不小，各家须宜预防，杜其往来，以免后悔。

韶关聂氏

韶关聂氏出河东堂支，分布在南雄、始兴刘家山、城南、澄江及翁源、曲江等地。谱载：聂氏鼻祖聂崇义，北宋建隆元年（960）进士，官户部侍郎，八传至尧。元代避乱徙居福建武平，传十二世至聂亿培、聂亿埙，生八子，分别自武平迁始兴良源、澄江、沙坪、新村等地开基，后裔自明嘉靖至清乾隆分迁南雄上河塘、横水、里东、司马窝、牛皮桥、大坪等地。又有后裔分迁翁源、曲江等地。

始兴河东堂《聂氏族谱》

【迁徙源流】始兴河东堂聂氏，出福建武平支。谱载：始迁祖聂崇义后裔于元避乱，徙居福建武平，传十二世至亿培、亿埙两公，生八子，分徙入粤开基始兴，为浈凌、墨江立基之祖。至明正统七年（1442），又有崇公偕男宗富、宗贵、宗禄、宗爵诸公，同来始兴择居新村；明正统年间，另有善公、远公亦偕宗仁、宗海、宗允、宗显诸公，开基始兴，卜宅良源。明清间，再有迁始祖志缘、志鹄、志鲲，迁徙兴邑，卜宅黄泥嵩。

【家训家规】始兴河东堂聂氏家训、家规，谱载列作《家训》，共二十一则。兹列如下：

聂氏家训

敬天地：凡人富贵贫贱，命各不同，顺逆穷通，境时或异。切不可因我之失意，遂怨天而骂地。须知非天则雨露且无施，非地则托足且无所。是天地固万物之父母，岂可忽乎，尚其敬之。

修祖祠：祖祠有合族共建者，有一乡各造者，要皆灵爽式凭。厅内须时勤洒扫，免致秽污不洁。早晚务点灯，朔望宜礼拜。稍有坏漏，必请工匠修整。毋令瓦解土崩，庶先灵妥，而后裔克昌矣。

勤祭醮：自来坟墓独穴者少，大抵非与同姓相连，即与异姓共壤者为多。每年春分时候，无论远近，务宜登坟祭醮，拔开荆棘，削清界限，自不致日久遗忘。以启外人迁葬，以累后人争端。尚其遵之，毋忽。

振蒸尝：蒸尝有先人所遗者，有后人所起者，要皆宜设立规条，始得永久弗替。今与族中约，递年祭祖所有领借尝谷、尝钱，以及值理尝数，收捡钱谷者，春分时务宜交清，毋拖久，毋吞骗。庶或丰或薄，年年得以享祀不忒矣。

尽孝道：父母之恩，昊天罔极。凡为人子，即循分尽孝，犹难酬报，岂可不听教训，忤逆忘形乎。故必承欢顺志，始为无忝所生。

笃友恭：兄弟如同手足。兄友其弟，弟恭其兄。有事则相商，一团和气。外侮不得而入，家道自然兴隆。苟听妇言而伤骨肉，因小利而致阋墙，则有乖天显矣。族其凛之。

睦宗族：亲戚故旧，尚宜接之以礼，况在一本，岂可视为路人乎？惟愿同宗族人等伯叔不以远而或侮兄弟，不以疏而或轻长幼。必经序相接，尊卑必以分相联。喜则相庆，以结其绸缪；戚则相联，以通其缓急。斯雍睦昭，而仁让之风见矣。族其知之。

设学校：子弟年方幼冲，智识渐开，成败未定，故必设立学校，延师教训。纵不获尽是毕业，而所游有常，所习有业，亦不致走入非为。且久在其中，应多认得几个字，日后也省得许多求人。况又入官者，原由学古。历观古今，满朝朱紫贵，尽是读书人。则学校之设，不重乎？

重绅耆：绅士为一族之望。入里而问其族之有无绅士及有绅士之多少，即可知其族之兴衰。若何？至若耆老历世日久，族中兴败之故，目击详明。我从而问之，自可援为法警。所虑为绅耆者，自身不正，变为土劣，不堪作仰，先自侮也。果公正廉明，品行端方，乡党将视为仪型，且风俗由是表率，毋可不重视其人乎？

课农桑：衣食之道，虽生于天，养于地。然衣之所由成，必资乎纺织，食之所从出，必借乎耕耘。惟愿族中人，女勤织，男勤耕。勿好逸恶劳，勿始勤终怠，则饥自不患无食，寒自不患无衣矣。

务勤俭：勤则有功，戏而无益，古有明训。然使勤而不俭，衣好好鲜丽，食求甘美；一日之费，终年积之不足，则虽取尽锱铢，安能当此用如泥沙乎？故又必量入为出，举凡房屋器用，衣服饮食之类，以俭约为主。至于冠婚丧祭，贫富不同，厚薄亦要各随身家。富庶者不致贫，贫者可致富矣。

寻职业：凡人耕读而外，手艺亦可以谋生，买卖也可以度日。苟不寻职业，游手好闲，坐吃山崩，衣食何从而兴乎。

完钱粮：开疆辟土，君上之耗费，由来甚多。而又复为之颁官禄以治我民，给兵饷以卫我民，则知其仓廪府库，诚非厉民自养，而封纳钱粮实为惟正之供也。故必依限而纳，非顽梗闾阎；倘或预期先封，尤是淳良百姓。

端族习：学龙，学狮，本是戏耍，犹为无害。近来族内好学戏文，到处演唱，在彼自以为乐事，父兄且以有荣。讵知上台弹唱，贱之者。且目为优家作色装形，称之者，亦止呼为班子。究其途，本同娼，及其后不得试捐，此种陋俗，切莫再蹈。

禁赌博：盗窃为乡中所患，而要莫患于乡之有赌博，引类呼朋，彻夜通宵，门户不关，往来无度，善良实在难以防。闲宵小自易乘间行窃，况乎赌博者，即多穿窬，始而变卖祖宗田产，一掷而尽；继而盗典妻孥，服饬孤注。复空从此计生鬼蜮，或私自偷乎内，或勾夥窃乎族中。赌博里，往往出此。凡我族人，尚其禁之。

戒洋烟：洋烟一项实属番奴贻毒中国之物。试观世人吃之者，身本魁梧，倏忽变为瘦弱。家原丰厚，须臾立见消亡。分明是烧人场，陷人阱，何竟甘投其所，溺其中，尚其戒哉。毋曰逢人奏乐，事在不妨。使上瘾已久，亦宜力绝。斯身家可保，而俗无偷薄矣。

惩淫风：万恶淫为首。苟日出夜游，奸淫为事，虽属异姓之家，或强，或和，亦必分究。况在同宗，非我婶嫂，即我女媳，岂可渎如禽兽乎？凡我族人，务宜秉礼度义。须知男女有别，内外莫紊。倘乱伦不顾，定出族不容，尚其凛之。

正闺门：（略）

定婚嫁：男大须婚，女大须嫁，情本应当。然嫁女只取佳婿，毋索重聘；娶亲务求淑女，勿计厚妆。此文公治家之训，实千古不易之规。至若同姓联姻，分明渎伦禽兽。岂独羞贻族党，亦且见笑于名门。凡我族人，慎毋出此。

息争讼：凡人非有深冤大仇，只此些小相争，自宜听家庭劝释，不可过为执拗。须知近来有一种播弄是非之人，到想于中取利。无事唆成有事，小事挑成大事，倘或误信其言，纵使打赢官司，而衙门费用已不知送了许多银两矣。更难解者，有等徒逞一时之小忿，遂斗殴以丧身，又或只因一时之口角，竟自尽以毙命。如此轻生，尤属愚昧。凡我族人，尚其戒之毋违。

惕酗酒：敬客宴宾，酒以合欢，固不能废。第饮而有节，不可过量，不然流连无制，必致丧德失仪，而贻笑高朋，甚而犯上作乱，无所不为。及至酒醒，悔之已晚。凡我族人，尚其惕之。

寻职业：凡人耕读而外，手艺亦可以谋生，买卖也可以度日。苟不寻职业，游手好闲，坐吃山崩，衣食何从而兴乎？凡我族人，尚寻勤于职业。

韶关徐氏

韶关徐氏支出多脉，在南雄、始兴、翁源、仁化、乐昌、曲江、乳源、新丰等地均有分布。谱载：徐氏出东汉南州（南昌）高士徐稚之，本支原居浙江台州，始迁祖徐芹，系徐拱之长子，徐拱曾任南雄知州，后迁高州知府。南宋末，徐拱应文天祥召，破家勤王，兵败后卒于赣州，后裔辗转迁徙，由闽入粤，分徙始兴等地。长子徐芹于元至元年间，投奔南雄义友汪居至，择地上朔开基。自元至正年间始，分徙始兴徐氏后裔，分迁粤北南雄等地。明朝初期，有福建上杭徐氏迁仁化附城狮井、岭田等地开基。又有新会徐氏迁乐昌九峰等地开基，至明嘉靖、万历年间，迁徙之风达到高潮。始兴徐氏后裔大量分徙南雄等地。

始兴寨头《徐氏族谱》

【迁徙源流】始兴寨头徐氏出东汉南州高士徐稚之一支。《徐氏族谱·维修徐氏宗祠序》载：始迁祖徐拱，南宋时因官南雄知州，迁保昌，后再迁高州知府。南宋末，拱应文天祥召，破家勤王，兵败卒于赣。后裔迁徙，由闽入粤，分徙始兴寨头开基。元至元年间，拱长子徐芹再复徙南雄，元至正年间至明万历年，徐氏第十四世祖与十七世祖（元尊），自始兴寨头遍徙南雄各地开基。清代乾隆年间，再有寨头徐氏祖迁往保昌下徐村。

【家训家规】始兴寨头徐氏家训、家规，谱载列作家约条规。择其《家约》列记：

家　约

一、吾族田固当耕，书尤当读。俗云："有田不耕成荒土，有书不读子孙愚。"又云："学则庶民之子为公卿，不学则公卿之子为庶民。"愿吾族耕固贵竭力，读尤当殷勤。

二、耕读之外，百艺可随身。《诗》云："人生百艺可随身，赌博场中莫去亲。可使英雄为下贱，能交富贵受饥贫。衣衫褴褛亲朋笑，田园消磨骨肉嗔。不信但看乡党内，眼前衰败许多人。"吾族子孙俱宜以耕读为主，崇尚礼仪，切勿非为，违者黜之……

三、正名分，治家之大务也。（略）

四、纳钱粮，供上之大分也。各宜依期轮纳，毋得拖欠，自取差役追呼。违者受罚。

五、守祭田，享祀之大本也。耕纳者，须岁时相仍。倘有私自盗卖盗买、抗租等项，追究收复，重究不贷。

六、安生理，治生之大计也。举族除老疾外，不可无事居家，以杜逸则思淫，相聚为非之患。

七、慎婚姻，万世之大纲也。（略）

八、禁奸淫。夫奸淫之事，大伤风化。逞一时之欲，内不顾尊长亲疏，外无论联姻戚属。倘经察觉，男女俱出，不容入谱，决不徇情。

九、禁拐盗，正本之大化也。拐诱窃盗，多出无耻之徒。族有此类，查实重究，以免大患。

十、息争讼，保家之大要也。事无大小，以忍为上，甚则入祠公断，勿遽成讼，违者罚之。

十一、禁侈靡，还淳之大机也。婚姻丧祭从俗宜，无许过费侈靡者，规之：凡人每多置良田，广起华屋以遗子孙。今告我族，不必别寻良田，孝悌即是良田；不必另起安宅，仁义即是安宅。若能入孝出悌，耕作良田，由仁居义，住此安宅，则三槐可继，五桂可续。麟趾呈祥，凤毛献瑞。螽斯衍庆，奕世昌隆。

十二、重谱牒，敦本之大道也。族谱之设，为子孙知源流，考真伪，祖宗之所载，支脉之相传，所关甚重。凡受谱者，务宜谨守世袭，藏之。

韶关郭氏

韶关郭氏脉出汾阳堂。谱载：郭氏本周王季之后，为周文王卿士，封于虢。春秋时，虢为晋所灭，其族出奔京师，就城郭而居，且虢、郭之音相近，因以郭为姓。望出汾阳，以郭敬之为第一世，唐汾阳王郭子仪为第二世，郭子仪生八子，长子曜、六子暖的后裔辗转迁播于赣南、闽西，而后分迁保昌。南宋乾道间，始迁祖文林郎、连州刺史郭崇蛟，寓居南雄城，致仕后，游于浈昌，雅爱浈昌山水，乃携家自江西吉州迁入南雄浆田开基，后裔衍播南雄、始兴各地。入明后，迁信丰、始兴汾阳堂郭氏，分徙南雄、翁源、乐昌各地开基。其中，明正德年间，有始迁祖石洲公，自江西迁入乐昌九峰开基，后裔分布九峰、梅花、罗家渡廊田、北乡、大源等地；有福建汀州上杭郭氏，迁翁源新塘铺（新江）开基，直至清末，迁徙粤北各地开基，郭氏后裔繁衍不断。

翁源莲花汾阳堂《郭氏族谱》

【迁徙源流】翁源莲花村郭氏一族，出自汾阳阳曲。据翁源汾阳堂《郭氏族谱》载“郭氏溯源诗”记：郭氏之源在阳曲。谱载明正统年间，郭氏应祥公自闽白崎迁翁源开基，立业莲花村，由此，郭氏后裔繁衍翁源、曲江、乳源等地。

【家训家规】翁源莲花村郭氏家训、家规，谱载记有《郭氏祖训》《郭氏家训》等。其中《郭氏家训》列有引并附《勤勉八则》，兹列如下：

郭氏祖训

尊祖：物本乎天，人本乎祖。本培其根，枝叶盛茂。小养其源，河海纳吐。比人禽兽，谁不震怒。惟豺与獭，生知报哺。亦有狐狸，死首邱顾。何以为人，不念尔祖。时祀匪懈，受天之右。

敬宗：惟祖有功，惟宗有德。亦有积德，以衍今日。宗之有祖，惟尔之食。宗之有类，惟尔之锡。贻孙其谋，子以燕翼。敷时绎思，寝成斯变。雨露时降，凄惨怵惕。人不敬宗，是谓伐德。

事亲：父兮生我，母兮鞠我。不离手里，不属于毛。饥寒衣哺，疾痛抑搔。子路负米，虽贫亦多。温裾一绝，痛恨如何。亦有慈乌，守林夜号。

报德罔极，棘人伊蒿。哀我人斯，三复蓼莪。

睦族：惟吾氏族，人百其身。惟吾氏族，其初一人。一木而分，一气而陈。陈陈相因，是以百身。身有其心，亦一其心。大小相恤，礼义相成。患难相扶，疾病相临，尔族既睦，受天之庆。

郭氏家训

引：凡为家长，谨守礼法。以振家声，以树勋烈。尊卑有序，长幼有别。昆弟安和，岁礼丰洁。子孙谦恭，孝敬无阙。勿习怠荒，勤敏学业。从善孜孜，企仰先哲。亲戚有恩，馈问无辍。奴婢服劳，须辨优劣。田园所收，费用有节。乡邻熙熙，无相欺灭。凡兹数端，不可违越。倘或不遵，是为凶孽。异时相逢，虽悔难雪。

勤勉八则

一、孝父母：人非甚不肖，未有显然不孝父母者，然或阳修承顺之文，中鲜爱敬之实，此愈于不孝有几。吾所谓孝，内尽其诚，外竭其力，父母在，则委曲养志，父母殁，则哀慕终身。既以自责，兼以望族人尔。

二、笃友恭：父母者，身之本也；兄弟者，同气连枝人也。兄弟讲友恭，则一家和。一家和，则父母顺。和顺之气满庭帏，家道有不日昌者乎。《棠棣》之篇备言之矣。凡我族人允宜三复。

三、亲宗族：九曲之水，发于昆仑，千寻之木，始于拱把。故本支百世，分有亲疏，谊原一体。凡我子孙，休戚相关。不但萃处一方者，岁时婚娶丧葬诸事，礼数宜周，即远在他府者有便亦必时通音问。至于张公艺之九世同居，范文正公之广置义田，又在族人自勉之耳。

四、训子孙：父兄之教不先，子弟之卒不谨，从来匪类多属失教之人。幸生旧族，产下子孙，无论为士为商，五六岁后即须使之读书，讲明立身大节，将来始不至玷辱祖宗。不然一时姑息，遗患无穷，可不戒哉。

五、谨婚姻：男女匹配，人道伊始。凡我族中为男择妇，为女择婿，务期良善人家，父母素有教训者，方与之结姻。切不可误信匪人，致贻羞辱，亦不得妄攀豪贵，反受欺凌。

六、严承嗣：《礼》云：不孝有三，无后为大，明嗣续之重也。不幸无嗣，即当继嗣。但继嗣之法，亦应知亲疏，序分必亲。亲分不愿承继，方许另立疏房之贤者。切勿苟且于一时，致贻争论于日后。

七、勤职业：国有四民，各专一业，业之不勤，与无业等。凡我子孙，务宜随分尽力，黾勉厥事，慎勿嬉游浪荡，流为匪民。至于失身胥役，发肤不保，辱族玷宗，尤宜永禁。

八、敦节俭：创者多俭德，守者多奢华。祖宗苦俭约，不知几经积累，家道始克。裕及子孙，承其基业，任意耗费，曾不旋踵，货财立尽，虽曰家运，岂非人事使然。吾见此等人，既深恨之亦甚怜之，更愿与族人共戒之。

韶关唐氏

韶关唐氏以脉出山西太原晋阳支为主。谱载：宋代唐氏始迁祖随宋室南渡，定居江西宁都后，后裔分迁潮汕及粤东，部分迁徙入粤北保昌、始兴等地立基。开基祖幸莘公迁始兴黄塘卜居立基，为始邑唐氏始迁祖，后裔分布在始兴太平以及南雄等地。明永乐年间，自湖南郴州又有唐氏迁入粤北乐昌，开基祖为必近公。本支始迁乐昌九峰上廊，后裔分布于九峰、两江、北乡、庆云和曲江等地。又有江西广信唐氏始迁祖文清公，宋时迁南雄珠玑巷开基。另有唐氏始迁祖文滴公，于元（后）至元六年（1340）自江西广信兴安迁徙入粤，开基连县山塘，后裔分布连阳地区。

始兴晋阳堂《唐氏族谱》

【迁徙源流】始兴晋阳堂唐氏出昌祚公支脉，《唐氏族谱·始邑老黄塘昌祚家谱小引》载：宋“惟幸莘公云峰氏、莫氏率子迁入始兴开基，卜居于始邑老黄塘，为迁始邑始祖，后裔分布太平等地，至明代，有后裔迁南雄等地立基”。

【家训家规】始兴晋阳堂唐氏家训、家规，谱载列作《晋阳家训》，共十五则。兹列如下：

晋阳家训

一、教家宜严：子弟之率不谨，由父兄之教不严。严督乃教家首重也。夫诱掖奖劝固为善法，而披挞劳苦亦非寡恩。吾人欲子弟丕振家声，克绍箕裘，非教犹不可。为父兄者知之，为子弟者当体之也。

二、重祭祀：报本追源，子孙重务。故时有春夏秋冬，祭则袷祀蒸尝。当祭之日，外宜备物，内宜尽诚。使吾之精神与祖之灵爽，幽明感格，阴阳相通，则以妥以侑，自获福于靡既矣。

三、孝顺父母：孝为百行之原，身为父母所出。人子倘不及时供奉，膝下瞻依，迨至终天抱恨，罔极生悲，晚矣。试问椎牛祭墓，何如鸡豚逮存乎？

四、敬奉长兄：语云：兄弟如手足，四体贵全一。有毁伤，非完人，群众亦加其指摘。然吾人纵不如玄宗长枕大被①，太祖之灼艾分痛②。而欺侮凌兢之习，曷勿潜消而默化乎。

五、夫妇宜和：夫妇为人伦之始，《关雎》乃王化之原。阴阳和而雨泽降，夫妇和而后家道成。《礼》曰：“夫义妇顺，家之肥也。”不然夫妇反目，萧墙之祸可立而待，非其明验乎。

六、和睦宗族：宗亲族戚，同出一源。源通则流长，流绝必源塞。宗族所关，岂曰细故。世人不知，难怪其孤而寡侣矣。

七、亲爱乡党：党人虽非同父，而实共井。《孟子》云：“出入相友，守望相助，疾病相扶持，则百姓亲睦。”邻里乡党曷可忽乎哉？

八、勤读诗书：学乃身之宝，儒为席上珍。从来学不负人，惟人误学耳。诚能足三余，惜分阴，学底纯粹，工造精微，云烟生于满纸，笔阵扫乎千军。我盛朝隆儒重道，何患高爵厚糈不为尔勒，紫袍金带不为尔加耶。

九、竭力务农：一年耕而有三年之食，三年耕而有九年之食。食出于耕，耕赖乎力，力之不竭，食于何有。吾愿我族力农者，尚其勉诸。

十、钱粮务宜完纳，不可抗欠：一有延抗，因则粮差呼喝，重则锁枷囹圄。第思古人，输将恐后，岂曰媚君王哉？彼其相安于乐，利之休也深矣。

十一、戒怠惰：游手好闲，不事生业，将放辟邪侈，无所不为。试看今之转死沟壑，为野饿殍者，非若辈耶。

十二、戒赌博：凡人百艺随身惟备。独不思喝六呼幺，有何意味。临场典当，甚至倾家荡产，真么廉耻，贻累妻儿，忍饥受寒，丧名败节，皆出是人。噫，是可忍也，孰不可忍也。

十三、戒淫欲：十恶之首，先严淫行。美妾娇婢，实为淫蘖。三姑六婆，真是淫媒。一入圈套，害不可言。凡我族人，戒之，慎之，毋忽乃训。

十四、戒滥饮：酒以陶情，适可而止。倘不知节，内则丧德，外则失仪。是非君子持己之道。尤非吾人保身之方。奚可过于滥饮，而致丧德失仪耶。

十五、戒凶暴：自古逞凶徒，适以取祸。肆暴之辈，定服上刑。故一朝之忿，忘身及亲。为思国有律法，笞杖死罪徒流，决不轻宥，非为行凶肆暴者设耶。是以君子怀刑。

---

① 典出《资治通鉴·唐玄宗开元二年》：上素友爱，近也帝王莫能及，初即位，为长枕大被，与弟同寝。

② 典出《宋史·太祖纪》：太宗尝病亟，帝往视之，亲为灼艾，太宗觉痛，帝亦取艾自炙。成语有“灼艾分痛”，比喻兄弟友爱。

韶关涂氏

韶关涂氏主要分布翁源、始兴、乳源等地。谱载：涂氏出五桂堂支，本支于明正统年间由福建汀州上杭涂赖坊迁翁源开基，分居六里（大陂乡），始迁祖为友恭、友忠、友信、友高四兄弟。分支迁徙至南浦、周陂，以及始兴、曲江、英德、佛冈等地。

曲江江湾《涂氏族谱》

【迁徙源流】曲江江湾涂氏出五桂堂脉，支出翁源六里友恭公。谱载：明正统元年（1436），福建汀州上杭涂赖坊涂氏友恭，率族迁翁源六里开基。又有友忠、友信、友高等支分徙佛冈、英德、曲江等地。明正统末年有涂氏子孙文通公自英德水犀部迁至曲江（今属武江）龙归奇石村，以养鸭为生。期间，与当地江湾围坪的谭公结为同年。明景泰三年（1452），涂谭互换屋场，涂氏迁至江湾围坪定居。部分后裔迁至乳源龙溪、禾仓栋、冲下、沐溪等地。

【家训家规】曲江江湾涂氏家训、家规，谱载列作《祖训》《家训》两篇，各篇各列十条，兹列如下：

祖　训

修身：身为家国主宰，故修身宜首。然修身只在孝悌，故百行之原在孝。尧舜之道，孝悌而已。世未有不孝不悌而称能修身之吉人。

齐家：庭闱之内，肃若朝廷。家之不齐，教由何成？故入户问家声，子孙弦诵；登堂瞻乐事，兄弟友恭。兄弟翕而家道成，子孙严而礼仪笃。

崇齿：敬老尊长，三代尚矣，况宗族高寿长上。纵富贵不敢相加，行坐不宜僭越。宗庙祭祀序齿，燕毛颁胙，例有仪式。敢有慢乖，罚同先长不悌。

养蒙：大人赤子之心不失，童蒙养正之功宜先。倘幼习有乖，则气质难驯。纵其姑息嬉戏，不如敬学训诲。德性一端，科甲无难。

耕读：读书显荣，耕种饱暖。衣食足而礼仪生，仕宦膺而饥寒去，为相表里，然治生无过于耕，声名莫大于读。有志竟成，慎毋怠弃。

婚嫁：遴婿必肖必贤，嫁女当朴当素。田舍布衣而为卿相，糟糠裙衩竟作夫人。若徒竞目前门户，竟自蹈转睫伶仃。满头珠翠，非是久长；寒窗灯火，乃至贵显。

和邻：居必择邻，智在处仁。非仅守望亲睦，抑且意气罔生。故德不孤而有邻，邻居和而安居。德业辅成，过失规诫。倘恃意气以詈凌，将必孑处而寂寞。

睦族：一本相敷，张氏九世尚且同居；五服同根，姜家大被犹然共宿。若重富轻贫，趋贵眇贱，意气傲慢，刚强凌犯，既无敦睦之情，宜严惩戒之罚。

仗义：济困扶危，乃仁人之本念；解纷排难，大丈夫之殷怀。情联宗党，当切同体之恫瘝；宜本宗枝，尤深休戚于痛痒。倘能缓急相需，乃称仁慈克殚。

息讼：健讼逞刁，君子所弃。公门扛帮，王法尤严。小事鸣之房长，听判曲折；大故陈之族众，公断是非。庶免坠奸邪煽诱，抑且省官方钱，保家全爱。毋恣一时之愤，攘臂伤和，竟罹于终生之惨。

家　训

孝父母：父为天，母为地。恩情罔极。人伦不孝敬父母，即为天地之间罪人，是为忘本，与禽兽何异？羊有跪乳之恩，鸦有反哺之义。人而不孝，则禽兽不如矣，可不勉哉！

友兄弟：兄弟者，分形连气之人也。父母左提右揭，前襟后裾，并食传衣，亲爱无间，且一本所生，薄待兄弟则薄待父母矣，又当以兄弟为心焉。

敬伯叔：伯叔俱祖所生，即父之手足也。不敬伯叔是伤父之手足也，是亵祖之所生也。亵祖伤父何为人？

和夫妇：夫妇为人伦之始。夫和其妇，妇敬其夫。夫以修身齐家之事为本，妇以人伦道德之事为重。夫妻和睦，万事兴矣。

慎交友：交友之道，以信为先。然宜谨慎，择其善者而交之。颜子曰："与善人交，如入芝兰之室，久而自香也。"潜移默化，自然似之，焉不慎哉？

训子弟：子弟系家门之继续。智则宜课之读，愚则宜诲之耕。勤耕苦读，俱在于贤。父兄早宜训诫，毋纵其博弈，游手好闲，无所执业，以玷家风。

睦宗亲：宗亲远派，虽有众寡，智愚之不同，然源本为一，皆吾祖宗之所遗也。倘有博众以暴寡，借智以欺愚者，则视为仇敌，为祖宗者何乐？是有其智，是有众敌乎？安邦治国在睦族，尚其凛之。

敦伦纪：上下尊卑，伦纪所在，无可干也。以下犯上，以卑犯尊，则伦纪何在？以家法警戒之，不可以长凌幼也。

恤孤寡：孤儿寡母，穷无所告，乃吾祖宗之病脉也。惟赖同宗扶持之，提携之。庶病脉远延，不至重遗吾祖宗之痛焉。倘欺孤凌寡，即不念先人，于心何安？如是者，则合族共斥之。

安本分：庐墓山田，各有其主。在族中，固宜各管各业，以昭雍睦。即在异姓，有与己业毗连者，亦毋得计图谋夺，流为不孝之人。

韶关黄氏

韶关黄氏有叙伦堂、江夏堂等数支，分别迁自福建、江西等地。据乐昌叙伦堂谱载：此支出玉公，后唐同光二年自桂林任资兴令，历十世后迁清江，又六世九郎迁福建，友乾迁翁源，颜旻迁曲江，元约迁乐昌，推玉公为兴邑基祖，元约为乐邑基祖；宋宝祐、开庆年间，又有盛奇公从资兴清江迁徙至粤北仁邑城口上寨，“构地筑室安居立业”；又有初升公子孙迁居粤始兴者。自元至明到清，卜居江西、湘南以及福建等地黄姓氏族，为避战乱，迁徙粤北。

今韶关境内黄氏在南雄、始兴、仁化、翁源、曲江、乐昌、新丰等地均有分布。

一、乐昌叙伦堂《黄氏族谱》

【迁徙源流】乐昌黄氏出叙伦堂文汉公一支。据清道光八年（1828）乐昌叙伦堂《黄氏族谱·序》载：文汉公后裔玉公于后唐同光二年（924），自桂林任资兴令，历十世文嵩迁清江。又六世，至九郎迁福建，友乾迁翁源，颜旻迁曲江，元约迁乐昌。呈玉公为兴邑基祖，而元约又为乐邑基祖也。

【家训家规】乐昌叙伦堂黄氏家训、家规，谱载列作《宗规》《文汉公家训》等篇。兹列如下：

宗　规

一、明礼让，以厚风俗：闻之人函五常之性，而具刚柔缓急。音响不同，系水土之风气，故谓之风。好恶取舍，动静无恒，随厥情欲，故谓之俗。其间淳漓厚薄，难以强同；奢俭质文，不能一致。是以圣人制为礼让以齐之。礼让者何？父慈、子孝、兄友、弟恭，夫妇有恩，男女有别，朋友有信义，亲族有款洽。无坠农业，无作盗贼，无学赌博，无好争讼。无因贫富异形，有蔑视之意；无见强弱异势，起迫协之心。各戒浇漓，其归淳厚，则循于礼者无悖行，敦于让者无竞心。蔼然有恩，秩然有义，则为礼让之俗。自先世以来，世济忠厚，风庞人朴，然劝诫未立，率迪弗至。

如水之失厥堤防难保弗渎。吾愿吾族，各明礼让，以厚风俗。

二、正名分，以杜僭越：礼所以正名分，别贵贱，序少长，明昭穆也。然处乡党间，则序少长，别昭穆为急。益少长序，昭穆明，则名分自正，僭越可眠矣。今同族中，有伯仲叔祖兄弟侄孙，各分字号。彼此相呼，必当分别尊卑长幼，切勿糊涂，以乖名分。至于拜揖必恭，言语必逊。出入座次，必依齿序，以为先后。不论近族远宗，俱照排行序列，不可稍有僭越，于犯在上。名门大家之礼，不外乎此。吾愿吾族各正名分，以杜僭越。

三、笃宗族，以重本支：《书》曰："以亲九族"，是帝尧以亲族示教也。《诗》曰："本支百世"，是成周以本支为重也。睦族之道，帝王且然，况士庶乎。然而，睦族之要有三：曰亲亲；曰老老；曰贤贤。一本九族者，亲也；年齿迈众者，老也；德行兼优者，贤也。此本宗植干，则亲炙宜殷。每事效法，当忘义忘年，以钦敬之。乃或处富多吝，而无解推之德；或怨贫贪求，而生嫉妒之心；或以强凌弱，而势力迫于天亲；或以少凌长，而傲慢施于骨肉。非惟不知笃宗族，抑且忘其本支矣。独不思子姓之众，皆出祖宗一人之身。奈何以一人之身，分为子姓，变相视为途人而不顾乎？张公艺九世同居之休，浦江郑氏有十世共爨之美。吾愿吾族各笃宗族，以重本支。

四、端士习，以重品行：士立四民之首，人之所以待士者重，则士之所以自待者益不可轻。士习端而后乡党视为仪型，风俗由之表率。务令以孝弟为本，材能为末；器识为先，文艺为后。所读者皆正书，所交者皆正士，确然以礼义自守，凛然以廉耻立心。如是斯可谓之士。若或躁竞功利于犯，各教习异端曲学，而不知大道；骛放言高论，而不事躬行，问其名则是，考其实则非矣。何以为忠臣孝子，何以为悌顺孙乎？吾愿吾族各端士习，以重品行。

五、睦乡邻，以长忠厚：古者五族为党，五家为邻。睦姻任恤之教，由来尚矣。顾远则情义相关，近则出入相友。茫茫宇宙，幸而为党为邻矣。吾告合族以敦睦之道焉。人有亲疏，概接之以温厚；事无大小，皆处之以谦和。即或彼曾以薄待我，而我万不可以薄待之。毋逞强以凌弱，毋倚众以暴寡，毋恃富以欺贫，毋挟贵以凌贱。一朝能忍，乡里称为善良。小忿不争，闾党推为忠厚。乡邻之睦，其益大矣。故古语云：非宅是卜，惟邻是卜。盖缓急可恃者，莫如乡际也。吾愿吾族各睦乡邻，以长忠厚。

六、勤本业，以开财源：吾人韬世宇宙，为士农、为工商，必各守一业，以为立身之本。故勤则本业修，而仰足以事父母，俯足以畜妻子。惰则本业废，不惟受饥受寒，而且见轻于姻里。然所谓勤者，如士则谨身修行，矻矻穷年，服习诗书，敦崇礼让，退为有本之学，进为有用之才。农则春耕秋敛，不失其时，樽节爱养，不愆于度；先事以备水旱，如期而输税粮，使地无余利，人无余力。工则不可作涩，巧售弊伪器什；亦不得空谈，弄斧毁瓦画墁。审四时饬六材，日省而月试，居肆以成。事商则斟酌财货市价，低昂交易而退，各得其所。务体公平，勿蹈欺诈，且更不得纨绔懒民，冶游酒色，则本业修而家道昌矣。吾愿吾族各勤本业，以开财源。

七、尚节俭，以惜财用：尝闻治国五要，节用为尚。李氏三宝，俭约居一。可见节俭者，用财之美德焉。盖财犹水也，节俭犹水之蓄也。水之流，不蓄则一泄无余，而水立涸。财之流，不节则用之无度，而财立匮。可见处家之道，宁以固陋贻讥，无以奢华致败。衣服不可过丽，饮食不可无节。冠婚丧祭，各安本分；房屋器具，务取朴素。即岁时伏腊，斗酒娱宾，从俗从宜，归于省约。为天地惜物力，为祖宗惜勤劳，如此则富者不至于贫，贫者可至于富。若夫专好斗，而卖田嫁女，厚币聘媳，铺张发轫，开厨设供，倘力不支，设法应用，有不能者，群起而讥其无礼焉。此皆近世恶俗，可悯可悲。愿吾族各尚节俭，以惜财用。

八、训子弟，以端蒙养：大凡子弟之率不谨，皆由父兄之教不先。故古之教者，未生有胎教，既生有能养之教，有能言之教。由小学而入大学，有诚意正心修身齐家之教。盖庭训素娴，子弟克肖，则国家兵兴，令典致自显扬。既光大门闾，又垂裕合昏，父兄俱与有荣焉。乃今为教者不然。上者教之，作文武取功名；次者教之，杂字柬笺，以便商贾书计；下者教之，词状活套，以为他日刁滑之地。名虽教子弟，而实害子弟也。今族中各父兄，如子弟自七岁时便令入家塾习字学书，随其资格优游涵泳。十岁以上便择严师益友，将正经书史，细加训迪，务敦蒙以养正之圣功。他日显声名扬，固为端庄正士；就是为农工商贾，亦不失为良民君子。吾愿吾族各训子弟，以端蒙养。

九、严守望，以防盗贼：上司设立保甲所以盗而摘发守御之法，必当先事为之备，故缉捕有赏，疏纵有罚，讳盗有禁，违限有条。而最善者，莫如守望。盖守望之制，同乡共井，散处星罗，防寇之良策也。今族中散居，多者百户，少者十数户，兼有乡邻同井，相有相助，须依上同条约。平居互仪，出入有事，递为应援，随便邀截。若在踪迹可疑，即时稽查；若有踪迹可攥，即鸣诸宗祠，会呈送官；若有人自知所犯难掩，畏罪自尽者，本主备其实情，一纸投祠，约各房长证明存照。倘有内外棍徒诈禀，即以此照经官究治。思患预防，不可不严。吾愿吾族，各严守望，以防盗贼。

十、戒健讼，以保身家：从来讼之一端，非有切肤之冤，难以理遣情恕者，必不可兴。盖讼端一兴，必须先备盘缠，次要奔走。词不曲不准，又坏心术，且毋论官府廉明何如，一到城市便被歇家播弄，一到衙门便被胥吏呵叱。理直犹可，理屈的审输了，少不得受笞杖，戴枷锁，亏体辱亲，甚至破产败家，冤仇相报，害及子孙。总之，其始不过一念忿气所使，终酿大祸，不可不慎。圣人讼卦有曰：惕中吉，讼终凶，此是锦囊妙策。凡事须要自作主张，不可听信讼师、棍党教唆刁讼。财被人得，祸自己当。吾愿吾族各戒健讼，以保身家。

十一、正内外，以肃闺门：男正位乎外，女正位乎内，此圣训也。然家道有贫富不等，男女有劳逸不同。如馈馌采桑井田之类，乡间妇女势所不免。但要当凛三从，夙娴四德，或不幸寡居，则宜丹心铁石，白首冰霜，乃风化之助，不可以不谨。若夫徇财妄娶，门阀不称，家教无闻；又或赋性不良，凶悍妒忌，傲僻长舌，私溺子女，皆为家之累。近有恶俗，每逢朔望，入祠烧香；春节看春灯，三姑六婆纵容往来，搬弄是非，尤为大忌。吾愿吾族，各正内外，以肃闺门。

十二、禁异端，以杜惑蛊：夫左道惑众，律所不宥。师诬邪术，邦有常弄。盖鬼道盛，人道衰，理之一定者也。故曰：国将兴，听于人；国将亡，听于神。况庶民之家乎。凡一切师巫、邪说，勿令造门，蛊惑妇女。至于妇女，更喜媚神邀福，其惑于异端也，比男子为尤。其近世陋俗，僧道外，又有斋婆、卖婆、尼姑、跳神、卜妇、女相、女戏等项，穿门入户，恬不知禁。始则诱取资财，以图肥己，甚至男女混淆，犯奸为盗，为害岂鲜哉！吾愿吾族各禁异端，以杜蛊惑。

文汉公家训

父之于子，宜慈；子之于亲，宜孝；兄之于弟，宜友；弟之于兄，宜恭。夫之于妇，宜和；妇之于夫，宜顺。事师长，宜乎礼也。交朋友，宜乎信也！老者，见而敬之；幼者，抚而育之。有德者，年虽少于我，我必尊之，不肖者，年虽高于我，我必远之；勿谈人之短，勿矜己之长。人有善于己，虽小勿忘；我有善于人，虽大勿伐仇。将以义解之，怨须以直报之。居家戒多事，多事多忧；处世戒多言，多言多败。毋恃势力而欺凌柔弱，勿起奸淫而辱灭宗风。祖宗坟墓祭扫宜诚，子孙贤愚经书宜读，处身务戒奢华，涉世要存忠厚。勿唆人兴讼，而从中取利，勿畅己情欲，而坏彼名节。严于律己，己有不是，痛自刻责；宽以待人，人有不及，勿容苛求。宁夙兴，勿昼寝，以励其精神；宁茹苦，勿饴甘，以炼其志气。勿以善小为无益而不为；勿以恶小为无防而为之。见人有恶，如己之恶而掩之；见人有善，如己之善而扬之。娶媳勿求富贵，自能宜于室家；嫁女勿厚妆奁，始不骄其夫婿。听妇言，乖骨肉，岂是丈夫；好货财，薄父母，不成人子。度量宜宏阔，尝怀汝南叔度；事亲宜纯孝，务追江夏文疆。勿匿怨而施暗箭，恐遭天罚；勿小忿而构争讼，免倾家财；作事务存天理，出言务晨风入心。败常乱俗，天理不容；利己害人，神明咸怨。见善如不及，见恶如探汤。言虽浅近，世守勿失。

二、仁化城口上寨《黄氏族谱》

【迁徙源流】仁化城口上寨黄氏，出湘资兴盛奇公支。南宋宝祐三年

（1255）始祖盛奇公迁入粤仁化城口上寨，构地筑室开基。逾七百五十年，至明天顺年间，七世祖中公名洪通，推两子福缘、邦缘，移居长江镇，后裔繁衍长江镇各地。清康熙年间，又有十四世子懋公、十七世裔鳌分徙城口东坑、长江沙溪等地开基。

【家训家规】上寨黄氏家训、家规，谱载列作《宗训》十四则，《族规》十二则，又有《家教规约》六条，兹列如下：

宗　训

一、敦孝悌：孝悌为百行之首。凡为人子为人弟者，当尽孝悌之道，不可忍灭天性。惟望吾族子孙，宜敦孝悌于一家。

二、睦宗亲：宗族为万年所同。虽支分派别，则源同一脉，不可相视为秦越，勿恃势凌弱，兹惟吾族，务宜敦一本之谊，共成亲亲之道。

三、和乡邻：乡邻乃同井共居，宜出入相友，守望相助。切不可相残相斗，务宜视异姓如同骨肉之亲。

四、明礼让：礼让为待人处世之道，非徒拜跪坐揖之礼。必使亢戾不萌，骄态不作，养谦让逊顺之风。

五、务本业：士农工商，各有其业。古人云：“业精于勤，毋荒于嬉。”惟务其本业者，乃得自食其力。可见自食其力者，敢不专其事乎？

六、端士品：士为四民之首，隆其名，正以贵其实也。故宜居仁由义，以成明体达用之学。若使窬闲，不惟上达无由，且士类有玷。

七、隆师道：师道为教化之本，隆师重道，正以崇其教也。若不尊崇，不惟教化不行，且有艺渎之嫌，何得漫言传道？

八、畏法律：法律者，政府之律例也。凡人犯王法之章，不怕尔心如钢如铁，到其间必自有溶化之刑矣，宜必畏之免之。

九、修坟墓：坟墓所以藏先人魂骸，每年应诣墓祭扫，剪其荆榛，弃其泥秽，以安祖灵。切勿挖掘抛露，致使祖宗之怨恫。

十、戒争讼：争讼非立身之道。凡事必有失，讼则终凶。宜以忍让处之为尚，勿致有断情义之路，倾家荡产之悔。

十一、戒非为：非为乃非人生可作可为之事。凡所行者，必要光明正大，天理良心，切勿贪财设计，贪色行奸。

十二、戒犯上：自古尊卑上下，名分昭然，不得以卑凌尊，以下犯上。宜徐行长后，勿致有干犯在上之失。

十三、戒异端：异端乃非圣之道，所作乃无父无君之事也。愿吾族宗盟，若闻邪术妖言，宜必远之，勿致其害。

十四、戒轻谱：家谱之修，所以叙一本也。谱编成牒，乃一家之宝，务宜同为珍重，以便考查世系，切勿抛弃以亵祖宗也。宜共凛之。

族　规

一、忠君孝亲：人伦有五，忠孝为先。在朝事君，心膂股肱；文经武纬，功业灿然。在家事亲，竭力勉能；倘有忤逆，众加笞鞭。精忠纯孝，感动地天。

二、敬兄事长：家庭里闾，兄长宜敬。让梨吹筦①，手足情亲。休争财产，操戈起衅。伯叔祖辈，名分尊甚。恭逊顺从，犯上必警。乡党论齿，不独同姓。

三、为夫正内：男室女家，夫纲先整。夫和而义，妻柔而正。男历外事，妇工织衽。男应立正，枕言勿听。妇戒长舌，家务整营。闺门严肃，家道兴盛。

四、尊师信友：教尚名师，束修勿究。时雨春风，密旨传授。隆师训子，德业可就。丽泽磋磨，交宜益友。兰臭同心，敬信宜久。文会往来，益彰不谬。

五、专心习业：士农工商，习业宜专。苦读成名，荣耀家邦。勤耕广种，充实仓箱。百工技艺，熟则精良。商贾慎密，捆载归藏。懒惰游戏，朽木粪墙。

六、安分守法：万事人为，休生忌妒。贫贱困苦，发奋安素。物非己有，不可贪顾。寡廉鲜耻，众情所恶。私宰赌博，坏事莫睹。奸淫邪盗，国法严究。

七、惜身节用：发肤身体，保护可嘉。酒色财气，切莫恋它。轻生任气，倾丧兴嗟。处世居室，不必侈奢。衣服器皿，不可繁华。冠婚丧葬，节用为佳。

八、祀祖保墓：水源木本，一脉当知。礿祀蒸尝，祭祖以时。祖山四至，立界莫迟。冢穴坟茔，先灵所栖。内宜立券，外宜竖碑。护以树木，保守勿迷。

九、安家固业：光祖坟茔，焚戒昭明。上下左右，不可犯惊。钻侵尖茔，延祸非轻。余山秀穴，开取声鸣。寿基空位，父立子承。外姓异族，勿卖免争。

十、睦族和邻：比屋处聚，有族与邻。万年宗族，大小分明。纲常勿坏，敦睦情深。邻居附近，胜于远亲。出入守望，协力同心。救灾焦急，互帮友平。

十一、审娶择配：选妻婚娶，才貌莫歆。德性淑慎，乃是家珍。以吕易嬴②，尤防乱真。为女选婿，莫急许缨。访知的实，相称结姻。妆资酌量，不必丰盈。

十二、矜寡崇节：闺中弱质，年幼失夫。寒霜冷雨，孤枕凄然。茹荼饮蘖，冰心操坚。或守孤儿，茂龄熬煎。两宜互助，百计恤怜。钦崇劲节，代请旌悬。

---

① 筦，同“管”。

② 典出《四字鉴略》：秦始称帝，以吕易嬴。指吕不韦弑秦始皇。

家教规约

一、敦孝友：孝子敬父如敬天，敬母如敬地，不是空桑生此身，须尽志养敬双亲，若还反哺不如物，却恐慈乌解笑人。至于兄弟，以和为主，五脏不和为必死之病，兄弟不和为必破之家。法昭禅师倡曰：“同气连枝条自荣，些些言语莫伤情，一回相见一回老，能得几时为弟兄。”此孝友之当敦也。

二、肃闺门：凡妇女不得羽为华丽，耽于曲蘖。为取端庄静一，寡言慎行。奉舅姑以孝，事丈夫以敬，待妯娌以和，接子孙以慈爱。凡有吉凶之事，雾在谨内外，别尊卑，辨亲疏，必尽闺闻之礼，不预阃外之谋。《易》曰：“家人，女正位乎内，男正位乎外，男女正，天地之大义也。”职中馈羽纺织，避嫌疑。三姑六婆不可入内，家人仆从不可乱进，男女不受授，内外要分明，此闺门之当肃也。

三、豫教诲：养弟子如养芝兰，既积学以培植，又积善以滋润之。父子之间，不可于小慈。律之以严绳以法；述嘉言善行以导之，择正人君子而师友之，居处须恭敬，不得肆慢，言语须谛当，不得戏谑。凡事谦恭，不得尚气凌人。勿恃富而贪酒色赌博，勿恃势而侵害良善。此教诲而当豫也。

四、勤职业：人生在勤，勤则不匮，一夫不耕则受饥，一妇不织则寒，是勤可以免饥寒。勤则劳，劳则善心生，是勤可以远邪辟也。吕成公曰：“主静则悠远博厚，自强则坚实精明，操存则血气循轨而不乱。”内敛而不浮，是勤可以致寿考也。勤惰之心一移，祸福之应响至。人可不勤职业乎？

五、崇节俭：食可饱而不必珍，衣可暖而不必革，居处安不必吉凶，宾客可备礼而不必侈。如此则一身之用易供，一岁之计可给。富而能俭，可以常保；贫而能俭，可以无饥寒。由俭入奢易，由奢入俭难。人可不知节俭乎？

六、防婢仆：（略）

三、翁源谷山公《黄氏族谱》

【迁徙源流】翁源谷山公系黄氏出粤东峭山公一脉。据《黄氏族谱（谷山公）·黄氏入粤和迁入翁源的概况》载：本支属峭山公十子黄化支脉。宋太祖建隆元年（960），黄化奉父命自邵武迁福建汀州宁化，生三子道、迪、逵。其中，黄道名潜盛，号万四郎，举进士，生三子淮、汉、有敬。淮有曾孙志德，名谷山，住上杭瓦子巷。至宋淳熙十一年（1180）谷山公长子黄仁从闽携父谷山公骸骨迁韶州府翁源黄塘开基。自此，本支在翁源黄塘、南浦、石下、罗江山、马园墩等地繁衍，后裔遍布翁源等地。

【家训家规】翁源谷山公黄氏家训、家规，谱载列作《家教条约》《家训十则》《家戒》等。其中《家训十则》《家戒》兹列如下：

家训十则

一、崇孝悌：孝悌为百行之首。凡为人子弟者，当尽孝悌之道，不可忍灭天性。吾族香公纯孝，为继远祖美德，惟望吾族子孙，宜敦孝悌于家。

二、睦宗亲：宗族为万年所同，虽支分派别，实源同一脉，不可相视为秦越。惟吾族务宜敦一本之谊，共成亲亲之道。

三、和乡邻：乡邻为同井之居。凡出入相友，守望相助，切不可相残相斗。务宜视异姓同骨肉之亲。

四、明礼让：礼让为持己处理之道。非徒拜揖之文，必使亢戾不萌，骄泰不作，庶成谦谦逊顺之风。

五、务本业：士农工商，各有其业。故古人云："业精于勤，毋荒于嬉。"惟务其业者，乃得自食其力。可见自食其力者，敢不专其事乎?

六、端士品：士为四民之首，隆其名；正以贵其实也。故宜居仁由义，以成明体达用之学。若使窳闲，不惟上达无由，且士类有玷。

七、隆师道：师道为教化之本。隆师重道，正以崇其教也。使不尊崇之，不特教化不行，而且有亵渎之嫌何得漫言。传无知识，何来人才?

八、敬宗祖：宗祖本也源也，子孙支也派也。有本源而膈有支派，有宗祖而膈有子孙。故为子孙者，不论大宗小宗，远祖近祖，务必尊之敬之。对先人祠坟，务宜保护。春祭秋扫，应及时而行，以妥祖灵。

九、尚节俭：人生不能一日而无用，即不可一日而无财。财以节乃常足，用必俭斯无穷。节俭者，非鄙啬之谓也。用之若得其宜，虽千金而勿惜；用之过度，虽一厘莫轻。

十、尊老爱幼：《语》云："老吾老以及人之老，幼吾幼以及人之幼。"自古尊卑上下名昭然。尊敬老人，拥护幼小，是我们的传统美德，要身体力行。

家　戒

戒非为：非为乃非人生可为之事。凡所行者，必要光明正大，天理良心。切勿贪。贪财设计，贪色行奸，则身败名裂，无地自容。

戒异端：异端乃非圣人之道，所作乃无父、无君之至地。愿我族宗盟，若闻邪术妖言，宜远避之，勿置其害累矣!

戒赌博：好赌者，贪心思得。为博者，口腹是供。不知我心贪人，人亦贪我。我有妙手，人也有妙手以对。人且构集妙手以对我，势孤则败。既败思复，甘心鬻妻卖子，以致倾家荡产。更有甚者，沦为行骗盗窃，为非作歹，天良丧尽，廉耻全无，刑之以法，遭致毁灭。亟宜猛醒。

戒轻谱：家谱之修，所以叙一本也。谱编成帙，为一家之宝。务宜为同为尊重，以便考查世系。切勿抛弃，以亵祖宗也。宜其凛之。

四、新丰秀田《黄氏族谱》

【迁徙源流】新丰秀田黄氏出峁山公支。新丰秀田《黄氏族谱·序言》载：本支祖籍河南，赐爵于江西江夏，五代乱唐时入闽。南宋景炎元年（1276）入粤迁嘉应州程乡（梅县），后裔分两支迁粤北新丰等地。一支于明嘉靖年间从嘉应移居黄岭（今蕉岭），再由黄岭迁英德青塘，明万历二十年（1592）迁入新丰黄茶埔开基，清康熙间又析居丰城、梅坑等地；另一支系出黄雄支，唐代黄雄因官徙居南雄珠玑，后因“胡妃之乱”徙往增城龙门，明弘治九年（1496）复迁曲江沙溪。嘉靖年间，因匪乱避居河源，至崇祯五年（1632）始迁入新丰大陂、秀田、秀坑和石角、湾田、罗陂等地。

【家训家规】新丰秀田黄氏家训、家规，谱载列作《黄氏家训》，兹列如下：

黄氏家训

华夏是礼乐之邦，凡有血气者，莫不知天地君亲师者当敬。方今人子，昧古今，暗纲常，不孝不悌，皆因父兄之教不严，以致身心失守，承当警省。

昔燕山家教有法，皆五子名具扬。孟母庭训有方，其儿孟冬哭竹，冬生笋，其事可慕。居家当以诗书为法，守训以勤俭为先，处乡邻则以和琬为常，睦宗族当以谦让。立身行己，不出恭敬两端。执德待人，虑在骄矜。劳堪补拙，啬足养贫。奢侈乃败家之因缘，酒色是戕命之刀斧。不读诗书，虽富亦愚；能通经史，纵贫亦贵。身居安静，居茅舍也觉光华；名胜清幽，吃菜根也为香甜。有高才者，曾受窗前苦楚；多财谷者，须苦心经营。或劳心，或劳力，莫吃闲饭。千行百业，任汝谋筹；劳心拓展，何处非财。王法无情，定牢牢谨守；人情多变，当步步提防。人有奸伪计谋，天有至严报应；秋菊黄花，尚有施香，天冠地履，何无修己之心？粗浅之论，与君共勉。

五、始兴江夏堂《黄氏族谱》

【迁徙源流】始兴江夏堂黄氏出江西江夏堂支。始兴江夏堂《黄氏族谱·黄氏源流序》载：本支“今乃汉黄香之公之后，禹锡公为奕之祖，自江夏分枝，嗣孙散处四方，有迁粤南雄、广州、循州（今惠州）”。本支繁衍“始兴牒谱，以纪世序”。

【家训家规】始兴江夏堂黄氏家训、家规，谱载列有《黄氏家训》《黄氏家规》。兹列如下：

黄氏家训

一、忠君上：天降下民，而作之君，非偶然也。山田土产，沐君之恩，政教礼乐，蒙君之泽。君代天以子民，故称域中二大。为其下者，幸而班朕朝端，则当靖供尔位，公而忘私。即士农工商，各安其业，平亦皆可各宜随分，自尽了差，粮米务早急也。违制舞法，必共戒训也。奉大君之训，即为草莽荩臣。守君之法，不失遐陬良士。凡我族人，不可不知。

二、孝双亲：父母于子，怀妊十月，褒袍三年，长而教养婚配，一无可贷。纵或四壁萧然，未克为子全谋，而自提携，以迄成人，衣之食之，宁自饥寒，耐劳吃苦。人而不孝，鸦羊不若，猪狗何异？古之行孝教孝者，难以枚举。大约总其要，则要爱敬兼行；分其条，则大而读书修身，次而服劳奉养……凡我族人，不可不知。

三、笃友爱：父母，元首也。兄弟，手足也。手足有痛，则元首亦为之不安宁……昔人有言："兄弟不和，则父母在生，其心不安；父母既灭，其神不安。"是故，同怀兄弟，因宜式好无忧。即异母兄弟，亦母异而父则本同，总应广量推逊。不然，以手足之痛，累及元首矣……凡我族人，不可不知。

四、重祠墓：祖祠祖墓，祖宗所凭依之地，即子孙爱见所闻之地。自天子以至于士庶，分位虽别，而思成展敬之心则一也。故祠宜勤修葺，毋浪置秽杂诸物，毋听其漏湿倒塌。思患豫防，始持永久。至于圹坟竹木，宜封蓄也。冢上土石，宜珍惜也。或已山相联，不可恣情侵占也。已分相共，不可因贫私鬻也。敬祠墓不重，即忘祖不孝。忘祖不孝，即逆天负良。天地且不容，岂特祖宗之不庇乎？凡我族人，不可不知。

五、敬尊长：临雍祀老，先王美意；恂恂居乡，至圣懿行。凡令之人，可不奉为金科玉律乎？年长于我者，须礼高年；分尊于我者，必循分位。若失少年而轻耆髦，子侄而玩伯叔，或因其朴实，行吾巧诈；或因其孤寡，恣我侮弄。试易地以观，设我之卑幼，欺我忽我，我能自遣否？故即身都富贵，富贵不加乡党；身负才智，才智不先宗族。苟不留好样于儿孙，将见悖逆争斗渐启其端矣。虽然为尊长者，亦必声律身度，躬作典型。若自恃尊重，不正其身，保毋言教者讼，虽令不行乎？凡我族人，不可不知。

六、肃家门：居屋之间，必循理法，妇人何知道端男子知读书之士，经义已明；即或未读书者，亦历事已多，皆当于新妇初到时，即以所见所闻，勤迪闺间。积久不懈，教其孝敬，饬其勤俭，启其贤淑，导其容止，禁其悍泼，防其邪行。习已性成，妇道必尽。至于闲杂人等，如三姑六婆、浪子流闲辈，出入尤宜谨慎。近日陋习，乾儿谊子，叫母称父，待人多有待若亲生者，此犹不可防微杜渐也？又或有力之家，蓄养奴仆，虽曰手下贱辈，也应谨其进止。所谓瓜田李下，名有嫌疑。他如过家聚谈，每起是非。入庙烧香，亵渎神明，皆所宜戒也。凡我族人，不可不知。

七、谨嫁娶：夫妇人伦之首，闺门万化之源。《书》称“厘降①”，《诗》首《关雎》……史典先生有言：“男择女之德，女择男之行。”今诚能依此法，由于嫁女得子婿之贤，何妨贫蝼，娶媳得新妇之淑，何拘富贵。若徒羡慕门第，及有低昂，总非正道，总不以无后日之悔。凡我族人，不可不知。

八、亲族属：宗族虽分，本初只是一人。若恃富贵而欺贫贱，逞强众而凌弱寡，我则怏矣，祖宗保无怨恫？故平时当发雍击为心，循分敬谨，谦卑逊顺。有善则相劝，有过则委曲开导，有事则彼此商酌，参而行之。和意蔼蔼，自无乖戾。纵或人心不齐，外言谗间，务宜过而辄化。万无获已，即面语言清，不必藏怨记怀，庶几情意自洽，忿恨不生。昔人于每月朔望，必合族人饮谓相见，勤则思谊密，且有问是闲非，可以面白冰消。立法甚良，允为后来准则。他如年迈无嗣，必择其亲房子弟继之。由亲友疏，持以公道，此圣人不绝人后之至意也。外家子弟，各有宗派，岂可令其冒紊。此律例，异放乱宗之大禁也。至于饔餐莫洽，孑立藐孤，俱属可怜，必各随力量，用济护持。此又慈祥恺悌之仰体天必者也。凡我族人，不可不知。

九、睦里党：友勤扶持，必赖邻里。或栋宇相比，或鸡犬相闻，或田土相连，或市井相近，虽人庞姓杂，原不等于悠悠行路。故队狡猞不查讳化之辈，勿与相近。其淳厚刚直者，往来和蕴，有无通融。纵不能讯讯相及，万不可倨傲自处，刻薄存心，恃势而欺侮，党同而唆拨，尖刻而侵害，利己而亏人，以致抱怨饮恨，旁观指摘。盖以此加于陌路，且曰无良，矧属里党，面目何在？况乎缓急不无有待报后原司，世情无论贫富，孰能孤立？凡我族人，不可不知。

十、训诵读：诗书之训，实行在其中，荣名也在其中。子弟不读，大而忠孝节义，小而动止威仪，行无一获，而功名事实，亦让他人矣。今或因家贫，仅趋蝇头微利；或家富，恃有银钱可通，“诵读”两字，阁置度外，曾亦思秉礼守义者，何自身都通显者，何来古之人，囊萤映雪，终至登朝，贫何患于不富？不识一丁，贻讥登上士，富可胜于贫？可知诗书为要本所关。稍有可读，子弟务加训诲。而其要则在乎教师，其原则在乎无各其教之法，又在于警立其志，鼓其精神。凡我族人，不可不知。

十一、崇勤俭：业精于勤而荒于嬉。食必于时而用于礼。无论耕读工商，富厚贫寒，不勤则废，废则无以自立。不俭则败，败则无事不妄为。故朝乾夕惕，力作奔逐，勤之道也。毋浪制作，毋勉强而好体面，毋饕飻口腹，俭之首也。每见今人，家徒四壁，游手贪奢，酗酒妄为，久而贫者愈贫矣。其或席厚履丰，纨绔成习，晏安逸乐，结交声势，久而富者亦贫

① 典出《尚书·尧典》：厘降二女于妫汭，嫔于虞。

矣。是故本分勤俭，务宜自为警惕，劳苦不得借口，悭吝不得为词。在昔文伯之母，犹识东门之子，有饥嘉言懿行，万世典型。凡我族人，不可不知。

十二、遵训迪：人性本同，才质各异。或恣傲刻薄，或少不更事，或偶失不俭，或当局迷昏，必赖老成达练者启迪觉悟，巽语法言，尽是药石。听之者正宜深思苦索，改行易辄。惰者转于勤，奢者转于俭，刻者转于厚，傲者转于谦，刚者转于柔，邪者转于正。庶几行出万全，品臻上哲。不然，老夫灌灌小子峤，任其放旷之性，必且祸不旋踵；顺其颓随之习，必且败坏终身。此时后悔，悔将何及？凡我族人，不可不知。

十三、慎交游：朋友为伦之一，圣凡均不可少。读书者，风雨连床，疑有析而有尝。即不读之子，亦有无两心相结，此往彼来，总未有可以独行踽踽者第友以辅仁，亦以济事。直者规之以正，谅者待之以诚，庶为有益。尚与交与游，昧不择人，则必朋比为奸，言无义而小惠是行。非诱以妄，即为激而生事，小则寡廉鲜耻，大则倾良丧命，皆不慎之故也。然必慎之于微，持之于久。华歆顾全管宁割席，黄皓比屋，却正绝踪，皆此物此志也。不然，始之不谨，受其笼络，及事发既败，始悟其非。如介甫之敬叹于建福建子误我，抑已晚矣。

十四、戒兴讼：谦爻皆吉，讼则终凶。大易垂训，明明白白。每见无知之徒，怀奸挟诈，媒滋生端，以构讼为长技，以官事为无畏。无大无小，辄经郡邑，失时不顾，耗资荡产，借贷纳息。即侥幸获胜，办赢猫卖牛，殊甚悼叹。不幸而不胜，绅士受呵叱，平等受斥责，犹为小辱。甚至藕断丝连，葛纠草蔓，如于纤微，终至大祸，累及父母兄弟，害延邻族亲朋。更甚而身拘囹圄，性命且丧。此其原因于心之不恕，肇于心之好胜，成于居，游党朋，仔肩①抑弄，以致“一字入公，九牛难拽”。夫吾人自有本业当急，讼非美德，何苦所好在此？故事苟可已平心息之，即属万不可奈，或听亲朋和解，或自作退步之想。许多安闲，许多自在，许多快活。我族人等，不可不知。

十五、戒奸淫：古人有言：“淫人妇女者，杀人三世。”父母不认为女也，夫不认为妻也，子不认为母也。又有见阴律者云：“淫人妻室者，得子孙淫报，淫人处女及寡妇者，提绝嗣报。”至训应思，危言可惕！奈何今世之人，冶容寓日，怦怦心动，百般计较，谋遂其私。不思“万恶淫为首”。花前月下，露天欢娱，甘心造孽，毫不知恤。试观头上天公，放过谁来？于是事久败露，不论有身家无身家者，或受刑官府，或强迫丧命。甚至妻女偷情，玷辱家先。又甚而衰老乏嗣，孤寂自伤。种种后果，丝毫不爽。至于宗支之内，原属一本。或以尊调卑，或以卑蒸尊。此则《真经》所谓“地狱呻吟而莲池善过”。格，所谓“永久不入人世”者，尤属

① 出《诗·周颂·敬之》：佛时仔肩。郑云注：仔肩，任也。

至戒。凡我族人，不可不知。

十六、戒赌博：好赌者，贪心思得。为赌者，口腹是供。不知我心贪人，人亦贪我。我无妙手，则为人所贪；我有妙手，人亦有妙手以对。人且构集妙手与我作对，势孤则败，纵或幸胜，稍获银钱，半偿于窝家，半耗于旁人。……律有明条，放胆自犯。或经访获，始则受衙役之吞骗，既而遭公堂之法处……玄帝有言：“牢字从牛，狱字从犬。不食牛犬牢字免。”兹乃贪口腹而罹罗法网乎！是故已睹未见者，各念五遍。

黄氏家规

崇孝悌：孝悌为百行之首。凡为人子弟者，当尽孝悌之道，不可忍灭天性。吾族香公纯孝，为继远祖美德，惟望吾族子孙，宜敦孝悌于家。

睦宗族：宗族为万年所同，虽支分派别，则源同一脉，不可相视为秦越。惟我族，务宜敦一本之谊，共成亲之道。

和乡邻：乡邻为同井居。凡出入相友，守望相助，切不可相残相斗，务宜视异姓为骨肉之亲。

明礼让：礼让为持已处世之道。非徒揖之交，必使亢戾不萌，骄忝不作，庶成谦谦逊顺之风。

务本业：士农工商，各有其业。古人云：“业精于勤，而荒于嬉。”惟务其业者，乃务自食其力。可见自食其力者，敢不忠其事乎？

端士品：士为四民之首，隆其名，正贵其实也。故宜居仁由义，已成明体用之学。若使逾闲，不惟上达无由，且士类有玷。

隆师道：师道为教化之本。隆师重道，正以崇其教道。若不尊崇，不惟教化不行，而且有亵渎之嫌，何得漫言传道。无知识，何来人才？

敬宗祖：宗祖，本也，源也；子孙，支也，派也。有本源而后有支派，有宗祖而后有子孙。故，为子孙者，不论大宗，小宗，远祖，近祖，务必尊之，敬之。对先人祠坟，务宜保护；春秋祭扫，应及时而行，以妥祖灵。

戒非成：非为乃非人生可为之事。凡所行者，必要光明正大，天理良心。切勿贪。贪财设计，贪色行奸，则身败名裂，无地自容。

戒异端：异端乃非圣人之道，所作乃无父无君之至也。愿我族宗盟，若闻邪术妖言，宜远避之，勿致其害累矣！

尚节俭：人生不能一日无用，即不可一日无财。财以节乃常足，用必俭斯无穷。节俭者，非鄙啬之谓也。用之若得其宜，虽千金而勿惜。用之过度，虽一厘莫轻。

尊老爱幼：《语》云：“老吾老以及人之老，幼吾幼以及人之幼。”自古尊卑上下，名昭然。尊敬老人，爱护细小，身体力行。

戒赌博：好赌者，贪心思得。为赌者，口腹是供。不知我心贪人，人亦贪我。我有妙手，人亦有妙手以对。人且构集妙手以对我，势孤则败，

既败思复，甘心鬻妻卖子，以致使倾家荡产。更有甚者，沦为行骗盗窃，为非作歹，天良丧尽，廉耻全无。刑之以法，遭致毁灭。亟宜猛醒。

戒轻谱：家谱之修，所以叙一本也。谱编成帐，为一家之宝。务宜同为珍重，以便考查世系。切勿抛弃，以亵祖宗也。宜其凛之。

韶关萧（肖）氏

韶关萧（肖）氏望出两支，一为兰陵堂，一为河南堂。谱载：兰陵堂肖氏，黄帝后裔，周厘王元年封叔太心于肖邑，因以肖为姓。汉代望出兰陵。又河南堂萧氏，源出河南郡，氏族以郡为堂号。五代时，萧氏避乱迁徙长沙，始迁祖觉、仕、楚。至宋末，因避乱，后裔分徙南迁，部分出走江西泰和、进贤；又有迁徙福建武平、晋江、漳州等地。传至七十五世肖宗智，于元延祐二年（1315），迁吉水之燕山士林，生六子，分迁始兴、翁源等地。入明后，肖氏后裔分迁南雄等地。明嘉靖年间，有赣县始迁祖肖文辅，百九郎后裔，因经商道过境南雄乌迳，见“乡里之仁，土地之美”，弃商就农，卜居蜡树园，后裔分迁南雄中站角湾、高发等地。始兴肖氏主要分布在太平、深渡水、罗坝、顿岗、城南、马市、沈所、隘子等地。

一、始兴河南堂《萧氏族谱》

【迁徙源流】始兴河南堂肖氏出长沙郡支。谱载：宋末元初，为避战乱，始祖锐公等一系跟随人流徙居肇庆府新兴仁丰都长镇街。明洪武初年锐公归廖永忠部，以军功授千户，调镇南雄二十三年，后调护始兴，官赐土地于墨江之滨屯卒，得垦值屯田于罗所，后裔定居散居始兴各地。

【家训家规】始兴河南堂萧氏家规、家训，谱载列《上谕十六条》《戒条》《家训》及《劝戒烟赌歌》。兹列《家训》《劝戒烟赌歌》如下：

家　训

敦孝悌：上谕十六条，孝悌为先。所以重人伦也。昔前贤有子亦谓人能孝悌，犯上作乱，俱无可知。孝悌为人道之大端。处家庭之内，宜亟讲明此义也。然童年无不知爱敬，而长成反不知有父兄，往往以子而遗其亲，以少而凌其长，令人悼叹。愿吾族为子弟者，孝于亲，悌于长，所厚者不薄斯本，实不忧其先拔。

睦乡邻：桑梓之地，生于斯，长于斯，其人所与共，井里无一可漠视者也。独怪风俗嚣凌，变醇厚而为刻薄，往来晋接，不复存忠敬之心。愿吾族与乡邻处，有情有文，勿以年少漫侮老成，勿小嫌轻生嗔怒。平居须有无相通，疾病相扶，患难相恤。居乡若此，乃见古道犹存，堪称里仁为美。

重农桑：农桑为衣食所自出，君上犹勤劝课，下民何敢惰弃恒业。然亦有好逸恶劳，逐末忘本而荒芜其土田者，以致人丰我歉，上有逋于国赋，下无以赡其身家。夫人有自具之力，地有自然之利，何如竭尽乎人力而取偿于地利。愿吾族为农者克敏，树桑者其勤，由是菽粟丝麻充足有余，可以不饥不寒，嬉游于光天化日。

贵读书：世俗半生经营，惟尚多置田产。不知有田产固宜耕，有书尤宜读。谚云："有书不读子孙愚。"试观古往今来，克光耀其门闾，丕振其家声者，尽出诵读之士。近有谓士子少达皆穷，归咎诗书误人。然村夫不识一丁，其贫屡更有甚焉者，岂亦诗书误之耶。敬告吾族子弟，须读书，慎勿忧贫。

严家教：语云："父兄之教不先，子弟之率不谨。"每见子弟有败常乱俗，放肆而无所忌惮者，虽其人之自逾大闲识者，咎其家长之无约束。然待其有失而痛责之，嗟何及矣。唯止其恶于未形，平日教以正道，使知非仁无为，非礼无行，自不至纵欲。敬告吾族为父兄者，子弟不可不教，教之又不可不豫。诚能谨言慎行，先立其标准，形端者影自正。

劝戒烟赌歌

劝戒引：窃见水火盗贼之害人一处一时，惟吸烟与赌钱。日夜无休歇，耗精损神，废时失业，有一于此，因而败家短命者，不知凡几。乃昏庸者，每乐此不疲；即聪明者亦至死不悟，良可慨也。爰作歌以相劝戒，惟望及早回头，勿终沉苦海也。

歌曰：第一害人吃洋烟，其次害人在赌钱。误入烟赌为足乐，谁识烟赌苦万千。凡人一旦嗜赌阵，入迷魂魄变脏腑。兴来不觉饥与寒，神昏那辨夜和午。田地惰耕耘，书砚封尘土。商贾懒于为，工艺力不努。衣食渐拮据，不顾母与父。妻子莫奈何，兄弟被欺侮。亲戚暗含悲，良朋羞为伍。借贷叹无门，掣骗意无主，神销容瘁瘦如柴，家倾产荡富终窭，真时陷入坑，猛于噬人虎。细推详，鬼神怒，拆人房；不用斧，射人头；不用弩，裂人心与肠；不用砒霜及毒蛊，当痛哭堪悲歌。世间才智人尽多，曷为自甘投网罗。佳肴时酒难消受，良辰美景每蹉跎，任是英豪能拘束，何论愚蠢与妖魔。试观处处烟赌铺，三教九流群奔赴，引诱局骗计出奇，挑唆是非世多故。辰昏颠倒无日休，身家丧失谁人悟。奸淫盗贼从此生，多少子弟终身误。速速早回头，各个业正务，留些福泽遗子孙，莫到冻馁流离始惶怖。

二、始兴兰陵堂《肖氏族谱》

【迁徙源流】始兴（兰陵堂）肖氏出福建武平支脉。谱载：明洪武年间，肖氏始祖七十六世叔韶公携两子昂、诚，迁入粤始兴斜潭开基，昂公之裔由斜潭又徙南雄象湖、佛子前、竹春坑、云水田及湖南汝城立基；诚公之裔永行公由斜潭再徙南雄主田、修仁等地立基。传永信公房由斜潭分徙乐昌坪石、仁化长江以及南雄附城等地立基。明正德年间，又有江西庐陵始迁祖钦伦，迁入始兴城西，分迁白石坪，后裔子孙分迁始兴兴贤街，监公之派徙居始兴丰山、凉源、漯源等地，另有孚公徙居始兴顿岗，应志公迁始兴北山。

【家训家规】始兴兰陵堂肖氏家训、家规，谱载列作《家训十则》。兹列如下：

家训十则

一、孝父母，重伦常：乾父坤母，德同昊天。凡为人子，孝道为先。父母为人之本，养育教训，劬荣万状，其恩罔极。为人子者，当以拳拳赤子心，报效三春晖。存则左右赡养，病则扶持汤药，殁则经营葬殡。在家则怡心下气，菽水承欢；外出则贾牵车先①。典致庆尤是扬名显亲，光前裕后。或违背执拗，亏理辱亲，或好货财私妻子，不顾父母之恩，故不孝也。

二、和兄弟，笃友爱：兄弟孔怀，情同手脚。荣辱相连，克尽天伦。兄弟原同一气，同胞共乳，固当友爱。异母同父，支子庶子，皆宜相好无尤。有庆则相助，有难则相济，分居则时相周恤，出外则代为经营。切忌偏听妇言，兹事生非。切戒因忿争而衅起阋墙，因姑忌而祸延萁豆，同室操戈，分门败户，耻莫大焉。

三、笃宗族，昭雍睦：同族共井，总称一家。若能孰笃，世代光华。吾族支派繁衍，以礼服有亲疏。自本宗是同根分枝，皆一派骨肉也。若吾宗族，亲爱宜加。人贫当恤，我富休夸。亲疏长幼，切莫争差。有无必相通，争竞相劝解，患难相扶持。切莫强凌弱，众暴寡。莫视至亲如路人也。

四、敬长上，明礼让：年高硕德，民众典型。毕恭毕敬，待之惟诚。长上之伦，有同姓异姓之长上，有在官在家之长上，宜存敬畏之心。务谦卑逊顺，循规蹈矩。因时致敬，随处行恭，彬彬有礼。晋接之际，式礼勿衍。任使之时，奉命唯谨。饮食必让，语言必顺，步必后行，坐必居下。或有犯齿冒上，鼓舌刺老，以智傲上，以刚欺老，皆为狂悖不肖之徒也。

---

① 典出《尚书·酒诰》：肇牵车牛，远服贾用，孝养厥父母。

五、睦乡里，恤孤贫：毗邻而处，和睦为尚。周急济贫，以厚风情。同村同乡，朝暮相望，情谊之相洽，虽不能家庭之笃好，然也谊和乐为上。尤是鳏寡孤独，最为矜悯。故必出入相友，守望相助，缓急相周，有无相济。切戒势利相凌，机谋相轧，以强凌弱，以众暴寡。切勿势利相凌，乘隙而攻，或发阴私而相仇怼。交谊结友，贵乎有信。凡言行当近于义，庶可复也。

六、慎丧祭，敬祖宗：祖功宗德，世代传香。隆重丧祭，虔奉蒸尝。父母终时，送死安葬，人子之大事也。哀痛追悼，自有至情。其衣衾棺椁，当视必诚必信。贫而厚葬，或富而薄葬，皆非也。坟墓为覆盖祖体，亦后人友祥之始。故安葬尤宜吉良，祭祀为酬答先德，亦子孙报本之心，不可不敬。清明、冬至，子孙务必虔诚祭醮，修整外碑墓堂。则祖歆其祀，后受其福。

七、谨嫁娶，重婚姻：嫁择贤婿，娶必淑配。婚姻自主，门当户对。夫妇为人伦之首，万化之源。故男婚必宜择妇之德性，女嫁必宜择其婿之贤愚。婚姻自主，婚如从简。勿计家之贫富，切莫图财下嫁。婚姻之后，尤宜同心同德，互敬至爱，正内正外，克勤克俭。富贵不淫，贫贱不移，则夫妇和而家道兴矣。

八、专本业，尚勤俭：耕读工贾，养身之宝。勤俭治家，盈宁可保。人生各有职业，士勤读至贵，农精耕得食，工精艺裕财，商经营得利。然非勤则业不起，非俭则业不增。尝闻名门望族，莫不由祖先忠孝、勤俭以成立之，莫不由子孙顽率奢傲以覆坠之，故务精专其业，勤俭持家，若游手好闲，不务正业，导致坏名败产，辱先丧家，悔何及哉?

九、隆教育，崇正学：师以传道，友以辅仁。必亲必近，学自精明。望子成龙。望子成才、成名，人之常情，然须父兄训勉有方，良师益友教导得法。有资质可之子弟，天将降大任于斯人也，必先苦其心志，劳其筋骨，饿其体肤，拂其所为。……尤需黜异端，崇正学。

十、守法度，禁非为：忠厚为本，礼让为先。传家处业，安泰绵衍。风俗浇薄起于争。让三分天宽地阔，退一步何等清闲。务必淳厚礼让相安而处。……禁非为，守法规，完赋税，清规费……息争讼，解仇忿；弭盗贼，绝窝逃；禁吸毒，戒赌嫖。庶可安居乐业，不失先世之遗风焉。

韶关龚氏

韶关龚氏出武陵郡望，脉出两支。谱载：龚氏本姓姬，周文王第十四子错叔绣之后，裔孙际元封于滕地龚邱，因以龚为姓，望出武陵，取武陵为堂号。传至龚苍，为避王莽乱，迁福建上杭，是为迁闽始祖。南宋建炎、绍兴年间，传至龚氏茂良，举进士擢参知政事，被谗贬英州，卒于贬所，次子龚夔，字龙飞，举士历官礼部员外郎，因奔丧，途经雄州，无力归家，乃于淳熙七年（1180）卜居南雄城居仁街，为迁南雄始祖。宋有始迁祖祖述，原居福建上杭，宋末任南雄分府，终于官署，其子龚德益迁始兴坳头开基。另一支为乐城龚氏，本支乃于北宋嘉祐年间，自江西晋江迁入乐城，再迁长来，开基祖为龚贵，后裔分迁乳源、曲江等地。自明洪武年间始，至嘉靖末，先后有武陵堂数支龚氏再迁南雄、始兴等地开基。

曲江武陵堂《龚氏联修族谱》

【迁徙源流】曲江武陵堂龚氏一族望出武陵。据《龚氏联修族谱·序》载：吾族自周代封姓以来，世居武陵，至苍公，避莽乱徙闽之上杭。至宋孝宗朝建炎年间，茂良公被责降英州，卒于贬所。次嗣夔公因奔丧，留居南雄居仁街，后裔经元、明、清三朝，龚氏丁口日繁，散处粤北曲江各地。

【家训家规】曲江龚氏家训、家规，谱载列作《家规》《家训十歌》。兹列如下：

家　规

一、敬长上：凡属同族，务宜长幼有序，不可慢上凌下，如有侮辱长上，轻则以家法处罚，重则送官严办，若有无故欺凌少小，不仅家法所不许，亦为国法所不容也。

二、守人伦：男女居室，人之大伦，应宜各守配偶，不可好淫乱伦，凡我族务须遵守勿逾，以免于罪究办。每见乱伦之家，转瞬宗祀断绝。朱柏庐先生云：伦常乖舛，立见消亡。信不诬也。

三、睦同族：俗有转婚陋习，实为乱伦行为之别名。凡我同族，不可任其举行，以免有乖伦常也。

四、抚亲宗：抚子承祧，由亲而疏，如要立爱，必须经族证明，但不可抚异姓以乱宗，致乱血统，而断先人血食，违者革出祠外。

五、招赘婿：（略）

六、均平等：嫡庶平等。嫡出庶出，同一血统，谊属手足，享受应当平均。每见富裕之家，兄弟析产时，往往有重嫡轻庶致惹讼累者，此种见解乃系不平等也。

七、择职业：农工商学兵，为人类正常职业，各随其志，任择谋生。凡我同族，不可择取下贱之役，以免点辱祖先也。

八、奖节孝：旌奖节孝，本族如有年少守节，白璧无瑕，贞操可风者，族众应联名请政府旌表之，其有孝敬父母异常者，更宜请奖以竖仁孝风气。

家训十歌

一守国法：守国法，是良民。犯法非儿戏，轻罚重受刑。点辱祖宗和父母，更累自己坏声名。凡我同姓后生辈，遵守法令做好人。

二明人伦：伦有五，须要明。君臣要有义，父子要有亲。夫和妇兮贵有别，朋友相交信要遵。长和幼辈要有序，才可称道有人伦。

三立教养：教子弟，要有方。养成良好品，学到姓名扬。读书专求名和利，亦非家和国之光。术德兼修始为美，希圣希贤可流芳。

四尚勤俭：勤和俭，莫放松。富贵本无种，勤俭可成功。自古奢华和懒惰，谁家可得称素封。纵然不为儿孙计，何苦一生困贫中。

五严内训：贤妇女，尚操持。三从和四德，内则更当知。古来多少贤妇女，冰清玉洁没瑕疵。严防闺门莫出轨，谆谆教诲莫迟迟。

六戒嗜欲：好嫖赌，爱洋烟。金钱受损失，品行惹人嫌。世间多少英雄汉，失败全因嗜欲缠。一失足成千古恨，快回头是地仙。

七谨言行：言要慎，行莫偏，勿论他人短，休称自己贤。祸从口出非虚话，行不顾言真是颠。言行合矩是君子，谨守毋违福德全。

八息讼斗：和邻里，莫逞强。息讼方为美，好斗便非良。世间万事凭公理，讼斗双方定受伤。冤仇宜解不宜结，让他一着又何妨。

九扬善行：周人急，扶人危。输才仗和义，公益要常为。多行慈善获善报，泽被苍生德永垂。行善非徒得旌奖，大众称扬载口碑。

十惩凶恶：凶和恶，最可羞。有如害群马，谁与尔同俦。逞凶作恶违法纪，为非作歹孰容留。族内倘有凶和恶，惩戒宜严免效尤。

韶关梁氏

韶关梁氏有翁源、乐昌、仁化等数支。翁源梁氏，谱载本支于元末明初自福建上杭迁翁源岩庄、新江开基，始迁祖文达公，后裔分布新丰、曲江、始兴等地；乐昌梁氏，谱载该支于明弘治十八年（1505）自南海迁入罗家渡，开基祖为施左，分布在乐昌罗家渡、长来、梅花、廊田、北乡、大源和乐城等地；仁化梁氏，谱载本支于明成化十年（1474），由梁德逢、梁德遇兄弟率领，自河源化群都迁入仁化狮井，始迁祖德遇公无后，德逢为仁化狮井、水南开基祖，后裔分布在附城水南等处。明末清初本支分徙始兴等地。

始兴《梁氏族谱》

【迁徙源流】始兴梁氏源自秦仲之后。谱载：自宋始，因避乱而卜宅南雄，后裔分徙始兴、翁源及肇庆、河源、信丰等地。入明，有梁氏裔由南海随营于南雄，而择居于始兴，此为永安公一脉。又有志广开基于兴贤街，传至后岗等地，俱甘泉元孙。有徙仁化之汝达，系见山之远孙。更有彦恩迁寨头，宗尧迁荆岗，彦谷迁周所，择居许塘，皆永受公之一脉。又有晋保之子孙，由蛇坑迁居南雄，卜宅泷头，其后似理迁上洞，文相迁桐木岭。

【家训家规】始兴梁氏家训、家规，谱载列作《劝诫规条》，共十则。兹列如下：

劝诫规条

一、敦孝友：生我父母，恩大难偿。每日晨昏，定省供养。型于寡妻，孝事姑嫜，克谐兄弟。乐亲心肠，父母其顺，后嗣其昌。孝生孝子，忤出忤郎，愿我后裔，遵守旧章。

二、敬师长：师我懿范，示我周行。恩同君亲，时凛莫忘。尊师敬友，获益贤良。生事如父，死服心丧。子贡三年，外又筑场。先贤如此，万古名扬。

三、睦宗族：族源一脉，和气致祥。恩宜相接，义宜相将。尊卑有

别，昭穆弗忘。敬同一体，祭仍一堂。本支百世，万古纲常。

四、和乡邻：敬老慈幼，道本王章。毋恃势大，毋逞力强。出入相友，守望相帮。昏暮叩门，水火便将。洽比其邻，嘉言孔章。

五、勤耕读：愚则耕兮，贤则读良。耕要勤作，读要勤想。勤苦既尽，天自降康。勤读荣贵，勤耕满仓。切莫好闲，虚度时光。切莫贪玩，游荡抛荒。

六、戒酗酒：昏睡终日，害命斧戕，调和血气，节饮无伤。延宾喜庆，宴会何妨。鲁论明训，惟酒无量。若专好嗜，言语癫狂。失仪丧德，迥异寻常。无论贫富，惹祸身亡。敬陈酒诰，告诫必详。凡我子孙，恪守典章。

七、戒淫邪：淫为十恶，色欲难强。人妻虽美，美不可盼。我妻纵陋，系足难忘。稽古宋宏，不弃糟糠。惟尊礼仪，道重伦常。伉俪克谐，必产贤郎。兰馨桂馥，百世荣昌。

八、戒贪财：财虽养命，切不可专。非分妄取，见利思迁。或好赌博，浪费多钱。所得甚易，兼吃洋烟。害无底止，人岂垂怜。纵生诡计，腰缠万千。荣华当代，身后罔然。鉴兹往哲，日诵斯篇。

九、戒凶恶：人生性躁，血气方刚。一朝之忿，财破身亡。凡百事件，忍耐为良。勿嫌柔懦，勿羡强梁。弱莫汉高，强莫霸王。高登帝位，羽刎乌江。史册朗朗，颂德无疆。

十、戒奢侈：欲不可纵，纵欲则奢。骄矜淫佚，不顾身家。尊卑颠倒，避正趋邪。仓箱厚积，视如泥沙。艰难稼穑，帝力常嗟。忧勤惕厉，心法可嘉。

韶关彭氏

韶关彭氏脉出彭城（徐州）。谱载：氏始于韩瑊。系黄帝第九世孙，尧封于大彭国，因以国为姓，世居彭城（徐州），其后裔分迁于江西吉州沙溪。后唐天成年间，楚国辰州刺史、兵部尚书彭彦承之曾孙彭南选游学岭南，择地朔溪城头卜居，为朔溪彭氏始祖。其后子孙繁衍，派分十四房。元延祐年间，因赋税繁重，彭氏族人先后经商而远徙江浙，以及广州、肇庆、揭阳、顺德、新会与湖北、四川等地，部分迁徙粤北境内其他县乡，其中始兴彭氏分布在太平、马市、花山等地，新丰、曲江、乳源等地，亦有分布。

南雄上朔《彭氏族谱》

【迁徙源流】南雄上朔彭氏出江西庐陵吉水支脉。据南雄上朔《彭氏族谱》载“彭氏族谱源流考”记：庐陵吉水彭氏始迁祖永会公四子南选公，由庐陵吉水明德乡沙溪，游学岭南，于后唐天成年间徙居广东南雄上朔城头，是为南雄上朔彭氏开基祖。其派自南祖鲧时克；而隆龟公自元成，又良伯，庸万……氏族以“朝翔顺贤，肇尚文学，嘉言孔彰，士遵成宪；大道径邦，世德作求，恢绪荣昌，崇先典则，名选声长”。南宋德祐元年（1275），后裔演公之子祖年复徙南雄、翁源。自此“元仍繁衍，达发传芳，诗书继美，上国观光”。

【家训家规】南雄上朔彭氏家训、家规，谱载列作《家训族约》，共十条。兹列如下：

家训族约

一、敦孝弟：天伦父母身所自出，罔极之恩，虽竭力以事，未能称报万一。是宜循分自尽，及时敬奉，以供子职。奋自树立，绳先启后，以慰亲心。至于兄弟同胞，固属至戚堂从，亦由一本，彼此有宜相爱，怡怡和顺。勿于土田财利，偶尔口角衅起。至于闲言易间，私爱易惑，尤莫轻信，以伤和气，以对父母此训首及者也。

二、睦宗族：宗族同出一本，于我有亲疏，自祖宗视之，则均是子孙，固无亲疏也。故宜和协以昭雍穆。有喜相庆，有患相恤，有外侮相保御。切勿以富欺贫，以强凌弱，并勿左袒他人，从中作祟，自破藩篱，大失家族之宜，伤祖宗之心。族庭或有衅端，先须投明族长、房亲，以公论理。不得任性使气，言骂斗殴。勿与外姓擅兴词讼。

三、勤耕种，以足衣食：衣食者，生人之大命也，然必勤于东作，而后衣食有资。故古圣王谐情有儆田畴，有官凡以重民事也。所以一家之中，上而父母，下而妻子，偕仰给于一人之身。苟游手终日，有田弗耕，仓廪虚矣，冻馁其能免乎？嗣礼务宜竭力动劳，使人无遗力，地无遗闲土，则俯仰有资，衣食有赖，而余一余三，自免饥寒之苦矣，胡弗勉之。

四、崇俭约，以厚风俗：风俗之盛，有系乎人心之浮朴。先王制礼以节人性，诚虑后侈濡之风盛，而俗尚为之日伦也。每见崇封之子，凡宾客交游，冠婚丧祭恶，穷奢惭欢糜，所有至又甚者。单寒之家，鬻产变业，竞相效尤，身家罔顾。一旦劳虑穷追，嫉妒类生，为非为盗，搬弄是非，安冀风俗之淳良乎？今与族人约，勿谓宾客交游，擅行吝啬。当量入为出，用所当用，勿谓冠婚丧祭，咨情放肆，当以体节欲，省当所省，庶侈汰不作，离良可返，永无浇漓之患矣。可勿勉乎？

五、重师儒，以明礼仪：礼仪者，生人持身之本也。然必隆重师儒，严其匪僻，而后童蒙之习端，期礼义之心自油然而生也。夫子弟之诵诗读书，岂尽皆科甲子。士倘自幼不为捡束，将长而骄惰成性，其害不可胜言矣。为父兄者，理宜择师教子，无敢怠慢。勿吝一己之财，勿听妇人之语，则在我之子弟，虽未尽为科甲之流，而明礼义，识世情，亦不失为纯朴之士也。况由此而加力焉，而显亲扬名，又岂可量乎？我族人其深思而自得焉。

六、肃闺门，以端风化：闺门者，万化之原也。所当内整肃伦纪秩然，故男不言内，女不言外。非祭非丧不相授器，此古礼也。我彭氏仰沐先人厚德，诗礼家传，历数十世，从无作奸犯分者。尔子孙宜世守伦律，无致荡险。踏闲失调。倘有胆抗故违，身蹈不法者，即送官处以死罪，按律宪究惩。庶风化克端，伦常整肃，三尺当醒。尔等勿亲为具文也，慎之，慎之。

七、戒赌博，以保资产：资产者，祖父所遗之业，以为子孙长久计也。故勤耕，为读，为工，为商，各有恒产。乃不肖子孙游手好闲，博弈终日，喝雉呼卢①。荡产丧家，靡所不至，将为非为盗，由此而生，族党亲姻，咸为玷辱矣。族内如有蹈此者，一经觉发，即行送官重究。尚宜戒之。

八、守国法，以保身家：法昭公门，森然可畏。人当以身奉之，不可以躬蹈之也。苟事出无奈，万不得已，虽身家不计，亦情理所宜。然倘酗

① 指古代赌博游戏称呼。今称掷骰子。

酒败度，好勇斗狠，灭法灭义，为非为盗，则是自干罪尸，死有余辜。纵令汤网弘开，侥幸万一，而身名败裂，亦属名教罪人。咨尔族内子孙所当夙夜凛凛，父勉其子，兄戒其弟，凡事三思，勿以小忿而起衅，勿以轻率而生非。安分守己，心静气庶，上不罹于法律，下可保尔身家矣。古云：王法无亲，慎毋亲弁髦。思之，思之。

九、国赋早完：钱粮为国家命脉所系，上逋公则参官罚俸，下失卯则临限受责。试思普天之下，莫非王土，率土之滨，莫非王臣。是任土作贡，急公奉上，分应尔也。况钱粮为币藏，花户所有，与他人何涉。虽奉上革除里役，乃致贻都差，无辜受辱，谁非父母皮肉，甘为他人代责乎？嗣后各自体理轮将，应限早完，庶上不病于官吏，下不累及他人，不第可免身受者之怨，犹可免趋差临门需索之忧。而尔子孙之业亦可常保矣。勉之，勉之。

十、珍家谱：谱牒务宜珍藏，春秋二祭，必嗣上会合验过，且以奉祀。断不许以笔添改毁污，断不许轻借与人，有亵渎祖宗，败坏眷帙，且或至遗失也。

韶关董氏

韶关董氏支出西汉江都国相董公仲舒脉。史载：西汉董仲舒答武帝《策问》，应以“天人三策”，归结“诸不在六艺之科、孔子之术者，皆绝其道，勿使并进”，主张“罢黜百家，独尊儒术”，为武帝所采纳，故董氏以“三策”为堂号。谱载：支开江西南康朱坊塅上董氏始迁祖正蘧公，传二十七世裔孙至董玮，北宋元符三年（1100）受荐举南雄州开曹参军，举家随任，分迁南雄城东门立基，南宋初，五世孙董宗成自东门孝悌街迁乌迳开基，分迁界址、孔江、新龙等镇。自此，后裔子孙繁衍，分迁粤北始兴、翁源、仁化、曲江。

南雄松溪《董氏族谱》

【迁徙源流】南雄松溪董氏，据《松溪董氏族谱序》记载：自董父受氏，历汉唐而下，代有闻人，河中晋陇西郡公后尤盛。公之后裔，自河中徙抚之临川，十四传之清然，清然九世至玮，是为乐流坑派，最后居南雄孝弟街，为保昌董姓始迁祖者，由荐举南雄州参军玮也。参军之孙曰宗成，由城徙本邑水松山坑，又为松溪之始祖矣。

【家训家规】南雄松溪董氏家训、家规，谱载列作《圣谕》六条，作氏族戒规并引，兹列如下：

圣　谕

引：所载《圣谕》六条，所以教民善至矣。为子孙者，遵守勿替，则仁让行于家，德礼暨于国。此规与此谱俱永，董氏不其允孚于休耶。

一、孝顺父母：父天母地，恩深罔极，深和愉婉，乃为孝顺。十月怀胎之苦，三年乳哺之劳，遇疾病每添忧惧，稍知觉则增喜，欣入怀抱，朝夕顾复，养之衣食，与之婚配，遗之田里，勤之训诲，何可不孝顺也？出必告，反必面，所游必有常，所习必有业①，酒食必养志，疾病必扶持，命召无诺，食享无慨，立身行道，显亲扬名。敬亦敬，而爱亦爱，终则

① 典出《礼记·曲礼上》：出必告，反必面，所游必有常，所习必有业。

慎，而远则追厚。继如嫡，以念父事，庶若慈而同母，爱则喜而不忘，恶则劳而不怨。爱僻曲为顺从，有过善为几谏，勿面顺而心非，勿幼慕而离，勿以妻子移心，勿以富贵忽情，即见背早而有继父，亦当酌尽子道，若少忤逆，得天地乳羊，哺乌不若，重违圣谕也，父母告而罚之。

二、尊敬长上：尧舜道，在孝弟，疾徐行，别敬肆。家有严君，尊莫逾焉。官司临之分为上矣，族里戚友之伯仲乎吾高祖、吾祖父，与先乎吾而季长以倍者，十年五年以长者，皆所当敬也。无论亲疏远近，无论富贵贫贱，见必拱手，行必随后，坐必就隅，有问必对，有劳必服，侍饮必候出，通讯必谦卑，即燕居乍见亦然。勿以老耄孤独而忽之，勿以贫乏危难而轻之，勿纵佚奴悍婢而辱侮之，勿挟艳势阜赀而凌压之，勿恃博学宏才而骄诳之。有一于此，皆违圣谕也，被纪者告于祠而罚之。

三、和睦乡里：里仁为美，智者择处。故家遗俗百姓，亲睦邻里之人，毋论与我祖父兄弟世为婚姻，即侨寓新徙之家，亦有同井之义，皆所当和睦也。出入相友守望，相助庆吊，相遗相酬，贫乏相周恤，疾病相扶持。勿以毫末升斗之利违义，勿以儿童妇女之语拂心，勿以畜牲践踏之故伤情。宁人负我，毋我负人。至于宗族，情义尤厚，即逢宿怨，亦顾名义。倘口蜜腹剑，机械挤倾，结党串众，逞凶诈骗，皆违圣谕也，鸣鼓于祠而攻之。

四、教训子孙：庭训诗书，圣有垂宪，中材能养，父兄称贤。待教而善者，中材尽然。吾之子孙与兄弟之子孙、族人之子孙，无论长幼男女，皆所宜教训也。婴孩习以幼仪，闺闱娴以姆训。非苟正其句读。弱冠课其艺文，隆延明师，广致贤友，日诵格言，以熟其耳目，时陈理义以卷其心志，即未致身荣显，亦称大方。子弟若宴安纵肆，骄志凌傲，驰马试剑，未尝学问，酒色财气，流连荒亡，其渐必凶而身家者，皆违圣谕也。子孙固尔不肖不教训者，不能以寸①。

五、各安生理：勤苦之人，苍天不负，因天顺地，随求有获。大臣法，小臣廉，士而学，农而耕，工而造作，商而贸迁。幼小而蒙养，老髦而端慎，女妇而贞静，奴婢而忠顺，皆生理所当安也。法以帅，百僚廉，以肃官箴。爵位日增，名誉日起，学必勤讲读而肄艺文，仕可进。其耕必时犁耘而防旱潦，秋成有获。工毋作淫巧而致毁尽，既禀自丰，商毋心垄断而欺滥恶，财自恒足。贞静者，妇道母仪必著，蒙者聪明之慧日增。端慎者年康宁不衰，忠顺者衣食子女必遂。不然，事放纵而甘逸安，奸巧而凭口舌，何所终身而资俯仰？皆违圣谕也，告于众而罚之。

六、毋作非为：孽作于自，罪不可逭；缪差一念，毫厘千里。如贪酷奔竞，忤逆叛悖，滥受投嘱，讬公事妒害善良，剥削贫乏，纵势横放，索诈常例，舞文改卷，教唆词讼，包揽飞洒，拖欠陷累，越律逞凶，酗酒赌

---

① 典出《孟子·离娄上》：如中也弃不中，才也弃不才则贤不肖之相去，其间不能以寸。

博，诂诱拐带窝藏，毁骨占坟，强奸挟娶，妖术鼓簧，聚众结党，迎神赛会，扮戏宿娼，优隶贱身，僧道斩嗣，巧使诋假，淫秽伦常，高抬谷价，孽造诽谤，霸占水利，交结匪类，大秤小斗，出轻收重，局骗僭害，谋财负命，杀人放火，穿壁凿墙，凡此非为，皆犯圣谕也。有则改之，无则加勉，勿以小善无益而不为，勿以小恶无伤而为之。小惩大戒，恶积罪盈，天灾必罹，国法不贷。

韶关曾氏

韶关曾氏以庐陵郡三省堂为主。谱载：曾氏原籍山东武城（山东费县）。西汉末，不仕王莽新朝而举族南迁，入江西豫章庐陵吉阳开基，析居永丰，后迁居吉水兰溪。唐僖宗光启年间，因避难再迁居于潭、泉、福兴之间，宋政和二年（1112）迁福建宁化石壁。南宋末，因元兵扰乱，宁化上杭曾氏数支入粤，迁长乐及始兴，其中，始兴一支以曾晟为始迁祖，开基始兴罗坝。明中叶入粤长乐等地，曾氏后裔再迁惠州府长宁（今新丰）、始兴。谱载：明正统年间，曾氏第五十七代孙仲清、仲仁与五十八代孙法海、法雄叔侄四人，自嘉应州迁徙入始兴东湖坪开基。由此，曾氏逐步走向兴盛。从明嘉靖至万历年间，始兴曾氏各支，分徙南雄各地开基。至清初，始兴曾氏盛极一时，尤以东湖坪曾氏法海公后裔国柱公一支为最，时国柱公在上窑背建起一座九栋十八厅大围，其人被誉为“钱王”。民有谚：“东湖坪个钱王，总铺个谷王，沈所个祠堂，石下个屋场，新村个鱼塘，杨公岭个禾声，天下美名扬。”钱王即指曾氏国柱公。明万历年间另有福建宁化迁长乐、连平曾氏后裔，迁翁源，分居翁城，后裔分徙官渡、庙墩等地开基。乐昌曾氏，始至清末自梅州迁入连南曾氏，其后裔分支迁乐昌廊田开基，开基祖为传锦、广麟，分布在廊田等地。

始兴法海公《曾氏族谱》

【迁徙源流】始兴法海公曾氏出山东武城，西汉末因不仕王莽新朝举族南迁，入江西庐陵开基。至宋政和年间，迁福建宁化石壁。元末迁入粤境。谱载：明初始迁祖曾晟迁徙始兴开基罗坝，至明正统年间，后裔第五十七代孙仲清、仲仁与五十八代孙法海、法雄叔侄四人，自嘉应迁徙入始兴东湖坪立基。至清初，法海公支盛极始兴东湖坪，民谚誉法海公曾氏“东湖坪个钱王”。

【家训家规】始兴法海公曾氏家训、家规，谱载列作《宗圣曾子祖训》与《曾氏家训》。兹列如下：

宗圣曾子祖训

孝悌忠信，礼义廉耻；三省诚心，道传一贯。

曾氏家训

一、急公赋：输纳钱粮，供上之大分也。凡我族，粮税咸宜依期完清，毋得推延拖欠，自取差役追呼，违者决不轻恕。

二、敦孝悌：孟子有言：“尧舜之道，孝悌而已。”人能孝悌则希贤希圣已植其根。人不孝悌，则天良丧失，万事瓦解。族中或有不孝不悌之人，急宜重处。

三、睦宗族：宗族同出一本。范文正公曰：“家族于吾有亲疏，自祖宗视之，则均是子孙，固无亲疏也。”故宜协和以昭雍睦，有善相庆，有难相恤，有外侮相保御。切勿以富欺贫，以强凌弱，并勿左袒他人，从中作祟，自破藩篱，大失宗族之谊，伤厥祖宗之心。族庭中或有人寡端，先须投明族长、房亲，从公理论，不得任性使气，詈骂斗殴，遽听外人擅兴词讼。

四、崇祠宇：祠堂为祖宗凭依之所，子孙观瞻之地，务宜修整洁净，勿以间物堆挤，不得纵畜践污，所以妥先灵也。

五、守坟茔：祖宗坟墓，远近不一，或与他姓连界，与别房邻近者，或共众坟而各房附葬者，俱已注明谱内，理宜各管祖坟。不得因合谱而紊争。至逢清明，务宜及时醮扫，以免侵淆争论。

六、隆祀典：事莫大于尊祖，礼莫大于承祭。春露秋霜，为子孙者能无怵然。故当祭期，务宜修洁祠宇，虔备祭仪，整肃衣冠，恭行祭事。无或参差失礼，庶孝思少伸而祖灵歆，格福我后人。至蒸尝产业，已经著明，不得因合谱而觊觎强占；即属有分，又不可盗卖私当，以绝先人血食。如有此情，执谱究处。

七、重斯文：家有斯文，犹身有眉目也。眉目不具，不得为完人。斯文不重，不称为望族。吾族历朝科第绅衿，代不乏人。族属子孙，皆宜肆力诗书，以绍箕裘。为父兄者亦当隆师重道，培养成才。其名成学优者，族间宜加隆礼珍重之；不啻眉目，为族之仪表。且将来子侄，知所鼓舞而奋志功名，亦可光大先绪也。

八、慎婚姻：夫妇为人伦之始。结婚合配，当审阀阅相当，究其清浊明白，毋或轻，勿苟且。若婚配已定，进退两难，非特终身之诬，且玷家声不小也。

九、务本业：富贵虽曰天命，成败实存凭人。其上奋志诗书，扬名显亲，其次务本力农，牵车服贾，亦足谋生成业。下至习艺执技以食，于人称不失为安分良民。若不肖子弟，怠纵逸肆，少壮不力，白首无成。此家门之大不幸，所宜痛加惩戒。

十、禁赌博：赌博之禁，圣谕告诫甚严。人皆以为玩耍，一经官府拿获，即为犯罪入刑。况有衣食子弟，一时被人引诱，稍得钱粮，遂生贪心。岂知赢无常，我欲胜，而人犹欲胜我，迷惑不知省悟，卒至荡废家产，无所不为。即能操常胜之术，亦是丧良害人，岂可以为得计。皆为家教不严，由浅而入深，为父兄者最宜防闲切责。

韶关温氏

韶关温氏主要分布于保昌、始兴、仁化、翁源、新丰等地。谱载：本支温氏为黄帝裔，周武王之后，望出太原，相传温氏传至温念深，由太原移汲郡至河南清河。晋五胡乱华，移居江西南昌等地。唐末黄巢之乱，避难福建宁化，宋景炎二年（1277）因元兵扰乱而经长汀入上杭，传五世至温守正，生六子，长子温庆，官宁都，其后迁居信丰；次子温宝，进士，福建武平令，随任居上杭，而后继徙江西信丰、粤境兴宁等地。自宋末元初始，温氏后裔分迁南雄、新丰等地，明洪武至嘉靖、隆庆年间，温氏繁衍各房后裔再分迁始兴、翁源、仁化、乐昌等地。

仁化曾洞《温氏族谱》

【迁徙源流】 仁化曾洞温氏出福建上杭五郎公温林支。谱载：明成化六年（1470）温氏万一郎公（永良），自福建上杭迁徙入粤北翁城墨岭村开基。万一郎公生三子，长子百一郎公迁长宁县（新丰县）富头村开基；次子百二郎公从翁源墨岭迁增城；三子念三郎公伴双亲在雪溪桥、墨岭拓业。念三郎生三子，长子永贵居富陂村，次子居雪溪桥，三子居墨岭。至清代，温氏后裔分徙始兴、仁化等地开基，奉五郎公温林为始祖。

【家训家规】 仁化曾洞温氏家训、家规，谱载奉列五郎公《诰言家训》。兹列如下：

诰言家训

诰尔子孙，诫尔子孙，原尔所生，出我一本。虽有外亲，不如族人。荣辱相关，利害相及，宗谊为重，财器为轻。危急相济，善恶相正。为父者当慈，为子者当孝；为兄者宜爱其弟，为弟者宜敬其兄。士农工商，各勤其业。冠婚丧祭，必循乎礼。乐士敬贤，隆师教子。守分奉公，及人推己。闺门有法，亲朋有义。立行必诚而无为，御下必恩而有礼。务勤俭而兴家庭，务谦厚而处乡里。毋事贪淫，毋习赌博；毋争讼以害俗，毋酗酒以丧德；毋以富欺贫，毋以贵骄贱；毋恃强凌弱，毋以下犯上；毋以大压小，毋因小忿而失大义，毋听妇言以伤和气。毋以亏心之事而损阴惊，毋以不洁之行而辱先人。毋以小善而不为，毋以小不善而为之。毋谓无知，冥冥见晓，寂寂闻声。依我训者，是其孝也，我其佑之。违我训者，是不肖也，我其覆之。子子孙孙，咸听斯训。

韶关谢氏

韶关谢氏脉出河南陈留济阳脉支。谱载：谢氏本为申伯之裔，先祖世居陈留，辗转南迁赣、闽，自宋继而入粤，元、明、清后裔分迁入南雄保昌。在南雄，有上、下孔溪谢氏，其先祖谢学敬于南宋德祐二年（1276），由虔化来粤经商，因避乱，卜居南雄沙水。其孙谢德清于元至正七年（1347）徙筠过开基，德清之孙谢子良于元至正二十六年（1366）徙官塘开基，生二子正元、正化，正元于明洪武戊辰（1388）迁上孔溪开基，为上孔溪始迁祖，其后裔分迁官塘、大塘墟。始兴谢氏，于元末明初分布在北山、太平、深渡水、花山、罗坝、顿岗、城南、沈所、隘子、澄江、马市等地立基。乐昌谢氏有两支迁入：一支明隆庆年间由乳源县大桥迁九峰，开基祖彦仁公；一支在清代从仁化迁入五山，分布在九峰、大源、五山、廊田和北乡等地。至清末，又有翁源谢氏自江西信丰迁广西柳州，再迁翁源，分居坝仔、江尾、六里、三华等地。

一、始兴澶亨村《谢陈氏族谱》

【迁徙源流】始兴澶亨村谢陈氏，出自闽中陈氏。《始兴谢陈氏族谱序》记：“有仕于闽中者，别姓为陈……概见稽谢氏之先有忠义自奋，变姓名而入建宁者，忠等即其伦欤，其由闽而迁于粤之澶亨……”

【家训家规】始兴澶亨村谢陈氏家训、家规，谱载列作《祖规》《祖诫》，各十条。兹列如下：

祖　规

展礼祠墓：祠必巍焕其制，墓必崇隆其基。盖以祠墓者，祖妣灵机之式凭，体魄之栖藏，是故祠祭墓祭必严恪衷存，择贤能而主持其事。成乃牺牲，洁乃粢盛，毋使拖欠蒸尝，越期失祭。至于祠墓，乃先人所造，已大费经营，后人宜恪守成规，清静封固。近祠子孙，毋得以近便而堆积物件秽渎。祖宗值年管理须宜祀奉香灯，洒扫清洁，照检漏水，以妥祖灵。此事死如事生，事亡如事存之道也，族人所宜首慎。

孝顺父母：鲁论曰：子生三年，然后免于父母之怀。由此观之，则人子所当念离里之深恩，而终身不忘者也。幸而堂上康宁，左右就养，勿远离膝下。即不得已而游，必告以方，无使父母诒罹。或父母有过，亦当以愉色婉容，讥谏无形，谕亲于道。至若亲终，必哀痛迫切，哭泣擗踊，交相乃至，夫如是，庶可报亲恩于万一而稍尽子职。

尊敬长上：齿居达尊之一，王化所关昭代攸尚，故凡子孙与家庭、宗族、州里之间，见有年之迈与夫分之尊者，坐则起而礼，行则让彼先。率循子弟之职，勿忘钦若之思，则长幼之序明，尊卑之分定。

教训子孙：抚堂构而念及贻谋畴，无不爱其子孙。然爱之贵有以教之，而教之，必有所以教之之道也。盖择明师而磨砻，求良友以切磋，则俊彩星驰，萃聚一堂，奇兴共赏，疑与共晰，虽愚必明，虽柔必强。慎毋因子孙之鲁顽，家资之匮乏，委而弃之，以蹈养不教之咎。

亲睦宗族：亲宗戚，睦族属，则恩义笃而伦分明，所以圣谕首则曰敦孝弟，次必曰笃宗族，则亲睦宗族之谊不可不亟讲也。故甚愿尔曹绝，勿以强凌弱，以众欺寡，以卑逾尊，以疏逾戚，伤和气以败族纲，视族人而同秦越。

早完国课：完钱粮以免催科，圣训之垂示也，其彰彰矣。虽薄敛厚民，本王者之膏泽，而国中自赋，实吾侪之宜。然若拖延岁月，视钱粮而等贷借之宽，则追呼日至，自干典刑，必致拘押囹圄，鞭棰及之，斯时追悔，嗟何及矣。

勤修职业：人品不同，职业亦异。然职业者，惟勤修而始精，故士必称先则古，奋志芸窗，勿因循自惰，庶可以耀宗祊。农必深耕易耨，竭力南亩，勿游手妨耕，乃足以充家业。工宜习熟各艺，不得作淫巧弄人，伪器售卖。商宜牵车服，贾不得虚花浪费，假伪欺骗，能如是，则职业修而资身有策，俯仰无嗟。

崇尚节俭：天地之生财，只有此数；人生之福分，各有限制。倘一事之用而罄数年之蓄，亦以为快吾之欲，而所积已无余矣。故与其奢侈败度，曷若节俭寡过。试观世之浮华无实之流，往往曰至于倾家荡产，寡廉鲜耻，甘为人下。谚曰：床头金尽，壮士无颜，须谨记之。

禁止邪行：息邪说乃以正人心，距诐行始足以端习尚。盖人之所具者，虽天地之正性，而异端左道最易诬世惑民。故凡鸡占鼠卜，遣煞遣雷，谩言某佛降生，烧香聚会，斋婆、尼姑、跳神、卜妇、僧道，当先杜其往来，慎毋听任信从。俗云：不交僧与道，便是好人家。此言虽俚，实可为斋家之要言也。

谨慎婚姻：婚姻为人道之首，万化之源。故女必择贤德之婿，男须选贞静之媳。以德匹德，以贤配贤，慎毋若末世之俗，贪图富贵名位，不顾良贱之等，姗笑姻里，贻辱祖宗，此婚姻不可不慎也，尔曹共慎之。

祖 诫

一、诫忤逆不孝：人生之罪，莫大于不孝，故不孝罪不容于死。凡子

孙有好赀财私妻子，不顾父母之养，交匪人，疏兄弟，以贻父母之忧，并反唇诟谇，怨怼父母及当面抢白父母者，父母一经赴告族长，即问房长锁至宗祠，决杖三十，倘不自悔悛改，即送官处死。

二、诫倚力犯尊：按律，殴有服尊长，照服分杖徒。凡同姓亲属相殴，虽五服已尽，而伦分秩然。倘有尊长犯卑幼，减凡斗一等；卑幼犯尊长，加一等。即或有事故雀角，亦当以赴告族庭理论。如恃财力行暴，有乖名分，族长房长拿至宗祠究问情实事理，决杖三十，仍输罪叩谢被殴尊长。

三、诫行奸乱伦：按律，奸同宗无服之亲，各杖一百，强者斩；若奸有服之亲，递加杖徒绞，凡子孙各宜谨守勿犯。如犯有服者，许族众送官依律究处；无服者拿至宗祠，决杖四十，削名出族。捉奸投族必须丈夫姑嫂，外人旁支毋得肆行乱为。如有挟仇宿怨之徒恃强报复，指捏为奸，鸣锣统众，势逼亲夫宰猪通族，弄假成真，概行不理。果系丈夫姑嫂亲手拿获，照祖条规处咎，断不姑宽。

四、诫邪行盗窃：按律，盗窃初犯刺小臂左膊；再犯刺小臂右膊；三犯者绞。凡子孙纵贫乏，亦宜安分自守，各事生业。如有犯盗至三，族长即会族拿至宗祠重处，服亲无得异言。

五、诫赌博游荡：按赌博杖八十，开场诱赌者同罪。若专以赌博为事，逞雄滥泼，不务生理者，又加等问罪，枷号三月。凡子孙士农工商各尽己业，毋许优游闲荡，如有犯者，父兄赴告，定必拿至宗祠，决杖三十；仍不悛悔，送官枷责。

六、诫至期失祭：按律，失误祭祀者，杖一百。礼文四时有祭，士庶之家春秋为重。我族春祭以清明前十日，秋祭以中元之日，如有至期推诿不祭，族长会族众拿管年之人至祠，决杖三十。倘恃滥恃强，送官究治枷责。至于子孙，与祭者必亲致如在之诚，乃为孝子慈孙。若不至祠墓者，概不发胙。

七、诫侵骗蒸尝：禋祀之典，惟系乎蒸尝，故能有增益蒸尝者，记录其功。至若批耕祖田，租税不完或管年之人心怀觊觎，糊涂数目，欺骗蒸尝者，族长会族众拿至宗祠，依卑幼盗尊长律，决杖三十，侵一赔九。

八、诫鬻卖祖坟：祖坟乃祖宗体魄所藏，按律卑幼发卖尊长坟，杖一百流三千里；开棺者，斩；弃骸卖坟罪同。买人、牙保知情，各杖一百，送官处治。凡子孙即穷乏亦不得鬻卖祖坟，如有犯者，拿至宗祠，决杖五十，地价归祠。

九、诫居丧嫁娶：按律，男居父母丧而娶，女居父母丧而嫁，杖八十；居夫丧而身自嫁人，杖一百并离。凡子孙居丧守制，不得嫁娶。如有犯者，捉至宗祠，决杖二十，乃处罚不孝之罪。即或不得已，宜先禀告族长酌行。

十、诫继养失序：伦分序则昭穆，当按律不得尊卑失序，颠倒伦分。

凡子孙以侄嗣伯叔，礼也；若以弟嗣兄以孙，及会立嗣祖昭穆不当者，许族长会族属，惩罚乱序之罪，即速改正。

二、始兴宝树堂《谢氏志》

【迁徙源流】始兴宝树堂谢氏出闽武汀脉支。始兴宝树堂《谢氏志》载：“始迁祖五公览粤省之山川地灵钟毓，睹风俗之纯朴、仁里择居。于是由闽武汀或偕妻子以来雄城，又偕叔侄以来始邑立基。”又记：“溯我族所居之地，开坪田、南坑之祖，则推宝贤、泽开二公。又有宝璜、宝俭、宝选、宝勤，一则居于长坑，一则居于始邑太平圩，一则居于澄江、保昌、上下北山。另有清化五含、南雄莲塘、窑山坪、保昌太坪、双坑水、暖水塘、上洞水等支。”

【家训家规】始兴宝树堂谢氏家训、家规，谱载列作《家训》十二则。兹列如下：

家　训

重祭祀：报本追源，子孙重典。故时有春夏秋冬，祭有礿祀蒸尝。当祭之日，内尽其诚，外备其物。使吾之精神，与祖之灵幽明相通，则以妥以侑矣。孔子曰：“祭则受福，必有合也。”

敦孝友：孝为百行之原，身乃父母所生。诗云：“哀哀父母，生我劬劳。”又曰：“欲报之德，昊天罔极。”倘不及时奉养，抱恨终天晚矣。语云：“与其椎牛而祭墓，不如鸡黍之遗存。”尚其念诸。

尽悌道：凡今之人，莫如兄弟。诗云之矣：弟固当恭，兄亦宜友。须敦同气之爱，勿伤手足之雅。纵能如古人之大被同眠，灼艾分痛，而悔慢凌竞之习，可勿除欤！

笃宗族：家之有宗族，犹水之有支派也。亲疏虽异，而本源则一。宜亲睦荡于家庭，雍和达于合族。缓急相恤，有无相通。勿恃富欺贫，勿以强凌弱，勿妒贤而嫉能，勿争长而竞短。善则成之，邪则戒之推之。乡党同井，出入相友，守望相助，疾病相扶持，恩明宜美。宗族所关，岂细故哉。

正夫妇：夫妇为人伦之始，闺门乃起化之原。阴阳和而后雨泽降，夫妇和而后家道成。礼曰：“夫义妇顺，家之肥也。”若琴瑟不调，祸将立待。尚慎旃哉。

谨婚姻：女嫁男娶，子平愿慰。同姓不婚，周有厉禁。故礼曰：“男女非有行媒不相知名。”又曰：“买妾不知其姓名，则卜之。”盖言谨也。

勤诵读：学乃身之宝，儒为席上珍。自古学不负人，惟人误学。诚能足三余，惜光阴，学底纯粹，业致精微，云烟生满纸，笔阵扫千军，则高爵厚糈，金带紫袍，不期而至矣。

勤耕作：耕以谋粮，食为民天。礼曰：“耕三余一，耕九余三。”庶几亩荒有备。食出于耕，耕赖乎力。仰事俯畜，端系乎此。力之不竭，食于何有？尚其知之。

戒怠惰：游手好闲，不事生业，将放辟邪侈，无不为己。卒之困顿流离，而转于沟壑，往往而然。凡我族类，奈何勿省？

戒赌博：凡人百艺，可为惟惫甚。夫喝六呼幺，有何意趣。临场当典，真没廉耻。甚至荡家倾产，贻累妻儿，忍饥受寒，丧名败节，皆由是行。美能警之于先，而悔之于后，庶业可保，而家可全。

戒淫欲：十恶之首，先严淫行。美妾娇婢，实为淫蘖。三姑六婆，真是淫媒。一入圈套，害不可言。此色荒之戒。古人作歌以告哀，尚其钦之。

戒滥饮：酒以成礼，亦以陶情，适可以止。一在壑中，内则丧德，外则失仪。庸流固宜节制，士儒尤宜加谨。往见酗酒闹事，几成大祸，可勿慎欤。此仪狄作酒，神禹远之。

韶关蓝氏

韶关蓝氏属粤北畲族，讲客家话，分布在粤北主要有三支：一支为蓝氏始祖蓝昌奇脉。相传，其人系炎帝十一世孙榆罔之次子，传一百二十二世蓝吉利南迁南雄珠玑，后裔全部南迁徙中山、江门、新会、顺德等。另有一支蓝氏一百二十九世蓝传泰、蓝传嵩、蓝传恒后裔，明朝年间，由信丰迁南雄、始兴、新丰、翁源、曲江等地；崇祯年间永敷公由闽迁粤翁源开基，后裔万清公，移居曲江蒙里，越七世益公，迁入乐昌九峰等地，后裔分布在九峰、两江、北乡、梅花、三溪、坪石等地。另一支系南宋由福建上杭迁仁化，始迁祖景全公，分布在仁化小田、西冲、旱窝、长江高洞、林溪、河田、学堂坳、扶溪斜周等地。

乐昌九峰丰满堂《蓝氏族谱》

【迁徙源流】乐昌九峰蓝氏，出自闽永敷公一支。据谱《蓝氏续修源序》记：明永敷公由闽来粤，开基于韶翁源。而生万清公，移居曲江濛里。越七世迁益公始来九峰宋水洞，卜宅而居，即开脉我曲江、乐昌两房之祖也。

【家训家规】蓝氏家训、家规，谱载列《家规》八箴八条，《家训十条》。另列有祖训、父训，以及家训四禁等。择其《家规》八箴八条、《家训十条》及《家训四禁》，兹列如下：

家　规

引：孝、弟、忠、信、礼、义、廉、耻八个字，皆修身齐家，持躬涉世之要道也。今宗谱已成，谨遵八个字，列为家训八条，使家喻户晓，共遵毋违。每房房长宜时申约束，细心劝勉，使子孙咸知率循，自无不肖不类之辈，故人乐有贤父兄也。

八　箴

孝箴：善行无敌，厥首惟孝。父生母育，德何以报。仰维前贤，善承色笑。养志无违，谕亲于道。凡吾宗人，是则是效。

弟箴：何以恭兄，厥道惟弟。徐行后长，勿紊其序。仰维前贤，笃厚同气。柳问饥寒，姜称大被，弟恭兄友，荆花不悴。

忠箴：先儒有言，尽己谓忠。人心不一，竭诚斯同。无妄为怀，不欺于忠。堪为人谋，可达王公。勿贰以二，往来憧憧。

信箴：先儒有言，以实谓信。不诚无物，得主则定。言根于心，中敷于行。有孚盈缶，豚鱼格真。无信不可，恪遵圣训。

礼箴：盛德大备，莫善于礼。内主诚恪，外饬容体。周旋折旋，中规中矩。丧祭冠婚，此为之纪。敬慎威仪，免讥相鼠。

义箴：人生大防，惟利与义。是非可否，毫厘疑似。辨之既明，行之斯利。守经达权，义之与比。以义制事，先型勿替。

廉箴：志士励行，莫重于廉。精白乃心，嗜欲胥捐。千驷一介，取与必严。出为名臣，处为圣贤。入夷出跖，服膺拳拳。

耻箴：机变之人，无所用耻。克励此心，始称男子。一念之恶，人视人指。少有惭恧，奚啻监史。知耻近勇，深昧斯旨。

八　条

一、要尽孝道：孝者，百行之原也。人若不孝，纵官居极品，功盖天壤，不足贵矣。亦思父母之恩，昊天罔极，人子粉身碎骨，万一莫报，可不孝者！故服劳奉养，子道之常，循礼守法，保身全体。无贻亲忧，孝子之始也。扬名显亲，孝子之终也。人能尽孝，父母喜悦，祖宗默佑，天地眷顾，自然昌大久远矣。

二、要尽弟道：兄弟乃同气同体，谊属天显也。人若不弟，则同气已乖。暴戾成性，将衅生阋墙，外侮随至，必然之理矣。亦思以幼敬长，分所当然。故隅坐随行，弟之道也。推梨让枣，弟之礼也。和乐且耽，弟之谊也。弟既敬兄，兄亦爱弟，手足之谊既笃，父母之心亦欢，自然和气钟祥矣。

三、要忠心：忠者，发己自尽也……但凡与人做事，必当尽心尽力，视人犹己。若父母兄弟家庭骨肉之间，尤宜披肝沥胆。言无乱发，行无乱动，则在家可以为孝子，在国可以为忠臣矣。

四、要信实：以实之谓信也。人若不信，则言不由衷，行皆虚妄。孔子曰：人而无信，不知其可也。经云：朋友不信，非孝也。但凡处己接物，事亲敬长之际，必要心口如一，内外相孚。则反身而诚，交友则为信友，事亲则为孝子矣。

五、要循礼：礼者，天下之节文，人心之准则也。人不循礼，则荡检窬闲放佚无忌，以至于名犯分。为臣不忠，为子不孝，与人不信。孟子曰：礼之实，节文。斯二者，可知孝弟之人，必遵礼法。先王制礼，以辨名分，别尊卑，明贵贱，序少长，严上下也。凡在父兄宗族之前，必要谦卑逊顺，循子弟之礼。即在乡党朋友，亦当恭敬揖让，不可骄傲怠惰，人称知礼，知礼而不生其恭，未之闻也。

六、要秉义：义者，心之制事之宜也。若不合义，则任意妄行，当为不为，不当为而为，虽灭礼悖义，犯法犯刑，往往有之矣。亦思辞让之心，人皆有之。凡一名一利，必要斟酌审慎。当辞则辞，当受则受，当取则取，当与则与。凡一言一行，一交接，一动静，一营为，务求当乎天理之公，协乎人心之宜，方可措置咸宜，自无妄作妄为，犯法犯刑，辱体累亲之失矣。

七、要廉洁：不贪之谓廉也。人苟不廉，则图谋不轨，只要利己，不顾害人。或因财而失利，或因利而倾家。以致贪思妄想，甚且为奸为盗，玷辱先人者，皆因贪之一念之祸也。必也，勤俭自持，节用省费，淡薄自甘，朴素自居，不求不忮，无贪无妒，不义之财一介不取，嗟来之食死犹固辞。清洁若此，宁尚有贪饕无艺，作慝犯法，以贻羞族人哉。

八、要耻心：不肯居人下之谓耻也。人若无耻，则百世之怨。甚至为奸、为盗，身受刑宪。恬不知耻，不思富贵功名、修为德业，皆从勤苦得来。颜渊曰：有为者，亦若是。语云：有志者，事竟成。孔子曰：知耻近乎勇。孟子曰：不耻不若，人何若人。又有曰：耻之于人，大矣。若耻心一生，自不甘居人下，必然发奋，有立德、立言、立功，以荣宗祖，而光族人。岂尚有不孝、不悌、不忠、不信，无礼、无义，卑污苟且之事哉。

家训十条

一、端品行，以成美俗：天地之间，人为贵。人之所以为人者，其在于孝顺父母，尊敬长上，和睦邻里，教训子弟，各安生理，毋作非为。只此六句，包尽人生道理。凡为忠臣，为孝子，为悌弟，为顺孙，为盛世良民，皆由此出。甚愿吾族，各宜体验，以成美俗。

二、正名分，以杜僭越：礼所以正名分，辨贵贱，序少长，别昭穆也。然而，邻里间，则序少长、别昭穆为急。盖少长序，昭穆别，则名分正矣。今同族中，有伯祖、叔祖、兄弟、叔侄名分字号，彼此称呼，切勿糊涂。至于拜揖，必恭言语，必逊座次。出入必依先后，不论近族远宗，俱照尊卑序列。名门大家之礼，原是如此。甚愿吾族，各宜正分，毋滋僭越。

三、睦宗族，以重本支：《书》曰“以亲九族”。《诗》曰“本之百世”。睦族之道，圣王且然，况庶人乎。然而，族睦之要有三：曰尊尊；曰老老；曰贤贤。名分属尊者，尊也，则恭敬退逊，切勿触犯名分。虽卑而年齿迈众者，老也，则扶持保护，事以高年之礼；有德行彦圣者，贤也，此乃本宗桢杆，则亲炙宜殷，每事效法，当忘分、忘年，以钦敬之。更有四务：一曰务幼弱；二曰恤孤寡；三曰周窘迫；四曰解纷争。昔范文正公曰：宗族于吾，固有亲疏。祖宗视之，则均是子孙也。此先圣格言也，甚愿吾族各宜体玩，毋伤本支。

四、睦姻里，以长忠厚：从来姻者族之亲，里者族之邻。远则情义相关，近则出入相友。茫茫宇宙，幸而聚处一方，岂非良缘。况总角时，或相与同馆，或相与嬉游，比之路人迥不相同。凡事务当从厚，必须有无相通，患难相恤。即或彼曾以薄待我，而我万不可以薄待之。若夫恃强凌弱，倚众暴寡，靠富欺贫，谋占人田地风水，侵人山林疆界，及放债违例过三分取息，此皆薄恶习俗。甚愿吾族，尤宜谨凛，毋沦于薄。

五、勤职业，以开财源：吾人叨生宇宙，士农工商业虽不同，各有本职。勤则职业修，惰则职业废。修则父母妻子仰事俯首，育有所倚赖。废则不惟资身无策，而且见轻于姻里。然所谓勤者，士则宜捐世故、务实学，朝稽夕考，博文约礼，匪特弋取科第功名，直欲求至于弗畔之域。农则因天乘地，凡播百谷，宜早宜迟，豫度其性；宜燥宜湿，各审其情，硗者肥之，荒者辟之，则自有乃积、乃仓之庆。工则不可作淫巧售弊伪器什，亦不得空谈弄斧、毁瓦画墁，赚骗事主银钱。商则宜斟酌财货，市价低昂，不拘水陆，贮藏宜密。且更不得纨绔冶游，酒色浪费。如此则职业修而庶事康矣。甚愿吾族各勤尔职，慎无怠载。

六、崇俭约，以节财流：窃闻老氏三宝，俭居一焉。孔子云：礼与其奢也，宁俭。可见俭也者，洵持身涉世之要道也。若夫人生福分，各有限制。如饮食衣服，嫁娶婚姻，亲戚往来，一一崇朴尚俭，留有余不尽之藏，以还造化，且以俭示子孙，孙法之，有益于家；以俭率人，人通效之，敝陋可挽，世愿慕之行。何哉？其病在于好门面一念，始如卖田嫁女，厚币聘媳，铺张发引，开厨设供。又如招请贵客，接宴新婿，即力实不支，设法应用。有不能者，群起而讥其无礼焉。此皆恶俗，可悯可悲。甚愿吾族，各崇俭约，慎无奢华。

七、豫蒙养，以端士习：古之教小子者，尚且有胎教、能言之教。由小学而入大学，有诚意正心、修身齐家之教，是以子弟易于成材也。今世俗则不然：上者教之作文弋取功名；次者教之集字柬笺，以便商贾书计，下者教之词状活套，以为他日刁滑之地。名虽教子弟，而实害子弟也。族中各父兄，如子弟自七岁时，便入乡塾，习字学书，随其资质，优游涵咏；十岁以上，便择严师益友，将正经书史，严加训迪，务要变化气质，陶镕德性，他日做秀才、做官，固为端士、廉吏。就是为农工商贾，亦不失为醇厚君子，甚愿吾族教子弟者，庶其知之。

八、戒健讼，以保身家：从来讼之一事，有害无利。盖讼端一兴，必须先要盘缠，次要奔走，词不曲不准，又坏心术。且无论官府廉明，何如一到城市，便被歇家撮弄。一到衙门，便被胥吏呵叱。理直犹可，理屈的少不得受笞杖、戴枷锁，亏体辱亲。甚至破产败家，冤冤相报，害子孙。总之其始不过一念忿气所使，终酿大祸，不可不慎。圣人于讼卦有曰：惕中吉讼终凶。此是锦囊妙策。故凡事须要自作主张，不可听信讼师棍党教唆刁讼，财被人得，祸自己当。甚愿吾族尤宜猛省。戒之、戒之。

九、肃闺门，以崇王化：男正乎外，女正乎内，此圣训也。其有家道，贫富不等，如馈饯、采桑井臼之类，乡间妇女势所不免。但要常凛三从四德之训，或不幸而寡，居则宜丹心铁石，白首冰霜，乃风化之助，不可以不谨。若夫徇财妄娶，门阀不称，家教无闻；又或赋性不良，凶悍妒忌，傲僻长舌，私溺子女，皆为家之累。近有恶俗，每逢朔望，入祠烧香，春节看春，灯节看灯；三姑六婆，纵容往来，搬弄是非，尤大忌。甚愿吾族各宜严肃，庶无他患。

十、禁邪诬，以杜蛊惑：禁止师巫邪说，律有明条。盖鬼道盛，人道衰，理之一定者。故曰：国将兴，听于人；国将亡，听于神。况庶民之家乎。凡一切左道，勿令造门蛊惑妇女。至于妇女更喜邀福，其惑于邪诬也尤甚。近世风俗尤偷，僧道之外又有斋婆、卖婆、尼姑、跳神、卜妇、女相、女戏等项，穿门入户，恬不知禁。以致哄诱费财，至有犯奸为盗者，为害不小。甚愿吾族，各宜预以杜蛊惑。

家训四禁

一、禁赌博：人之败家，商之失本，皆由于赌博。纵千田万贯，不难于赌博消败。甚者成群结党，奸淫贼盗，皆从此致。尝观此（类）人，品行尽失，无分贵贱，奴隶同场者有之；败坏伦常者，父子聚窝者有之。自己原不修省旁观，多少切齿，故赌博之宜首戒也。戒赌博须与好人为伍，君子与处士则论读，耕则论勤。一切亭赌化博之家，过而不入。打牌掷骰之场，避而不视。时时警惕，念念持守。我不其类，彼安得而诱之。斯戒赌之善守。

二、禁酗酒：人之放狂，多因酒后。酒非不饮，但不过饮，过饮则伤，岂惟病出。常见人之酒后悟（误）事者，平日有礼仪，及醉后乱性行凶逞胜，全然无忌，父兄难禁，惹起祸端，投保经官，何所不至。酒醒而思，愧悔莫及，皆因一时之贪杯，以致得罪于醒眼。是以大禹恶旨酒，孔圣不及乱。凡后生辈谨知，适情则止。勿得沉湎，以致到酗酒地位。

三、禁浪嫖：人生一世，当思终身结局，岂可穷奢极欲，惯成浪子风流。况彼花街柳巷之妇，已无羞愧。宁有良心，客来要钱，哪管倾家。尝有少年痴迷，穿花入嫖，以为一时之快活。无钱疏绝，方知到老之孤单。劝尔后生，各宜猛惕。宜尔家室，下顾儿女，上绍宗支，勿为花嫖之行，致使色胆横行。

四、禁游闲：人之一生无成，总缘一时懒惰。不思务本立志，惟于眠食了局。尝言祖有遗业，食之穿之不尽，或可以挨半生使。万一家贫，妻少幼，不耕不谋，何所靠望？故人无论富贵贫贱，士农工商，必当各寻事业，方能营身养家。不然，游手好闲，终成自误。岂谓人生有命限之也。

韶关蒙氏

韶关蒙氏出秦代蒙恬支，谱载：蒙氏先民远溯秦蒙恬，后裔经江淮、闽、蜀迁徙于赣之于都安仁里，宋神宗元丰年间，有蒙氏万成公携子念四、念五、念六自赣到入粤北韶州经商（贩盐），卜居仁化城口恩村，由此，蒙氏后裔遍布粤北。万承公被尊为粤北蒙氏始迁祖。

仁化恩村《蒙氏族谱》

【迁徙源流】仁化恩村蒙氏，出江西于都。据谱《蒙氏重锓族谱宗派记·源委引》载：于都有高祖者，十数传而有万承公，生子三人，念四、念五、念六。宋神宗元丰间，出贾于韶，家于曲江之清化乡。后因割清化潼阳以立仁化，念四随入仁化，卜居清化乡之恩村，宋建都分里，改恩村为光宅乡，韶州蒙氏始于仁化。南宋宝祐年间，蒙氏后裔念四公后裔英昴，与文天祥同登榜进士。念五入广，卜番禺之河南大草坊居焉，是番之蒙始……念六入广右，卜邕宾居焉，是宾之蒙始。又按：念四韶仁恩溪始祖也，念五广番河南大草坊始祖也，念六则远为广右邕宾始祖也。

【家训家规】仁化恩村蒙氏家训、家规，谱载列作《族约》《家教规条》。兹列《族约》如下：

族　约

引：御史大夫孙诏曰：余修蒙氏族谱成，览之宗派正，世系明。故实备彰往诏来，井井乎有条矣。硕念余族，赖祖宗善绪，业已有家训诲尔谆谆，为子孙者，若忘其家教，淫于不轨，以颓其家声，以贻辱先人，谓斯谱何？余窃惧焉，纵以诫约数章，告族之帬弟子姓，相与共助之、勖之，庶他日有能以勤俭起家，克绍先令，绪以开来者于无穷。意在斯乎！意在斯乎！作族约。

其一曰敦孝悌：人之一身，百行攸备。然其要莫先于孝悌。夫，人孰无爱亲、敬长之心哉，以此心而事亲，则为孝子；以此心而事兄长，则为悌弟。由此推之，忠顺仁慈，无不咸宜，是所谓百行之本也。故汝子孙在家庭间，亲在则当尽孝以事之，兄在则当尽弟以事之。事亲者，如定省就养，继志述事，以至一举足不敢忘，终身恋慕如古圣贤所行者。事兄者，如隅坐随行，克恭之谊，至于孜孜友爱，相见若不足；居常则共聚食，临变则相救护。如江陵王玄绍兄弟所行者，皆孝悌事也。愿汝曹慕之效之，以为孝子悌弟。孝悌立，则和气洽而百行兴，鬼神将福之。若不孝不悌，则乖气致异。明有典刑，幽有呵罚，而倾覆立至矣，可不慎哉。

其二曰崇雍睦：家庭之间，父母妻子兄弟姐妹之所杂处，嫌忌易生，怨恶易作。是以父不慈则子不孝，兄不友则弟不恭，夫不义则妇不顺，是之谓六逆。六逆行则人理绝，人理绝而乖异臻。故子孙居家，务去逆反顺，使父母妻子兄弟姐姒，咸各尽其道，以相敬爱。毋或怀嫌生忌，以伤和气。如陈太丘家父子兄弟，一门雍睦可法也。然笞怒废于家，则竖子之祸立见。故欲崇雍睦者，必自嗃嗃始，则私昵远，而名分肃，爱敬生。故雍睦可成也，小子志之。

其三曰严祭祀：夫祭者，孝子所以报本追源，不忘其先之大也。故有祠庙之祭，有丘墓之祭，其仪节载在家礼者详矣。顾盼文饰而乏内心之敬，非所以严祀事而交神明也。故为子孙者，于先祖祠墓之祭，当及时肃敬，将事人、祭器、牲牢、祝帛、荐品，必躬亲省视，毋或忽略。散齐、致齐之节，务精意行之，毋或废怠。忌讳之日，尤必哀慕蔬食，终其身弗替焉。故曰致则爱存，致悫则著。著存得诸心，而先人之精爽萃矣，故祭必获福。

其四曰正闺阃：一阀之内，狎昵易起，嫌隙易生。故恩胜则流，义胜则离。流与离，大乱之道也。故凡居家者，嫡庶有礼，所以明分也。内外有别，所以远嫌也。家人必嗃嗃，毋嘻嘻，所以防吝也。妇人使主中馈，唯事饮食永服之礼。国不使预政，家不使干盅，所以防牝晨之祸也。凡我子孙，有正家之责者，其慎勗之哉。

其五曰联族属：举一族之人，尊卑长幼疏戚概之，盖千百其身也。顾溯其初，则先祖一人之身也。夫以一人之身，散而为千百人之身，其气未尝不同也。世代辽邈，遂为途人。嗟乎，忍矣。故为我子孙者，于同姓族属，除徙居散处者，不可得而联叙之矣。其幸而同邑里，共祠墓者，凡祭祀饮食聚首，咸戚里迩，务令夲卑相序。恩意周流，吉凶庆吊，岁时必致骨肉之恩维系而不离。凡所以敬先祖之遗，笃亲亲之懿也。否则，予所厚者薄，人其谓我何，子孙其敬念之哉。

其六曰睦闾里：昔者先王之域，民也。有比闾、族党、邑里之制，什伍而籍之。使其人出入守望相友助，疾病相扶持，所以教民睦也。故当其时，里多仁厚之俗，比屋可封。自古道衰，民伪薄，争斗繁。而风俗薄恶，即桑梓间视为秦越，所从来久矣，吾甚不取。为我子孙者，于其所居闾里，无论疏戚，尊卑长幼，咸爱之、敬之，吉凶庆吊，毋使失礼。或以急告，必量力赴之。毋使伤父老、子弟心，其庶几善处兆头邻里乡党乎。

其七曰安职业：古者四民各有事。事使专其业，毋外慕。余之族繁矣，其间为士、为农、为商、为贾者，不一均之，有职业于其身者焉。士以诗书为业，农以稼穑为业，工以居肆成事为业，商贾则以贸迁有无为业。士而出膺，一命之寄，则以官守为业。其业愈大，则其责愈重，其思愈勤。故《蟋蟀》之诗曰“职思其居”，言乎其能安之，无外慕也。使为四民者，不能安其职业，则将有淫佚之心乘之，斯之谓游民。使为官者不能安其职业，则将有慢易苟且之心乘之，是之谓旷官。祸且及之矣，可无戒乎。

其八曰务勤俭：夫俭以节财，勤以集事，保家之上务也。我先大夫与我太恭人懂理家政，盖尝于斯二者殚心焉。为子孙者，当世世守之，以为家法。男服事乎外，女服事乎内，各专其业。朝考昼讲夕序夜庀，罔或废怠。至于日用衣服食饮之费，与凡应酬交际，随事省节，毋或虚糜，自取匮乏者。古贤卿哲后，夫人身居贵富，深自约损，勤修职业，矧伊吾人，而可自溢自逸？昔文王大圣，不遑暇食；周公陶侃《惜阴》自厉；葛覃后妃，躬亲割护，不忘浣濯；汉帝夫人“身衣戈绨，衣不曳地”；公父文伯之母敬姜，以大夫之家，犹不忘绩。历观往古芳规，咸可师法。嗟！我后昆，又恶可“淫心舍力，忘先人之业”①，自取愆辟哉。

其九曰戒淫侈：余尝历观世之名家钜族，其先世祖父伯叔，贵盛烜赫。而其子孙罔知损约，极欲穷奢，荒淫无度。其甚者，触法冒禁，求逞其欲于无涯之境，其宫室衣服，子女玉帛，饮食之供拟于王侯。竟以此取败，田园属于他人，宫归之别主。乡之所娱耳目悦心意者，皆非故吾矣。《礼》云：欲不可纵，志不可满。宇宙可臻其极，情性不知其穷。言人当止足也，且天地鬼神，皆恶满盈，谦虚冲损，可以免害。人生衣趣以覆寒露，食趣以塞饥乏。尔形骸之内，尚不得奢侈靡已，身之外而欲穷奢泰耶？余诚惧之、戒之，不类子孙有此行也。

其十曰惩骄吝：夫子曰：“如有周公之才之美，使骄且吝，其余不足观也已”。夫骄生于淫纵无节，其气常盈，故挟之以凌物。吝生于俭素无礼，其气常歉，故守之以自啬。世之不才子弟，弗蹈此病者盖鲜矣。要之，唯礼可以约之。礼者，中正之谓也。故为子孙者当以礼。日闲其身，使吾身有所品节限制，弗入于淫侈。常损有余，以补不足，骄心自息矣。又使吾身有所节文，弗入于俭吝固陋。常推有余以济不足，吝心自息矣。故欲惩骄吝者，必自履礼。始尝观世之无礼者，身居贵盛，便眼中无一人。人有急，即一毫不肯拔。尚何才美之足尚也？汝曹戒之哉。

其十一曰谨交游：杨子云曰：朋而不心；面朋也，友而不心；面友也。庄子曰：君子之交淡如水，小人之交甘若醴。君子淡以成，小人甘以坏。余尝三复斯言，深有感于交道之难焉。世之贵家大族，其子弟之不肖，虽其天性固然，大都交游不慎，诱而去之者亦多也。汝曹才匪上智，

---

① 典出《国语·敬姜论劳逸》：自上以下，谁敢淫心舍力？今我寡也，尔又在下位，朝夕处事，犹恐忘先人之业。

性仅中人，易以迁移。万一所有者，或以甘临，或以面合，则淫朋燕僻，日渐一日，其不离兰薰而入鲍肆者，亦寡矣。所望于汝立身扬名之谓何，其慎审之哉。

韶关赖氏

韶关赖氏出松阳郡，相传松阳赖氏为西周武王之弟叔颖之后。始祖叔颖，因伐纣功封赖国，子孙遂以赖为姓，世居河南颍川郡。传至东晋赖遇，授中顺大夫，都御史，江东太守，奏请孝武帝赐“松阳”郡名，子孙世居浙江松阳。北宋末年，松阳赖氏后裔子孙分迁福建武平、长汀、上杭、龙岩及江西信丰、龙南等地。元末明初，松阳赖氏分迁入粤，江西信丰、龙南支迁保昌、始兴、翁源、乳源等地，其中，始兴赖氏分布在江口、太平、刘家山、深渡水、花山、罗坝、顿岗、城南、沈所、澄江、马市等地。另有一支始迁祖元祥分迁乳源开基，后迁乐昌梅花，明嘉靖、万历朝，又有从福建赖氏迁入乐昌九峰，开基九峰、梅花、五山、廊田等地。另有始兴松阳赖氏后裔分迁南雄、翁源开基。

始兴松阳《赖氏族谱》

【迁徙源流】始兴松阳赖氏出河南颍川郡始祖赖遇脉支。谱载：元末明初，始迁祖必湖公、必海公、必清公、必涟公，自福建迁入始兴城北许塘村开基，各支分徙始兴罗围、岭头等地立基。明清时期，又有仁仲公后裔徙居始兴，传诚弘公，凤公，凤公生二子，长仲诚，次仲志，各徙居始兴县。

【家训家规】始兴松阳赖氏家训、家规，谱载列作《祖训劝诫规条》，共七则。兹列如下：

祖训劝诫规条

一、劝耕读：愚则耕兮，贤则读书。耕要勤作，读要勤想。勤苦既尽，天自降康。勤读荣贵，勤耕满仓。切莫好闲，虚度时光。再莫贪玩，图眼前匡。

二、劝孝友：亲我父母，恩难报偿。每日晨昏，定省供养。刑于寡妻①，孝事姑嫜。克谐兄弟，乐亲心肠。父母其顺，后嗣其昌。孝生孝子，

① 典出《诗经·大雅·思齐》：刑于寡妻，至于兄弟，以御于家邦。

忤出忤郎。愿我后裔，世遵言章。

三、劝敬师长：师我懿范，示我周行。恩同君亲，时凛莫忘。扬名显亲，益得师长。生事如父，死服心丧。子贡三年，外又筑场。先贤如此，能不则行。

四、劝睦宗族：族原一脉，和气致祥。恩宜相接，义且相将。即分井邑，祭仍一堂。本支百世，万古纲常。

五、劝和乡邻：敬老慈幼，道本王章。毋恃势大，毋逞力强。出入相友，守望相帮。昏暮叩门，水火便将。洽比其邻，嘉言孔彰。

六、总戒酒、色、财、气四字：酒色财气，害命斧戕。最宜调和，可保无伤。有一大祸，未或不亡。

酒：鲁论昭然，惟酒无量。适可而止，宾主何伤。勿谓能饮，饮酒无妨。曾见嗜酒，言语躁狂。富人嗜酒，识者鄙凉。贫者嗜酒，终身无光。燕燕夜饮，举觞日长。虽无祸患，时废业荒。

色：色欲难制，勉强斩断。人妻虽美，不可想望。我妻纵陋，系足难强。所以宋弘不弃糟糠。惟愿贤德，白首保全。若能谨守，利就名扬。不为己身，儿孙荣昌。古有冯京，曾中状元。

财：财虽养命，亦不可专。大圣有言，放利多怨。因些财产，兄弟分张。无论父子，无论舅郎，止因微利，相乖情伤。傍观叹笑，争死不放。若此情景，切戒此样。

气：气人有之，性不可刚。一朝之忿，财破身亡。百凡事件，忍耐为良。勿嫌柔愚，勿羡强梁。弱莫汉高，强莫霸王。高登帝位，羽刎乌江。史载朗朗，德乃久长。

七、劝奢侈：欲不可纵，纵欲则奢。流连荒亡，不顾身家。尊卑颠倒，名分乖斜。满赢祖积，视如泥沙。稼穑艰难，帝德常嗟。优勤惕厉，心法可嘉。

韶关雷氏

韶关雷氏属粤北畲族，讲客家话，分布在韶关地域主要有两支，一支为始兴雷氏，相传本支始祖雷公为黄帝之子少昊（亦即玄嚣）之舅西陵，分封于雷，因以雷为姓，居冯翊郡。传八十四世雷肇春，于元（后）至元六年（1340）由福建上杭迁龙南，生八子。明宣德九年（1434），肇春公朱妣携八子迁居始兴顿岗开基。明正统、嘉靖、万历间，雷氏后裔大举分迁南雄、乐昌等地开基。另一支为乐昌雷氏，始迁祖为江腾，明末自宜章、蕴山迁乐昌云岩开基，分布在云岩、沙坪、梅花、九峰、廊田等地。

始兴《雷氏族谱》

【迁徙源流】始兴雷氏出冯翊郡脉支，自福建上杭迁入始兴。谱载：明宣德九年（1434），福建雷氏始迁祖朱妣携八子，徙居始兴顿岗乌泥塘开基。自此，后裔繁衍，历明正统、嘉靖、万历三朝，雷氏遍布始兴、南雄、乐昌等地。

【家训家规】始兴雷氏家训、家规，谱载列作《雷氏家规家训》，共九则。兹列如下：

雷氏家规家训

一、重孝行：天伦父母，身所自出，父母养育之恩，昊天罔极，终生难报。父母养育，千辛万难。故，孝百行之首。妻贤丈夫心宽，子孝父母心欢。孝贤者，幼学壮行，身登仕途。卫国为民，名扬四海，显达父母，此为大孝。至以庶民当体父母生身之恩，承欢服劳，竭力奉养。夫愚妇皆宜随分，自方可为人子。如有任厥凶残，灭绝天理，忤逆双亲。煮豆燃萁贼兄弟，肆行无忌，唯妻私者纵容，父母容我，兄弟必然殄灭。族中尚有此卑贱之徒，或泼妇，言辞粗野，侮骂长老，克扣衣食，虐待老人者，兄弟叔子，婶娘翁姑，群起而攻之。兄弟叔子，情同手足，宜友爱和顺，勿因田土财产利，房产宅基，偶尔口角，衅起动干戈，殴斗辱骂；以至私爱蛊惑，挑拨离间，乃小人之气，不可妄为，免伤和气。

二、睦宗族：宗族乃同出一本根源。范文正公曰："宗族于吾有亲疏。

自祖宗视之，则均是子孙，固无亲疏也。”故宜出入相友，和谐相助，有喜相庆，有患相恤，尽力而为。红白婚丧大事，理当帮忙支助。绝勿以富欺贫，以强凌弱，勿左袒他人从中作祟，自破藩篱，大失宗族之谊，伤祖宗之心，败家风，他人也乘虚而侵。族庭中若有衅端，先须投明族长、房亲、叔子，从公理处，决勿任性妄为，雀角殴斗。

三、尚勤俭：勤俭乃居家之本，持家之道。俭者家财聚，勤者家财盛。若淫荡随作，家道贫寒。盛席延宾，徒虚其名。君子贪财，取之有道。绝勿贪财越祸，因小失大。婚丧喜事，人情交往，礼尚往来，宜据情缘自适。

四、崇祠宇：祠堂为宗祖凭依之所，子孙观瞻之地。嗣裔安，族兴隆。宜宗功德，源远流长。作为后世子孙，常经修葺，常持洁净，勿以堆放闲杂物，关圈禽畜，踏污祠堂圣洁，以妥先灵。

五、护坟茔：墓坟乃先人幽宅，祖宗阴魄聚藏业灵其中。钟灵毓秀者，土地威灵，庇佑后昆世人。祖坟远近之一，或与他姓连界邻近。每逢清明、冬至，务宜祭扫。凡无碑墓，绝嗣墓，就近宗之代为挂醮，以免荒抛，被他人侵占。

六、重教育：家有斯文犹身有眉目。眉目不俱，不为完人；文书不重，不称望族。家无读书子，哪有贤才人。十年寒窗无人问，一举成名天下知。光宗耀祖，荣耀邻里。吾族子孙，当以攻读诗书，巩克科技为本。对勤学攻读，品学兼优者，应以资鼓之。为父母兄长者亦当隆师重道，培养成才。

七、务本业：业精于勤荒于嬉。人，上为奋志诗书，下为习艺农。农工经商，均有常业；人以食为先，食丰财盈者为官，从艺者也。读诗书乃为谋生，创业习艺，执技之本。为官从艺，执技食于人。吾族子孙切记训言：少壮不努力，皓首事难成。业必专攻，持之以恒，方能有成。治生之道，务本为先。天下无难事，只怕有心人。当须自勉。

八、戒赌行奸窃：嫖赌妓娼，偷盗抢劫，伤天害理，人人痛切。公论不齿，情理难饶，国法不容。官府捉拿治罪，挨打苦难熬，荡尽家产，妻离子散。上侮父母，下累妻孥。为父母兄长者，宜防闲，切责管教不严。切莫受人蛊惑，贪心执迷，以至姑息坑害。子孙宜安守本分，克勤克俭，勤劳致富为本。

九、遵法纪：国法乃安邦治国、国泰民安之本。一切违法之事，绝莫妄为。法律不容，分论民恨，安守本分，守法纳税；以法律己，不惹是生非，不乱与人打闹。应懂法律，以法保护自身。

韶关蔡氏

韶关蔡氏源出蔡侯叔度公。史载：蔡叔度，姬姓，名度，周文王五子。周武王灭商后，封其母弟度于蔡地，始建蔡国，因以为姓。秦汉时期，蔡氏后裔迁居河南济阳聚居，蔡氏因以为郡望。东汉时有蔡氏徙居桂阳郡，蔡侯伦居桂阳郡创立造纸术。汉魏至两晋，蔡氏避乱南渡，分徙南方各地立基。至元末传七十七世后裔至仲仁公，继达公嗣孙孟和公次子，自江西龙南迁徙保昌南亩开基。清康熙四年（1665），保昌蔡氏迁居始兴立基，由此，后裔分布在马市、司前、隘子等地。

始兴济阳堂《蔡氏族谱》

【迁徙源流】始兴济阳堂《蔡氏族谱》载：先祖仲仁公，乃是蔡氏始祖叔度公第七十七世后裔，继达公嗣孙孟和公次子，由江西省龙南县大埠村棋盘上徙迁广东省南雄府南亩牌楼下村定居，清康熙年间迁居广东省始兴县马市镇江湍村开基。

【家训家规】始兴济阳堂蔡氏家训、家规，谱载列作《族训》，分修身、齐家、睦族、爱国四部，共十六则。兹列如下：

族训·修身之部

一曰卫生：谚曰："千金之子，坐不睡堂。"戒人善守其身也。而守身以卫生为第一。卫生之道，不外于慎寒暑，节饮食，尚清洁，宁心志，窒嗜好，戒忿欲，勤运动诸端。修道之士，其持守亦不越此，无他奇也。而常人皆不谨而行之。故体弱者恒多病，即体强抑或不免于无恙。盖以天地淫毒之气，每中人于不及防。吾人七情之感，或伤人于不自觉？孝孰为大，守身为大。可不戒慎之乎！

二曰立志：志者，气之帅也。人有蓬勃奋发之气，无论求学从业，斯有向前、向上之志矣。孟子曰："舜何人也，予何人也。"有为者，亦欲是指立志也。而其要在威武不能屈，贫贱不能移，富贵不能淫。专吾心之所向，始终不渝。虽遇际或屡颠沛，忍耐以守之，坚毅以持之，自有成功之日。倘稍受挫折而辄变易初衷，大事既难负荷，即小事亦必偾泪，可断言也。

三曰尚德：所谓德内得于心，外著于行，而见于人也。严操守，尽本分，不为非礼，不为非义，不为丧廉，不为寡耻。居家庭则尽其孝，友兹爱之谊；在学校则尽其尊师重道之诚，处乡里则致其扶持守望之助，入社会则致其急公好义之举，交友则忠信不欺，接物则胞与为怀。大学止于至善之旨，尽于此矣。反是而行，是谓悖德。

四曰勤学：孔子曰：“学而时习之。”时之义于勤见之。时时温习其所学，即谓之能勤矣。夫世间百业，皆由学而成。必当专心致志，朝斯夕斯，学乃有进。倘饱食终日，无所用心，或一曝十寒，或见异思迁，或畏难而退，虽一技一艺之微，亦终其身无所成矣，可不勉矣。

族训·齐家之部

五曰孝亲：人子之于其亲也，皆知当孝顺之。然有不能尽孝顺之道者，其故何在？盖汨其天性之所过也。欲求天性之发现，必顾思自身在襁褓时，其亲鞠育之如何辛苦，孩提时提携之如何周至，长成时教诲之如何殷勤，则孝顺之心油然而生。且吾之孝顺其亲也，行而为弟子法，家门之中，咸无悖逆。故曰：“孝顺为齐家之本。”

六曰友爱：四海之人皆兄弟也，矧同气连枝者，岂可不怡怡相爱乎？欲永恒相爱而不悖，则必礼让自持，不以赀财为重。妇言是戒，常求大义之明。至若性禀不同，宜谅其偏暗。遭逢不偶，须慰其穷愁；处富贵则荣华同享，当疾厄则医药是谋。能如此，焉有不兄弟既翕和乐且耽者乎？

七曰御内：《孝经》曰：“刑于寡妻。”《关妖子》曰：“夫者倡，妇者随。”刑者，仪型之谓也；倡者，表帅之谓也。夫妻之间发乎情，止乎礼。其乐有甚于画眉者，而相爱有戒于狎昵者。故临之于庄，莫敢不敬。先之于孝，兹则莫敢不恭。主之以忠信，则莫敢为之伪。慎之以外言，则莫敢为之预，躬之于勤俭，则莫敢为之骄汰，安之于素位，则莫敢为之怨尤。能如是，然后家道成。

八曰教子：孟子曰：“饱食暖衣，逸居而无教，则近于禽兽。”此语可深长思也。父母之爱其子，无所不至，独于教或有失之，是近于溺矣。教子之方，要在使之明礼仪，知廉耻，谨行修身，立志向学诸端。言以戒之，行以遵之，虽小过，督责之，不稍宽假，虽小善，鼓励之，惟恐其懈。而善教者，尤以变化其气质为先，刻薄者教于宽厚，暴戾者教于温和，浮华者教于诚实，浅陋者教于含藏，轻躁者教于持重，懒惰者教于奋发，即柴愚参鲁①亦当有所成。

① 典出《论语·先进》：柴也愚，参也鲁。指高柴愚笨，曾参迟钝。两人皆孔子的学生。

族训·睦族之部

九曰亲亲： 亲亲者，亲其所当亲也。同族之人，无论疏近，皆吾亲也。盖其初一人之身，传之久，遂有百千万身。形与体虽有不同，而血与气终无殊也。凡孤寡鳏独之无告者，患难疾病之困穷者，相与拯恤与扶持之。男婚女嫁之喜，育儿生孙之庆，皆相悦而相贺也。《诗》："式相好矣，毋相尤矣。"此之谓也。

十曰长长： 一族之中，年辈俱尊者，吾之长也。年大而辈行低者，辈尊而年小者，皆长也。偕行必在其后，同坐必位其下，所以示让也。衰与弱则扶掖之，寒与暑则慰安之。有酒食则先敬之，有事务则服其劳，所以示敬也。其执业虽微，毋贱视之；其处境虽贫，毋骄慢之。此之谓尽长长之道。

十一曰贤贤： 贤者，族之瑞也。或德望俱尊，见推乡里；或圭璋植品，堪作典型。或孝友于家，性情谨厚；或仁慈夙抱，施舍惟前；或谦让振其清风；或隐逸适其高志；或排难解纷之公正；或托孤寄命之无违；或事业著于社会；或荣名显于家邦；或桓桓称其武士；或佼佼异乎寻常，此皆人世所稀，是宜亲而近之，敬而法之，必大有裨益。不以其年岁之差而自长，不以其辈行之低而自尊也。

十二曰幼幼： 幼者，童与稚之谓也。人之视其子女也，皆知慈爱矣。本此慈爱之心，而扩充之，则视他人之子女如吾之子女也。而无父无母之孤弱，尤当尽其力之所及，衣之，食之；俾于成长，教之，正之；启其智慧，培之，植之，茂其生意。此所谓"幼吾幼以及人之幼"之道也。

族训·爱国之部

十三曰守法： 夫礼教道人于善恶未著之前，使其行为趋于正也。法律则治人于善恶既分之后，儆其行为纳于邪也。而其要在示人以遵守而弗渝，不在求人之犯之也。国家制定法律，衡乎情，准乎理。与理教之用，相互为因，积极、消极，有不同也。人之行为，有悖理逆情者，大之则国家受危害之影响，次则社会秩序遭遇紊乱，再次则妨害个人之生命财产。司法者，必视其所犯之轻重与主从而刑罚之。所以遏乱而障人权也。苟有罹于罪者，人将指之曰："某也藐法，某也玩法。"终其身，汲西江之水不可以濯。上贻祖以玷，下贻子孙以耻。故君子凛于怀刑，而爱国者，以守法为先务。

十四曰纳税：《朱子家训》曰："国课早完，即囊橐无余，得至乐。"夫国课者，税之谓也。税之种类，至今为繁要。皆人民有所受益，乃尽其纳税之义务。国家依法律而征税，储之国库，以应各级机关及事业之支用。取之于民者，仍用之于民。应无不当。自宜遵循还纳，毋稽延于故意，毋规避于借端，则国家裕于收入。百废俱兴，渐臻于康乐之境矣。

十五曰服役：役者，兵役、工役之谓也。国家筹设国防所以保领土而固主权也。地方办理自治，所以兴利而益民也。凡此之图，胥赖群策群力，始克有济。依年次须服兵役矣，则踊跃应征，歌赋同袍，有兴作而调工役矣，则里粮以从经之、营之。其徼幸于苟免巧诈，而免脱推诿于一时，懈驰于永恒者，皆非血气之伦所当如是。

十六曰服务：孔子作《孝经》，勉其服公务之言。有曰：“进思尽忠，退思补过。”斯二语者，实千古不刊之至训也。吾人既投身于服公务，则当夙夜非懈，尽心力以办治职分内之事，不泄沓以拖延，不推诿以卸责，不假公以满私欲。不利己而损他人，尤应以媚上为耻，夤缘为非，意气为戒，得失为轻，谨慎为箴，直道为行，爱民为本，济物为功。以范文正公“先天下之忧而忧，后天下之乐而乐”，宏其怀抱，则优于尚矣。

韶关谭氏

韶关谭氏出数支，以始兴谭氏为最早一支。史载，三国时，谭氏随孙吴卫国，守零陵，至南齐时，谭氏成零陵显赫大族，时有谭氏瑱公（谭瑱）一族居于与零陵一水之隔的始兴郡，为郡著姓。侯景之乱，瑱“以卫州邑”为“戍主”平叛，功封“云旗将军”，陈初，瑱率师随陈文帝（陈霸先）平叛，至天嘉五年，擒桂阳郡外兵留异送都（金陵），瑱以功擢始兴太守，成为始兴地方名宦。至唐，谭氏传六世至谭海，为循州司马，择婿名相张九龄。至宋，又有十九世谭粹，举宋元祐八年（1093）进士，擢韶州太守，历朝议大夫，迁居曲江开基，粹生三子，长焕、次茂与季秀，长子谭焕，举北宋大观元年（1107）进士，徽宗钦点“八行”之首（状元），官至朝散大夫。由此，始兴谭氏家族兴“八行”家风，人才辈出。传第二十三世谭文渊，于南宋由贡任荣昌尉使，谭氏派分徙居南雄开基，承袭“八行家风”，诗礼传家。又七传至三十世谭大初，登明嘉靖进士，官至明神宗朝户部尚书。又有出山东济南历城一支，唐末，本支因避战乱迁徙江西弋阳，南汉大宝年间移居仁化开基，至明，本支后裔析居新丰小正、梅坑等地开基；一支于宋建隆三年（962）由谭宏政（宏帙公）自江西虔州迁南雄珠玑，宋庆历八年（1048）由伯仓公迁入仁化平山里，后裔自此繁衍粤北各地。明成化年间，谭氏祖文友由始兴迁居仁化狮井。另有乐昌谭氏，明永乐十二年（1414）自英德迁入两江凰落乌柏塘村，开基祖为藻时；又有从肇庆迁来一支，开基祖为积鉴，还有一支从仁化迁入乐昌，分居廊田、九峰、两江、庆云等地。

今韶关谭氏在仁化、南雄、曲江、乐昌、新丰等地均有分布。

一、曲江八行《谭氏族谱》

【迁徙源流】曲江八行谭氏脉出瑱公支。谱载：本支出自金陵，初寓始兴，因平叛有功封云旗将军，致仕择居丰园水。至十九世粹公，于宋元祐八年（1093）举进士，擢韶州太守，朝议大夫，迁居曲江。粹生三子，长焕、次茂与季秀。其中，长子谭焕于宋徽宗大观元年（1107），举八行状元①，立八行谭氏祖。至二十二世，后裔伯仓公，生八子，分徙始兴、乐昌、仁化、曲江等地。

【家训家规】曲江八行谭氏家训、家规，奉承“八行家风”②，诗礼传家。谱载列作《家训》十二则。兹列如下：

家　训

耕作：夫服田力穑，庶人之本业，保生之良谋也。必耕耘收获，无失其时，邠风良耜，互相勉励，啼饥号寒，庶其免矣。若惰其四肢，闲荡游手，仓廪空乏，无衣无食，即于匪类共指不肖，势所必然，愿族人各自儆省。

诵读：先贤云：饱食煖衣，逸居而无教，则近于禽兽。凡人家子弟，必遣就傅学习正书，无惑左道，明礼义化气质，得为良民。有志向上者，朝廷悬爵赏以重行业，扬名显亲只在诗书寻出，务宜奋志芸窗，摩厉以须。③ 韩子云：业患不能精，无患有司之不明；行患不能成，无患有司之不公。若作辍相间，虚度时光，负厥父兄属望，自取昭累，后悔不及，愿族人凛诸。

完钱粮：以下奉上之分也。吾侪躬逢盛世，必急公早完，即囊橐无余自得至乐。倘族中有逋逃拖欠，催差来乡，反嗔詈殴，定行重惩。各宜禀遵。

禁奸淫：奸淫之厉，皆出自男女混杂。尊者忘其为尊，卑者忘其为卑，和不体节，谑浪戏笑，聚首无忌，淫欲乃生。独不思彝伦攸叙，家门吉昌；彝伦攸斁，立见消亡？且男女别途，授受不亲，千秋传为美事。愿族中内外整肃，闺门谨慎，各诫饬，无贻中冓丑出。倘有纵奸、和奸、强奸，渎伦灭义，一经发觉，或逐离宗，或送官法究，断不姑宽。

禁赌博：人务本业，乃可全身远害。身入赌博场中，既干法律，且倾身家，产业废败，身受饥寒，室家离散，至为贼盗，亦未可定，其害难以枚举。族人断必禁止，犯者重惩。

息争讼：家庭之内，以和睦为尚。《诗》曰：“螽斯羽，诜诜兮。宜尔子孙，振振兮。”和能集福，自古皆然。或因事相争，须平心暗想：恐我不是，有齿德老成理言解释，即听冰消。毋执己见，而强硬不服；毋狭私仇而唆使兴非。若恃强而争，争而结讼，不惟耗费产业，而且仇怨相寻，祸无了日。愿族人礼让相先，争讼是戒。

敬老成：伦分，乃各教大闲礼义，为门第高风。族有齿德阅历居多，务宜听其训饬，乃急可相依。詈辱尊长，才智自逞，欺抹老成，败常乱俗之人，即

---

① 宋徽宗朝，立八行取士科。据《宋史徽宗纪二》载：“甲辰，立八行取士科。”所谓“八行”指：孝、悌、睦、姻、任、恤、忠、和。

② 八行家风：善父母为孝；善兄弟为悌；善内亲为睦；善外亲为姻；信于朋友为任；仁于州里为恤；知君臣之义为忠；达义利之分为和。

③ 出自《左传·昭公十二年》：“摩厉以须，王出，吾刃将斩矣。”比喻做好准备，等待时机。

为族蠹，犯者必惩。《论语》云："孔子于乡党，恂恂如也。"曷不省诸。

择继嗣：身处无子，箕裘①失，不坠得已而为。立继之谋，务必由服亲而房亲，由房亲而族亲，拣选子弟诚实忠厚，昭穆相当，伦次无紊，乃告族人，上吉进继，写立字约，以成宗祧，为思男者，生事尽礼，温清定省②；死事尽哀，擗踊衰麻，不得忤逆双亲，卷拾家产，复归生父聚处。如犯等情，合族重惩，决不姑贷。

洁宗祠：祠宇乃先灵陟降之所，庙貌雍容，俎豆馨香……时加洒扫，雅洁壮观，庶其发祥。

重孝弟：夫父母之恩，昊天罔极，循分而尽，总要得亲顺亲。殷实者毋重资财而薄待父母，贫困者菽水亦可以承欢膝下。不得纵妻而詈辱，设有触犯亲怒，鸣于族众，小则在祠惩责，大则送官法究治。至于兄弟，乃手足之谊，如雁行并翼，必兄友弟恭，花萼兢辉。若昧大义阋墙相斗，弓角见刺，或听妇言乖伤手足，有忝大伦，终非门内之福。族人各自凛遵。

慎婚姻：育女必姆教，时闻闺门谨慎；择婿惟期良善于归，当叶桃夭。娶妻乃人生大伦，惟求淑女，得称好逑。……若因奸而为婚，或贪娇而谋拆，苟合损德，何能获福。至于来路之亲，多出拐逃，误入圈套，祸莫大焉。

隆祀典：四时各有其祭，宜肃冠裳，洁蘋蘩。僾闻忾见庶其来格，告虔礼毕，肆筵设席，合展欢心，务如春光和煦，以敬齿德。不得醉后猖狂，屡舞傞傞，载号载呶。至于耕守祭田，租石必清，毋欠失祭，若有折破蒸尝及私相买卖者，断必重惩。

二、仁化扶溪紫岭叙伦堂《谭氏族谱》

【迁徙源流】扶溪紫岭叙伦堂谭氏，出虔伯仓公一支。据清康熙《扶溪谭氏族谱·旧谱序》载：仁邑谭姓，在李唐时，以给事起家。世居秣陵者，存而不论，独其鼻祖伯仓君，本虔人也，登北宋庆历间进士，官拜吏部侍郎也。镇湖湘，道经仁化，见其俗厚民淳，辄致仕不去。卜数世后，一传再传，凡三世，居邑之平山里。南宋淳祐间，其裔兰坡君官英州太守，其自平山而迁居紫岭。《扶溪谭氏族谱·序》又载：伯仓公登庆历间进士第，官拜吏部侍郎，操使节出镇湖湘，途次韶阳，瞻曲江风度，聆韶乐遗音，且山川奇矫清，驶为五岭冠，低徊留之不能去。遂上表以谢朝廷，使命隐居仁化平山里，即成仁化之始祖。亦不仅为仁化之始祖，百粤之谭氏皆其遗裔。

【家训家规】仁化扶溪紫岭谭氏家训、家规，谱载列《家训十则》，并

---

① 典出"良冶之子，必学为裘；良弓之子，必学为箕。"比喻祖先的事业。

② 出自《礼记·曲礼上》：凡为人子之礼冬温而夏凊，昏定而晨省。形容子女孝顺。

有族规，分列族长规、婚嫁规、承继规、普通规等，各规因与时久远，兹不再录，仅列《家训十则》。

家训十则

引：经史子集，千古之嘉言，懿行备焉。人能拳拳服膺而勿失之，则舜何人也，予何人也。有为者亦若是。噫嘻，此可为上智道，不可与齐民言也。为族人计，上智不数觏，而齐民皆是。不有家训，恐并齐民资格而失之。不几下乔木而迁幽谷乎？祖训在七百以上，邈矣，不可得而谱。兹菀《旧谱》，有十九世孙椒园家德先正所作家训十条录之，亦凡齐民所应，时时服膺者。且前人之一鳞一爪，均为后人所渴慕，或更足以引后人之服膺焉，则胜令之另起炉灶多矣。谱家训。

一曰存心：凡人有性，万理备具。皆统于心，所谓良心也。心本无不善，后因习俗所染，见人所为不善之事，亦记于心。由是始有善，亦有恶。然善心系本心也，人但常存此良心。夫所谓良心也者，人皆有之也。人岂尽读书穷理，但观所为之事，合乎千万人之心，此良心常记忆在心，一切残忍刻薄之事，切为警戒。未应接时，此心常记忆；既记忆之时，为问此心过得去过不得去？过得去则安，过不去则不安。隐微独喻之中，自有天良难昧处。

二曰积德：德者何？行道而有于心，即实心，为善之所谓也。所谓积者，凡一切济人利物之事，不拘大小，因吾心力所能为者，时常为之也。然为善，切不可有所为而始为。如济一人必望人之感恩，利一物必期人之称羡曰：吾将以得善报也，吾将以得善名也。名不至，报或爽，则寂然。又其甚者，且怨尤，以是为善，小人假行善，以济其恶也。利物济人不为名，不为报。凡事循理而行，斯谓之德。时常为之，无有怠心，斯谓之积。

三曰勤：凡人必有职业，然后可以为人。游手匪类，其初未尝无职业。其病总由于不能勤，故失于无赖。士必勤读而后得名，农必勤耕而后得穀，商必勤贸而后得利，工必勤制而后得物，未闻以惰而有所得也。然勤则必苦，必不惮其苦而后能勤。能勤不终苦，苦尽则甘来矣。试观世间，名成利就之人，孰非自甘艰苦中人也哉！

四曰俭：俭即节之谓。孟子所谓食之以时，用之以礼。食时用礼，所谈甚广，令姑即常情而言之，膏粱文绣，峻宇雕墙，富贵之所以自待也。士庶之家，则布衣蔬食而已足矣，爽垲容膝而已安矣。一切冠婚丧祭皆称身家之有无，毋好为潜越常见轻佻之子，恬不自量。一齐民也，肉肴视为菜羹之薄；一布衣也，绮縠轻为蒲褐之夫。且广居大厦，若固有之，一应无益之费。任意奢靡，所入不能偿其出，而物力已绌，倘更四淫有染，则祸不旋踵，益不堪设想矣。由是卖产鬻业，扫为一空，求复布衣蔬食而不得。嗟夫！以我本有之财，应我本人之用，似亦理之当然。而一旦钟鸣漏

尽，上不能为祖宗绵血食，下不能为子孙谋室家，不孝不慈，是谁之咎欤？不俭之弊，所关至不小也，可不慎哉！

五曰孝：天之生人，赋理以成性。所有仁义礼智而已，是为四德，而仁则统四端，兼万善，为四德元首。仁之德主于爱。而立爱谁亲，故有子以孝弟为行仁之本，然则孝，固人生之根本也。一部《孝经》分疏详尽，读书之士，自通领会，不必更赞一词。令为常人说法，所谓孝顺，德也。父母生我，自少至壮，费了许多劬劳，欲报之德终身难尽。惟是幸父母在，听命不敢悖逆，不敢心非，常常记忆父母生我、养我之恩。最上奋志，读书显亲扬名，其次安分守己，保有家业，不贻父母优戚。不幸父母身殁，衣衾棺椁殡葬，因吾职分所尽，量吾家资所行。死葬之后，惟祭最重。立定尝田，不论多寡，期无失祭。以我一身奉祀父母之心，奉祀具高曾。自高曾以上五世亲尽，理有所祧，然水源木本之思，不可忽也。又推高曾之心，序其世系，奕世不忘。令人但知父母而不知祖宗，已贻数典之诮。又其甚者，第知私妻子，而不知有父母，则源头既绝，流如何浚，根本已无，枝如何茂？

六曰友：《书》曰：“友于兄弟。”兄弟各尽其道，善相处之谓也。兄弟如何各尽其道？曰：兄弟同出于父母者也。存之于心，则兄常存爱弟之心，弟常存敬兄之心。见诸于事，则弟固宜让兄，兄亦宜让弟。古云：争之不足，让之有余，有余所让在兄弟。其所以让，实在父母也。若我兄弟不能让，他日我子之兄弟亦不能让，我之心其能安乎？彼外饰鞠哀之文，内怀煮豆之毒，岂特名教之罪人，亦里巷所不齿。欲探其本，必禁止利心，而复能笃友爱。

七曰睦：亲九族曰睦。自高曾以及本身之曾玄谓之九族，所谓亲者，笃念一本之谊，常存恳挚之情也。服内之亲，有所喜亦为之喜，忧亦为之忧，休戚有相关焉。居常序，其行列正其名，号伯叔、兄弟、子侄，截然不紊。各安其职，相为扶持，无使失业；相为督责，无使为非，缠绵笃挚，有如一家。由是序而推之，凡在宗族，止此一本之思。毋以贵凌贱，毋以众欺寡，毋以强暴弱，此睦族之道也。

八曰婣：婣外戚。出入有三族：父族、母族、妻族。父族，宗族也，母族、妻族谓之外戚，谓之亲；戚则已有联属之谊焉。礼怀能无等杀之分，情不容有厚薄之别。故自母之父母兄弟子侄，以及妻之父母兄弟子侄，皆不能无连类相及之道。生贺死吊，应酬往来，非徒具文，实本诚意。我念我母氏以及其宗亲，彼亦重我母氏而乐得有子。我和妻子而及其宗亲，彼亦笃我室家而乐有其夫。以诚感诚，一本相诚，属异姓可通，毋忽婣谊而自遗其亲也。

九曰任：相信为任，诚为人之道也。人而无信，则不可行。四时日月，措行代明于不已者，信而已。人之相与有力者，亦曰信而已。人生一切事理，要本实心，持己待人，都是实心做去。有如为事必度其可为，而后，为之。诚实之心，行当为之事，内与外一辙焉。亦既为之，必要其诚始，兴终一心焉。凡有所言，心口为一，亦既言之，必尽其说。无欺无二，是谓之信。若徒外面矫饰，非出于诚实之心与为之而始终易其心者，非徒无信，亦足验其无后也已。切宜戒之。

十曰恤：亲戚之谊，情所必至，缓急之际，固当有周恤之义。外至邻里、乡党，岂必尽皆同族。然既聚处于斯，亦自有差等。相及之道，邻里有困之者，不必待其告急，何妨酌量周济；其或告急烦数，亦尽吾力所能及，或代为之谋划。彼亦未尝不自知，有是非争嘴处，亦当尽力为之排解。每见有至亲至戚来告急者，亦拒绝不与；遇家庭纷争，亦闭户不问，吾不知其何心矣！吾愿尔后人切勿以此人为效也。勉之！戒之！

三、仁化石塘安岗《谭氏族谱》

【迁徙源流】安岗谭氏出伯仓公支，谱载宋庆历八年（1048）迁入仁化平山里平山村（仁化县董塘镇境内）。公有八子，长子朝政公仍居平山里；至俊和（子顺）公，任仁化教谕。子顺公之子兰坡挈第三子念三郎迁居仁化紫岭村；四子念四郎迁湖南桂阳，后复迁回平山里。念四公之后裔仍居安岗村，亦有一部分迁居仁化之烟竹、厚里，乐昌之桐坑等地。

【家训家规】仁化石塘安岗谭氏家训、家规，列作《四民[①]家训》，以训士、训农、训工、训商分列。又以“孝悌忠信，礼义廉耻”作八训诗。兹列如下：

四民家训

引：《孟子》曰：“人之有道也，饱食暖衣，逸居而无教，则近乎禽兽。”盖言人之为父兄者，不可以不立教；而人之为子弟者，不可以不率教也。吾家弟子，其材其智，不尽出于下愚。但不知努力为人，吾甚虑焉，诚恐自暴自弃，始则游手好闲，继则放辟邪侈，无所不至，其何以为人乎！吾观人之所以为人，上之可以光前烈，下之可以裕后昆。其道不外士、农、工、商，舍此四者，甚非为人之道。因作《四民家训》，以教我子孙，常思继志述事，共凛吾言，名勤尔业可也。

训士：人为万物之灵，士为四民之首。必无惭于幽独，乃可对乎大庭。既敏事而慎言，亦循规而蹈矩；常向诗书经传，无损岁月光阴。立心直欲求贤，务必戒欺求谦，不可沽誉于名。

训农：民固以食为天，国亦以食为重，是必深耕易耨，乃得秋收冬藏。毋舍田而不耘，勿拔苗而助长。丰年多黍多稌，乐岁余一余三。纵获千仓万箱，亦宜省费节用，更要早完国课，不可贻累身家。

---

① 所谓四民，泛指从事士、农、工、商职业者。

训工：良工只为殷勤，贱工皆因怠惰。功多始得艺熟，能于勤劳传家。游手每荒于嬉，居肆以成其事。欲为方圆平直，须依规矩准绳。巧能通于鬼神，名自达于天府。从此得心应手，自然有道生财。

训商：以有易无为市，通财鬻货曰商。只因趋利谋生，以致离乡别井。不惮艰难险阻，宁辞南北西东。历万水千山，异铢积而寸累，若果同心合力，自然和气生财。慎无枉费经营，总要公平交易。

八训诗

孝：二人恩罔极，百行孝为先；怡色柔声备，天经地义全；晨昏当定省，奉养贵精专；菽水堪供职，承欢教圣贤。

悌：为弟心当尽，恭兄事要知；相亲又相爱，同气亦同枝；最喜辉花萼，何堪煮豆萁；本天生羽翼，手足共扶持。

忠：人生当尽己，不独事君臣；作德无虚伪，求仁有始终；代谋殚厥念，处世秉其公；如立朝廷上，为臣在匪躬。

信：启口无虚诞，修辞勿二三；中孚占利涉，无辄象停骖；问是豚鱼格，谁非原悫含；为人而不信，作事总难堪。

礼：三千三百礼，举世莫能违；敦厚斯为美，轻浮则不威；循规兼蹈矩，杜渐与防微；小大尊经曲，休贻相鼠讥。

义：旷观天下事，惟义最当行；见利毋轻得，临危也要争；在人原有命，所欲甚于生；正大光明者，千秋播令名。

廉：矫廉何足贵，高节乃为优；一介无轻取，千金莫浪收；存心有分辨，入世不贪求；在己严持守，清操罕持俦。

耻：耻系于人大，宜皆有事心；食羹轻呼蹴，饥饿忍膜襟；莫谓怀渐浅，须知抱愧深；若果存羞恶，即此是良箴。

韶关黎氏

韶关黎氏支出高阳氏之子，封北政侯，名黎侯。赵宋南渡时，徙保昌珠玑，咸淳间又徙南海，此后，黎氏后裔分徙粤北、岭南各地开基。明洪武至嘉靖间，又有福建上杭黎氏，迁徙粤北。谱载明洪武四年（1371）氏族念四郎奉诏，由福建上杭福村迁徙入粤北境翁源、始兴、曲江、乐昌等地，其中，以迁乐昌辽水（今秀水黎家排）一支为最。后裔孙仲瑛携子谢法公自辽水迁马溪，居二代至春发公，迁居白石下渊开基；又有仲璋公派下邦帅公迁徙梅花坪阶头开基；有仲璋公派下民仰公迁徙坪石大岭下开基；有仲清公后裔俊兴公迁徙五山上下黎，桃竹坑及官井等地开基。

乐昌高阳堂《黎氏族谱》

【迁徙源流】乐昌黎氏一族，系出高阳郡。据《黎氏族谱源流序》记载：氏族念四郎奉诏由福建上杭福村迁徙粤境乳源辽水（今乐昌秀水黎家排）开基，其后裔孙仲瑛携子谢法公自辽水迁马溪，住二代至春发公迁居白石下渊开基；又有仲璋公派下邦帅公迁徙梅花坪阶头开基；有仲璋公派下民仰公迁徙坪石大岭下开基；有仲清公后裔俊兴公迁徙五山上下黎，桃竹坑及官井等地开基。

【家训家规】乐昌黎氏家训、家规，谱载列作《家规》《箴规》，并训作《圣祖仁皇帝颁示圣谕》，共十七条。兹列如下：

圣祖仁皇帝颁示圣谕

一、敬祖宗：祖有功，宗有德，子孙之衣食，无非前人之遗泽也。豺祭兽，鹰祭鸟，物类犹知报本，而况于人乎？孔子曰：事死如事生，事亡如事存。曾子曰：追远皆为敬祖宗而言也。然观今人之习尚，寒食、清明亦知敬祖宗，而生辰、寿诞绝无闻焉。盖寒食一祭，不过循行故事。分其余惠，而敬心何存哉？夫所谓敬祖宗者，朝夕奉祀。当祭之时，必思祖宗之音容，想祖宗之忧乐。嗳乎有见，忾乎有闻，如在其上，如在其左右。庶几精诚相感，志气相通。《诗》曰："永言孝思，孝思维则。"此之谓也。

箴曰：祖德宗功，万世无穷。身所从，不敬何衷。粢盛必洁，牺牲必隆。貌虽莫见，诚有可通。至诚相感，喜怒皆同。仪不及物，享祀亦空。

二、孝父母：曾子曰：身体发肤，受之父母，不敢毁伤。则知孝也者，非徒养而已也。爱敬之心存于中，愉悦之色著于外，诚有举足不敢忘父母者。故天子有天子之孝，庶人有庶人之孝。富而贵者钟鸣鼎食而非奢；贫而贱者菽水承欢而非啬。缘分自尽，常体亲心。莫私妻子，莫争财产。莫因小忿而贻父母之忧，莫行非为而败父母之德。庶几所行无过，亲心自安，乃可以为孝子。此深有于吾族也。

箴曰：百行之大，尽孝为先。顾我育我，何止三年。虞帝终慕号泣旻天，老子娱亲，舞彩阶前。竭力奉事，子肖孙贤；犯颜忤逆，阴遣鬼牵。

三、笃兄弟：兄弟为天显之亲。伯氏吹埙，仲氏吹篪，此天伦之乐事也。夷齐让国，甘饿首阳。先主劝张，难断手足。姜家大被以同眠，宋君灼艾而分痛。千古圣人贤士，兄弟间未有不思相爱义相联者。吾愿族中之为兄弟者，兄尽兄道，当友爱于弟；弟尽弟道，当祗恭于兄。勿听妇言而乖骨肉，勿因财产而伤同胞。庶几既翕可咏，角弓无闻，和气宁不致祥哉。

箴曰：伤彼眷生，坐视急难。御侮无人，良朋咏欢。愿吾族中，前车是鉴。雁序鸰行，言笑晏晏；相爱相亲，无忧无患。保合太和，谁敢侮慢。

四、敬夫妇：夫妇为人伦之始。有夫妇然后有父子，然后有君臣，则父子君臣皆由夫妇而出者也。男正位乎外，女正位乎内，岂可苟然矣哉。梁鸿孟光齐眉举案，却缺夫妇相敬如宾。要惟各尽其道，不因恩爱而生狎侮之念，不因情昵而存骄矜之心。富贵贫贱，随遇而安，莫嫌妇丑，莫嫌夫愚，凤凰于飞，和鸣锵锵。由是而生子，子必肖；由是而生孙，孙必贤。为夫妇者，奈何不敬。

箴曰：女配坤顺，男秉乾刚。义同天地，德合阴阳。琴瑟静好，如鸳如鸯。内外均正，若凤若凰。狮吼可恶，鼓益堪伤。不闻反目，家业隆昌。

五、睦宗族：宗族为一，本九族之亲。周公谓鲁公曰：君子不施其亲。孔子告哀公曰：尊其位，重其禄，同其好恶，所以劝亲亲也。曾子曰：君子笃于亲，则民兴于仁。观三圣之言，可知自天子诸侯以至士庶，无不以敦本睦族为要。盖族大人盛，虽若异观，而本支百世，无非自一公而出者也。吾愿凡我同族，思一脉之渊源，当有无相通，缓急相济。强不可凌弱，富不可欺贫。勿因小故而贻害，勿争小利而生残。善则相劝，恶者相规。纵有异姓暴戾之人，宁敢薄视吾族哉。

箴曰：芸芸族党，愿居本支。富贵我喜，贫贱我悲。瞻彼禽兽，顾群依依。人灵如物，岂不如之。以恩相接，以义相维。吉凶同患，百世相宜。

六、正伦常：伦常为一族之纲纪。尊卑上下，名分昭然。内处男女，界限划然。此天理之不容紊，人情之不可乱者也。吾族生齿日繁，而长幼当分，男女宜别。勿以尊而凌卑，恃其长上；勿以卑而辱尊，逞其强横。闺门宜严肃，勿使有东门之讥；子弟宜教训，勿令有狂童之诮。父诏其子，兄勉其弟。和乐者其情，严肃者其规。越礼犯分之人，不见于我姓，始无愧于诗书传家，礼乐成风之族也。岂不休哉。

箴曰：天地定位，尊卑以陈。男女有别，授受不亲。秉礼度义，福禄来临。荡闲踰检，灾祸及身。词严义正，风厚俗淳。一经传后，饬纪敦伦。

七、尊师友：师友为读书之根本。家有子弟读书，非师何以见裁成，非友何以占丽泽。故孔子贤弟子贱尊师取友，以成其德也。吾愿族中为父兄者，有子弟读书方开蒙时，当不惜重金供给隆盛，以择明师，方能明句读，正字音，乃无诬于子弟也。使图便宜潦草塞责，安望其有成乎。及经馆而讲，贯当教其择友。孔子曰：益者三友，损者三友。若友不慎择，恐流于匪僻而不自知。所以为父兄者，有名师益友，不但令子弟当敬重，自己亦宜加意焉。庶几涵育熏陶，师以成其学问；劝善规过，友以劝其切磋，日新月异，学业自成。所以宜尊师友也。

箴曰：读书稽古，登云是望。陶镕师善，忠告友良。栏杆苜蓿，轻亵可伤。题凤作鸟，怠慢难当。父兄若此，子弟必狂。丹心敬重，学富名扬。

八、重贤才：贤才为一族之桢干。家有此子，远可承直讲之世泽，近可接及第之家风。光耀门庭，丕振家声，谁敢卑视吾族哉。故凡族中有贤才弟子，看其能成大器，无负所望者，务必周恤保爱，莫阻前程。使其生于贫寒之家，须解囊助赠，以遂其飞腾之志。即生于富厚之室，必时加奖励，以鼓其勇往之心。庶读书者，人各自奋，争自濯磨。贤才迭起，冠带如云。宁不有光于吾族哉。

箴曰：族无贤才，家声何在？若有其人，当存深爱。但欲显扬，何容抑塞？贫者周急，富者谆诲。身列朝班，琼瑰玉佩。祖宗有荣，芳流百代。

九、守王法：王法为国家之大典。君子怀刑，岂必身罹法网，而后怀之哉？亦惟平日间，衾影若刀锯之地，饮食恍桁杨之加，非言不言，非行不行，兢兢业业，无忝厥躬也。盖汤之宽仁尚厄夏台，文之小心犹囚姜里。吾人若自作其孽，一旦发觉，大则身首异处，小则黑索拘挛，追悔不已晚乎？吾愿族中各守本分，蹈矩循规。勿伤人命，以致大辟，勿谋人财，以陷绳缧。勿欠饷而拖粮，勿败常而乱俗。如此则平康正直，随遇而安，王法何自而至耶！

箴曰：剕宫墨辟，不顺人情。一朝罹祸，自殒其身。如临深渊，如履薄冰，安常守分，掉臂游行，父母无累，宗族无惊。优游岁月，福寿康宁。

十、戒淫行：淫行为诸恶行之首。士君子立身行己，当思祖宗之德泽，宜顾父母面皮，切不可为不仁不义之事。虽贾女偷香，文君奔琴，皆由女悦于男。然坐怀不乱，遂成千古佳士；秉烛达旦，更为一代英豪。此固可法而可传者。莫谓暗里偷情，无人见及。不知冥中，有天地鬼神。我淫人妇，人淫我妻，天理循环，丝而不漏。族中子弟，切宜戒之。

箴曰：人生斯世，廉耻为先。淫人妇女，风水暗迁。真种失漏，别产英贤。观今鉴古，事理显然。历览甚多，不忍朗传。箴规森立，服膺拳拳。

十一、戒盗贼：盗贼为玷辱祖宗之事。人生天壤，当正大光明，岂可因贫而起盗心。试思君子安贫，达人知命。人生一世，富贵皆由天定。不幸而适值贫，当励节砥行。或勤耕以养父母，或经商以畜妻子，安在其不可者。苟不念祖宗，不顾名节，为穿窬，为掠劫，有衣有食，洋洋得意，乃一旦事发孽作，身首异处，固死有余辜矣。而族党亲友，往往受累。丧命者有之，败家者有之，其祸可胜言哉！吾愿族中早立防闲，殷殷教训。若累教不耳，即行惩治。则盗贼自灭，家声自振。

箴曰：士农工商，各有正业。不四不三，流为盗贼。罪恶贯盈，必遭身裂，宗族株连，父兄缧囚。富好诗书，固称贤哲。贫志不移，亦算豪杰。

十二、戒结盟：结盟为同恶相济之事。一族中父慈子孝，兄友弟恭，朝夕相见，患难相顾。异姓结交，安有此义气哉？乃今之人，动云盟兄盟弟，誓同生死。成大会，结大党，洋洋自得，目中无人。然究其归，不过纠集群邪，同恶相济，或恃众民压乡邻，或因势以劫孤茕。世之成群为恶者，皆此拜盟结党之人也。独不思文武官员，王法不容，苟有启衅，玉石俱焚。歼厥巨魁而夷九族者，已有明征矣。念及此，却之惟恐不远，则反入其党，以罹不测之祸乎？谆谆明告族中子弟，戒之，戒之。

箴曰：兄弟相呼，埙篪和乐。结党拜盟，借群为恶。乡里受欺，孤户遭掠。罪满祸临，同姓皆虐。往者可鉴，来者急跃。打破迷途，兕觥庆酌。

十三、戒比匪：比匪为人恶之机，圣人尤兢兢加意焉，而况中下者乎？故与善人居，如入芝兰之家，久而不闻其香；与恶人居，如入鲍鱼之酒肆，久而不闻其臭。始则与之相亲，继则与之俱化，行险侥幸，无所不至。或贪饮于歌台舞馆，或戏耍于柳巷花街。习惯性成，欲不为恶也难矣。人生天壤之中，交游不可不谨。欲无悔于终，须慎择于始。鉴空衡平，物来必照。纵有匪僻相诱，虽肺肝如见，断不为其所迷。如此则德可成，品行自端。指而目之者，谁不曰：京兆郡之端方士也，宁不幸甚。

箴曰：戴高履厚，人谁无交。衡鉴不爽，始绝纷扰。良友把臂，德音孔昭。燕朋携手，顾视轻佻。身败名裂，玉缺香销。训辞具载，匪类早抛。

十四、戒唆弄：唆弄为害人之机巧。大丈夫出言有章，吐词为训。族中有事，是则是，非则非，词严义正，排难解纷。无愧于天地之完人，父母之肖子。苟长舌为厉，巧辞为工，不顾人之利害，徒逞己之机械，凭空起事，恍如实情。听者不及详察，或斗殴而冤结不解，或兴讼而荡产倾家，此皆唆弄之人以害之也。吾愿族中老少男妇，当心口如一，无变乱是非。庶言可法而可传，以正风俗，以敦伦纪。雍雍穆穆，和气有不致祥也欤！

箴曰：正大光明，其志矫矫。玉振金声，言坊可表。弄是唆非，害人不小。平地风波，祸患无了。但观妇人，长舌称巧。事至燎原，自愧颠倒。

十五、戒词讼：词讼为败家之祸胎。家有产业，当以遗子孙。囊有余财，即以做义举，岂可肥官衙而给房差乎？谚云：衙门八字开，有理无钱莫进来。此言良有味。世几见好争讼者，安有不败家者哉？亲族中差役不至，公门不入。士农工商，各守其业，则贫者转而为富，富者积而愈盈。大家巨族，端由于此。苟因小事而启衅，又或骨肉以相残，动谓气屈无申，惟赖官府，卒之财穷力竭，气亦依然。踌躇顾虑，追悔何及乎！

箴曰：衙门不入，即是神仙；好兴词讼，家业萧然。欲无后悔，慎始为先。一朝隐忍，毕世乐天。猝遇横逆，委曲善全。犯而不校，效法大贤。

十六、戒争夺：争夺为祸乱之阶。文王之世，行者让路，耕者让畔。雍雍穆穆，皞皞熙熙。故虞芮犹质厥成①此，以知人生天地间，当以礼让居心，不可以争夺为务。盖争者也，争己之所无；夺者也，夺人之所有，损人益己，谁能遣此。忘身及亲，势所必至。吾愿族中，各守本分，相安于淡定之天。即横逆相加，退一步不可思占绳利，让一着宁可甘守愚蒙。谁不谓大智若愚，大巧若拙哉。

箴曰：人心不古，奸宄才雄，劫夺为事，争竞成风。行险侥幸，荆棘是崇，居易俟命，福禄来同。怒施顺受，情类德通，礼存让具，大雅春容。

十七、戒懒惰：懒惰为用之废材。人当年富力强之时，正发奋有为之日。为士，勤则学业精进；为家，勤则硕大蕃兹；为工，则技进乎道；为商，则万贯腰缠。勇往直前，日新月异，方可以有成也。苟志气昏弱，精神懈弛，或宴乐而佚游，或骄傲而成僻，将见士不成士，农不成农，工不成工，商不成商。幸生于世，与草木同枯，不几为天地之废人哉。且亦思我躬为父母所生，徒存此血肉之躯，颓然其待尽，能不爽然失矗然兴乎？族中子弟须勤敏以成材可也。

箴曰：从来圣贤，分阴是惜。懒惰性成，饱食终日。少力不努，老伤

---

① 典出《诗·大雅·绵》：虞芮质厥成，文王蹶蹶生。

何及？困苦饥寒，谁人怜恤；及时修为，丰荣可必。谨遵教诲，俾昌俾炽。

以上家规、箴规森然，入其中则品行自卓，逾乎外则家法不容。于戏！家规昭然，端赖父兄之督责。尤冀子弟之遵循，则京兆之家声因以不负，直讲之世泽由此克绳。宁不成世德作求之族哉！

韶关潘氏

韶关潘氏源自河南荥阳安仕乡。谱载：东汉时迁居河南开封府中牟，晋永嘉年间辗转江西抚州府临川，后再迁入安远劳田乡。南齐徙宜黄大富岗。唐末避战乱称居福建宁化。宋初移居长汀，中叶迁江西赣州安远，再复迁福建汀州宁化。景炎元年（1276）元兵大举南下，兵连祸结，从宁化入粤居长乐高竹园。明洪武年间，移居兴宁。明弘治十一年（1498）入闽迁粤八世祖伯澜公身膺郡庠，因军役田粮回派与县主相抗结，携妻自兴宁避居翁源南浦开基。明成化年间，后裔迁徙新丰，衍为新丰第一大姓，再从新丰迁佛冈及清远源潭、英德、连南、连县、阳山等地。又有迁本地始兴支，分布始兴花山、江口、隘子等地。

明万历年间有潘氏福宁公自翁源迁乐昌九峰上廊开基，分布在九峰、两江、北乡、长来、大源和湖南等地。

新丰《潘氏族谱》

【迁徙源流】新丰潘氏脉出毕公高之四子季孙。谱载：“因食采于潘，故以潘为姓，以商为音，以荥阳为郡，此我宗得姓之始也……”宋末元初，元兵大举南下，迁福建宁化潘氏为避兵祸入粤，迁长乐（梅县）。至八世祖伯澜公身膺郡庠，因军役田粮回派与县主抗结，于明弘治十一年（1498）迁入粤北翁源。明成化年间，潘氏后裔大量迁徙新丰聚居。潘氏遂衍为新丰第一大姓。后裔再分迁始兴、佛冈、英德及连阳地区等地衍播。

【家训家规】新丰潘氏家训、家规，谱载列《箴规》，又列《伯澜公家传箴规》作家训。兹列如下：

箴　规

钦德行：德由心积，行以实践。德盛者誉自隆，行修者品自著。是以千古以大德为至，四科以纯行为先。故有德之人，笃行之士，族姓务宜钦崇。

尊齿高：齿由数定，高难胜获。仁至者形始固，德厚是神斯贞。是以

三代有养老之文，朝廷有敬老之典。故老成之选，典型之倚，族姓各家敬重。

敦礼让：礼缘义起，让从心生。好礼者足以统万民，而使人敬；诚让者足以弭外侮，而化阋墙。是以唐尧以温恭为主，虞舜以克让为心。故经典之文，逊让之道，族姓俱宜谨敦。

尚和睦：和为谦德，睦乃善行。心平者气自和，度豁者态自远。是以雍和足以服四海之遥，姻睦足以孚九族之涣。故谦和之本，蔼吉之风，族姓各宜共尚。

奖贤孝：贤由德行，孝属天性。一行有亏不足为孝，一事未善难以称贤。是以颜氏有贤哉之叹，闵氏有孝哉之誉。故族有希贤之士，尽孝之子，族姓其宜奖赏。

诱英俊：英敏宜培，俊秀当养。良玉在石难以成器，大木在山不斫无以成材。是以国家有劳来之典，宗族有公给之需。故聪明之子，特达之儿，族姓俱其善诱。

掖贫懦：人贫志绥，性懦气沮。口腹不充何暇治乎礼义？逡巡不振必至堕乎事功。是以君子有周急之谊，圣人有无勇之讥。故困乏之懦，退缩之士，族姓各宜护掖。

劝骄吝：骄则矜倚，吝惟鄙啬。人之招尤，多在矫情所致；民之失德，每在干粮之愆。是以颜氏有公善之志，仲氏有公物之愿。故骄盈之子，悭吝之徒，族姓各宜惩劝。

安名分：名不可替，分不可淆。人不顾名则尊卑失序，人不安分则过举滋彰。是以为政以正名为先，处事以越分为戒。故制度之等，品节之宜，族姓各宜自安。

警轻浮：轻则不重，浮则不实。举动稍妄则无可畏之威，言语涉倚必有招尤之举。是以风人有佻达之讥，大圣有难为之戒。故轻薄之态，浮夸之言，族姓各宜自警。

戒躁率：躁因性急，率为心粗。性急则不足以捱精微之理，心粗则不足以立远大之谋。是以大必有丧身之患，小不无废事之愆。故躁急之情，轻率之度，族姓端宜切戒。

禁强暴：强因恃势，暴为横行。恃势则无理而妄为，横行则忘身而不顾。是以往古有锄强之律。

阐贤淑：淑女性柔，贤妇德顺。能柔则敬戒而无违，不顺则狎侮而遗罹。是以《礼记》有内则之训，《大雅》有维厉之讥。故幽闲之女，贞节之妇，族谱也应阐著。

惩淫欲：闺门为万化之源，淫欲为十恶之首。安分者吉，越理者凶。是以朝廷有诛奸之条，风人有讽刺之什。故乱伦之徒，玷辱之事，虽属疏房远族，族党务宜公结，惩遂以肃伦风。

伯澜公家传箴规

一、自吾宗族以来，积德有数百年矣。凡太始祖中牟公至始祖琴公，于今吾身当八世耳。以此支分派别，亲疏莫辨，尊卑难序。故编世系，而列昭穆，使不相淆。一日谱成，作其规诫，以示后世子孙。即当重存，斯谨守其成规也，宜禀尊毋违。

二、自吾祖宗之裔，先宜谨守祖宗遗训，遵行先圣格言。修身齐家，以安营业。以耕读为急务，当重乎纲常。叙其彝伦，先在忠信勤俭，礼义廉耻。毋妄作匪为，毋欺凌族规，毋恃强欺弱，毋嫉妒技能，毋以嫌生竞，毋以富娇贫，要循于规矩，各宜敬之。勿视轻言，毋违。

三、凡议婚自心须告鸣宗族，择其门阀相当，方许结合。期间有良浅不等，不可贪伊丰富，而私计财物。亦不可厌他贫穷而自行鄙视。凡后嗣世子孙，各宜权度，有无相称，以成姻亲。谊属焉可倘不遵禀，重法不恕。

四、凡先世所葬坟墓、庙宇、屋场及山林等项，累累各有界址分明，后之子孙，不得盗侵。改毁强灭，则当思一脉之相传，一气之同分。岁遇春秋二祭，依期拜祭。合虔展诚，忱自箴规。以后子子孙孙，宜守之敬之。慎勿弃之，幸遵为要，毋违。

韶关薛氏

韶关薛氏出金陵河东郡光裕堂主支。谱载：晚唐薛氏始祖向彦公，举进士授郴县知县，生三子，卸任后迁居宜章南关。裔孙邦贤、邦明（彦公三子薛前儒子）于明宣德年间自湘里田移居乐昌九峰立基，分居下湾、上湾。自此，薛氏于乐昌繁衍，后裔遍布韶关各地。抗日名将薛岳将军系出九峰薛氏。

乐昌九峰、坪石《薛氏族谱》

【迁徙源流】乐昌薛氏始自宜（章）邑向彦公一支，据清道光二十年乐昌《薛氏族谱源流自序》记：彦公托籍南京徽州歙县登宋熙宁丁亥进士后，初任江陵旋升郴州刺史，生三子可达、可道、可通。乾道壬辰，通公之子珪登进士，淳熙乙未出授广东高州府茂名知县。历六代，至六世孙德茂，仕广东乐昌知县，其子祖智因附籍彼都矣。又居宜六世孙仁茂公二子辉宏、辉富。辉宏复迁徙乐昌九峰之坪石。彦公为宜邑开派之祖，继自珪公为土桥发籍之源。

【家训家规】薛氏家训、家规，谱载列作《家训》，共十条，又有重增六条。训有引。兹列如下：

家　训

引：族谱之修，所以辨上下，别尊卑，著先型，重后裔者也！士君子敦宗睦族，尊年尚齿，戒奢导俭，岂得已哉。盖欲齐一家之政，以为祖宗光，其用意专而用心独苦。正使后世子孙触目修省，庶几老幼内外，肃然整齐。而由溯前，则今日之谆上训诲，顾可缓乎。

一、睦宗支：《诗》曰“本之百世”，《书》曰“以亲九族”，宗支之当睦也，宁故问哉，吾族派衍颇繁，散处四方者多而遇会辄少，若有事相接，或因细故而起竞争则视若疏逖矣。夫邻里尚当和睦，而况谊属同气乎。万毋以积小介怀，致令一体之相残也。

二、敦孝友：孔子引《书》言，惟孝友于兄弟，吾人童而习之，谁不谓之，而孝友者卒鲜，何也？盖惟心知其义而未尝实尽其心也。人生大端，孝悌为先。吾而不孝，何以为子；吾而不悌，何以为弟？凡父兄之前，宜随吾分之所当尽者尽之，因吾职之所当为者为之。庶几子道尽而弟道克全耳。

三、正名分：名分之不可假也。尊卑长幼，自有一定之程法。不惟口舌称道，毋庸颠倒，轻肆坐作，进退应官；蹈矩循规，亲疏有等；嫡庶攸分，其辨名定分之谓乎。

四、端品行：父兄为子弟之表率。苟素行不端，或假公济私，或唆挑是非，不惟无以服乡里，亦将何以对子弟。故平居操作，一循乎度。遇事营谋，动皆由礼。然后品行端，而子弟效其尤。

五、肃闺门：闺门为万代之原。《关雎》一咏，化及南国。庶人在下，岂敢上比圣妃。然人各有志，若言笑不苟，诟谇无闻，是即幽闲贞静之家风也。至于寡妇处女，尤宜矜持自爱，以显其节操贞淑，则为之夫与妇者，尚当不时开导可耳。

六、勤职业：人生职业，各有不同，要视乎人之勤惰何如耳。惰则事废，勤则有功。士农工商，无不当惕然警觉者。韩昌黎曰："业精于勤而荒于嬉。"吾愿吾族咸佩服不忘焉。

七、崇节俭：《周礼》曰：廪人计粟实，王者经国之大计。治国若此，治家亦然。苟用费奢侈，所入不敌所出，则倾家荡产特转瞬事耳。吾见巨室大家，不一二世而灰烬者有之，况乎产业淡薄者，可不兢兢自持欤？

八、豫蒙养：后生小子智识未开，导之正，则大于正：导之邪，则入于邪。为父兄者，正宜择师引诱，毋使有疾恣情，趋于歧途。斯业精专而心不纷扰，学问自尔臻臻日上。《易》曰："蒙以养正。"其斯之谓欤。

九、尊四礼：冠婚丧祭，家礼可考而知。但族内未必皆能为学。士之知礼者，宜不时讲究。凡遇吉凶，务遵循无懈。苟或潦草以循俗，则不惟贻笑于大方，亦且为身心之累，嗟何及矣。

十、戒争讼：徇分守亡，一生自得安闲。若因小节遂争竞不休，以致构讼公廷，败家荡产，贻忧父母，甚至蛮横斗殴，酿成人命，系身囚狱，皆所必至之事。朱文公云：讼则终凶。斯言殊堪佩服。

重增六条

一、恤孤寡：无父曰孤，无夫曰寡。孤寡之人，其遇可痛，其情可悯。盖以命不振，罹此凄凉苦况，衷情默默，谁为告诉者。若属在同姓，原本天亲，虽不能如范文正义田赈济，然凡事照管，或加温慰，亦恤之道也。《诗》云："哿矣富人，哀此茕独。"毋以欺凌焉。

二、完赋税：朱子家训曰：国课早完，即囊橐无余，自得至乐。吾辈生太平之世，凿井耕田，夫役不扰急公奉上，仅有此项，苟不及早输将，则胥役追呼议索，徒为自取辱耳。况官府征解有期，断难容缓，有田有业，何为而作疲顽之户乎。凡我族人，宜相劝勉。

三、戒赌博： 世之玷污品行，倾败家业者，莫如赌博焉。盖人不论贤愚贵贱，一人赌局便成匪类。赌之尽头，终成盗贼。夫士农工贾，各有正业。何可非分妄求，以流于下贱乎。凡我族父兄伯叔子弟，皆当交相警戒。倘敢有犯，无论赌之大小，察觉时定将赌者家法重惩，然后公罚。

四、禁隶役： 天下最不齿于人类者娼优，而隶役则与之……

五、禁鸦片： 中国积弱，深中鸦片烟之毒。凡人皆知，一吸鸦片烟，即百病丛生。形容枯槁，百事懒为，不独精神萎靡，而抛工费日，变为无用之人。且有弱种之害，诚属可怕。愿我族子孙，如有嗜鸦片烟者，应即速戒，无则加勉。

六、固团体： 民为邦本，本固邦宁，此圣人之遗教，浅而易见者也，推而至一家一族，何莫不然。吾先人已自睦宗支之明条，犹言邻里当和睦。况一脉相亲，更当和睦，相亲相爱，何可待言。万毋以积小介怀，致令一气之相残。可见先人隐忍，防以欺结团体为训也。余尝见乎族人有被人欺凌者，不但不救，甚至有落井下石之怪现状。能不悲哉！盖由于团体不坚固，心如散沙，致召外患之欺凌也。可不痛哉！甚愿吾族子孙，从今以后，务要一德一心，共患难，同安乐，疾病相扶持，常存团体之观念，使人不敢有轻视之心也。

韶关戴氏

韶关戴氏出安徽亳州谯国堂支脉。谱载：宋末戴氏七十四祖杏，迁居闽之宁化。生子四。三子澄逊由宁化再迁漳州漳浦县，生子九，长玉英、次玉先、三玉德、四玉鼎、五玉祥、六玉桢、七玉麟、八玉仁、九玉佳。元朝初年，九子分徙闽、粤、桂各地。六子玉祯，分徙迁入粤北南雄府始兴立基，后裔分徙太平、深渡水等地，自此，戴氏在粤北繁衍，后裔遍布南雄、始兴、曲江及珠三角各地。

南雄、始兴谯国堂《戴氏族谱》

【迁徙源流】南雄、始兴谯国堂戴氏出休宁之隆阜安公脉。谱载《戴氏源流记》记：休宁之隆阜第十七世安公，宋末官荆州副将，始徙闽之漳州、汀州，择地而居。生子光庭，时称黑面公，又生子九人，俱各散迁入粤。明洪武初，后裔玉祯公徙粤之保昌，迁始兴百花村，此者皆本谯国之派流在粤北分徙。

【家训家规】南雄、始兴谯国堂戴氏家训、家规，谱载列作《家规》（十五则），并列《戒条》（四则）。兹列如下：

家　规

一、孝父母：父子，天性也，人未有不爱敬者。但志要显亲扬名，行宜谨身节用，侍奉贵怡色柔声，丧须哀恸尽礼。只将父母二人时时存念，则忤逆可免。

二、敬长上：长上分与年俱尊也。授几奉杖，随行隅坐，《礼》载之矣。凡遇尊辈，一切言动各宜恭逊，不得以贤智先人，不得以富贵自恃。

三、友兄弟：兄弟，分形连气之人也，非寻常订交可比。凡为兄弟者，念手足之爱，只得一个让字。勿听枕边言，勿信外人唆，则至诚动物，便消却许多睚眦也。

四、慈孤幼：亲支不幸有孤儿寡妇，当提携周恤，共国税差徭，代为撑持，不可欺无知而苛削之。至五服以外，孤贫无依者，尤宜收养，若沦为奴隶，是灭祖宗，心何忍也。

五、端闺化：人家娶妇不逾月，便争长竞短，此皆男子溺情床笫，故菲薄反在夫亲。惟男不言内，女不言外，夫唱妇随，姑慈妇顺，则和气致祥，骨肉不至伤残，家益昌炽。古人刑于之化，吾族亦宜鉴诸。

六、择婚姻：男女定配，所以承先启后，古人一与之醮，终身不改。近日择配或因财货，或逞意气，或选姿色，稍不如愿，甚之三年五载即行拆嫁，此陷子女败人门风，阳犯国典，阴干天谴。吾族嗣后有此，携谱到官法惩全枕，财礼充公。凡为子弟者，毋自贻伊戚也。

七、敦族好：族中贫者固多，而富者间亦有之。自祖宗视之，则皆一体也。夫天道有循环之理，各宜循分以自安。富者不可高傲，贫者勿生忮求，则贫者不致终贫，富者亦长富矣。

八、谨交友：友以辅仁而损益攸分。本族各有亲朋往来，但不可滥交匪僻。倘误入其党，身之受辱固不待言，而且累及父母，祸遗子孙，可不慎欤。

九、戒乱伦：近来风俗浇薄，有兄死而弟枕其嫂，有弟没而兄娶其妇，名曰转房。此阳为国法之所不容，阴为祖宗之所必诛，伤风败俗，莫此为甚。吾族除既往不咎，后日有不肖子弟再蹈此恶习，族中鸣公究治定行，断离不贷。

十、戒谋夺：祖父创立田宅，无论多寡，其思子孙世守之心则一也。族有因丧婚、债务，贫不能守者，本支照时价受之，犹谓产不出户也。如外房挟财恃势，私相授受，是为谋夺，阋墙构讼皆始于此。甚之，族中有贪图财利者，串卖外姓，合族公罚。

十一、教子弟：耕读二业，今古正务，谋生治家，莫此为甚。子弟之贤不肖，谁姓无之，惟父母教育。可耕者耕，可读者读，即商贾不失正业。莫学游手好闲，莫效娼优隶卒，庶家声不坠，人才蔚起，贤父兄真可乐也。

十二、慎言语：吉凶荣辱，惟其所召，一言不实，乡邻贱之。纵百端缘饰，如人不信何。惟言必当可，语必由衷。无侈论，无浮谈，庶可以文身矣。

十三、敦实行：持身处家，应事接物，皆要表里如一，所谓行必以忠也。又须谨慎如始。若自逞才华，虚张声势，只可弥盖一时，终须有始无终。浮华不实之子尚其勉之。

十四、存仁让：凡一切世间事务，寻疑构难，亡身累族，皆始于不忍，成于不让也。务宜度量渊涵，非大仇怨无存芥蒂，毋生嚣凌，则争竞之风自息。

十五、循礼曲：礼乃持身之本，于人最为切要，宣圣所雅言也。凡言动举止，冠婚丧祭，务尊古典，毋得僭越。拘束官体，毋得放荡。庶几大而纲常伦理，小而日用饮食，不失大家风范。

戒　条

一、戒酗酒：酒以陶情，兼以合欢，而实为狂药。沉湎之下，小则失仪，大则起祸。子弟无事，不可三五成群娱人酒肆，即婚姻丧祭，亦必适可而止，不可高谈逞兴，酒后行凶。遇有不平气无不服，违者攻之。

二、戒贪淫：淫为万恶之首，报在妻女，断断不爽。古人云：我若淫人妇，人必淫我妻。回思天道好还，欲心自熄。若夫处女寡妇以及家庭乱伦，尤为罪之大者。

三、戒健讼：乡党自好者，非十分屈抑，必不肯屈膝公庭。近日名门巨族亦有不肖之徒，逞其刀笔，恃其诡谲，或欺唆他人，或反复告讦，出入衙门，把撑健讼，以致株连亲眷，陷害家庭，究竟己亦倾家荡产，子孙萧条。吾族子孙急宜戒之。

四、戒符水法打：符水法咒，招祸之根；棍棒鞭笞，惹灾之由。误入荆棘丛里，私则人相仇害，公则官法拷夹，岂非以身试法乎？亏体辱亲，莫此为甚。几见有读书明理、忠厚传家者遭人凌辱。吾族子弟尚其戒之。

韶关魏氏

韶关魏氏出自钜鹿下曲阳魏氏，为唐名相魏征后裔。魏征五代孙魏谟，唐宣宗时任同平章事，后迁江西隐居，为魏氏南迁始祖，至十四代孙迁福建宁化。传至明成化年间，裔孙宏远、宏兴自福建上杭迁居始兴，宏远公后裔鹤华卜居始兴水南，鹤宠卜居始兴太坪；宏兴公迁居始兴澄江龙头段。以后二公后裔均有移居江西、广西、云南、四川、湖南及广东其他地区者。

始兴水南钜鹿堂《魏氏族谱》

【迁徙源流】谱载始兴魏氏出入粤始祖宏远、宏兴兄弟，据《魏氏六修族谱·序》记：明朝成化年间，宏远、宏兴后裔自福建汀州府上杭迁居始兴，宏远公后裔子孙鹤华公卜居始兴水南，鹤宠公卜居始兴大坪；宏兴公后裔迁居始兴澄江龙头。此后，二公后裔子孙繁衍，根深叶茂，兰桂藤芳，后裔遍布江西、广西、云南、湖南，以及广东省境内其他地区。

【家训家规】始兴水南钜鹿堂魏氏家训、家规，谱载列作《家训》共十五条。兹列如下：

家　训

一、敦伦纪：父慈子孝，兄友弟恭，夫和妻柔，伦纪当敦；以正三纲，以明五常；守之则福，背之则凶；重华斋慄，瞽瞍底豫；勉以敦伦，以舜为宗。

二、务生业：人生天壤，业以资身，宜儆于惰，宜加于勤；士学农耕，工商货利，勤则有功，惰则无成；毋虚岁月，百计营生，荣华宝贵，远迩驰声。

三、遵国法：草莽之臣，安居乐土，读书读律，以若国度。不仁不义，不忠不孝，有犯之者，法纲难容；政府州县，岂可妄议，先正格言，宜尔捧读。

四、完国赋：夏税秋粮，国家重务；为下之民，勿稽贡赋；依期完纳，补报政府；门有县吏，鸡犬弗宁；事事公家，优游田野；车壤高歌，以乐清暇。

五、重祭祀：事亡若存，事死如生，念念不忘，当尽其诚。豺獭一物尚知报，人为物灵，忽而不问？诏我子孙，采藻采蘋，春秋两祭，世世钦承。

六、守坟墓：楼神之域，是为坟墓；葬有先业，世有今古字讹，碑扑遂至述漫。先灵不妥，后裔何安？以培其封，以艾其束；代相承继，永矢勿失。

七、禁非为：人性相近，习相远矣；非为妄作，坯名灾己；天网不漏，国法难逃；覆坠之易，犹如燎毛；凡我族庭，朝夕思省戒之，保家重命。

八、息争讼：健讼之人，穿窬鼠牙，拘挛缧绁，辱身丧家；惟我后人，大书百忍，以希公艺，以保天性；大忿莫究，小忿莫徵。凡吾族属，永永钦遵。

九、调贫乏：宗族子孙，分形同气；口指益繁，贫富有异；宜存于义，毋狥于私；当夫岁歉，推以周之；曷不怀诸，如范文正；百世之下，士夫钦敬。

十、救急难：仰惟一本，散于万殊；祖宗视之，固无视疏；如腑如肺，如足如手；设有急难，更相赴救；不校小忿，不夺至情；念兹在兹，庶几春鸽。

十一、惜身命：勤谨和缓，谓之四宝；酒色财气，谓之四贼；血气方刚，戒之在色，年既衰老，切莫贪得；精神保养，可永天年；养身嗣后，各宜勉旃。

十二、谨婚姻：婚姻之权，虽系于天；阀阅之择，实由乎己；嫁娶论夷虏之道，察婚观妇，深为良法；苟贪富贵，无论贫贱；玷祖辱宗，逐族何辞。

十三、严立后：不孝有三，无后为大；圣贤格言，合当尊崇；不幸乏嗣，立继承德；自幼鞠养，与己无异；奕叶相传，宗枝有托；勿听妇言，无自贻戚。

十四、修德行：忠孝廉节，四德罕有；钟天之灵，毓地之秀；非名人弗，名非弗彰；先世流芳，后代接继。有德可称，有行可纪。永垂竹帛，声闻不替。

十五、戒骄奢：富贵爵禄，人所同欲；文绣膏粱，人所同愿；苟尚浮靡，赌博宿娼；家资日竭，倾如燎毛；莫若节俭，布衣蔬食；可充口体，兴家之基。

参考文献

［1］葸茅岭《张氏族谱》，葸茅岭五修族谱总理事会编，1999 年。

［2］（民国）清河堂《曲乐张氏族谱》，民国二十八年（1939）刻本。

［3］（民国）贝兴《张氏五修族谱》，民国二十五年（1936）刻本，宜邑李大树刊。

［4］（清）光绪《乐昌南湾张氏族谱》，清光绪年间刻本，2012 年重印。

［5］新丰《张氏族谱》，1996 年。

［6］（清）光绪《佘氏族谱》，清光绪七年（1881）刻本，凌云书院锓梓。

［7］新丰秀田《佘氏族谱》，新丰佘氏宗亲联谊理事会编，2011 年。

［8］（民国）曲江八行《谭氏八修族谱》，民国十八年（1929）刻本。

［9］（民国）重修《扶溪谭氏族谱》，民国二十二年（1933）刻本，汝城华文斋石印。

［10］（民国）董塘安岗《谭氏族谱》，民国九年（1920）抄本，2004 年重编、印行。

［11］（清）叙伦堂《乐昌黄氏族谱》，清嘉庆二十三年（1818）刻本。

［12］（民国）《黄氏三修族谱》，民国十七年（1928）刻本。

［13］始兴江夏堂《黄氏六修族谱》，始兴江夏黄氏族谱编委会编，1998 年。

［14］南雄浆田爱敬堂《黄氏族谱》，浆田爱敬堂黄氏族谱编委会编，1998 年。

［15］（清）同治扶溪古夏《李氏族谱》，清同治十年（1871）抄本。

［16］仁化夏富追远堂《李氏族谱》，2003 年。

［17］南雄《李氏南迁族谱》，南雄珠玑巷李氏大宗祠管理委员会编，2013 年。

［18］兴贤街陇西堂《李氏八修族谱》，始兴兴贤街八修谱编委会编，2000 年。

［19］钜鹿堂《魏氏六修族谱》，钜鹿堂魏氏六修族谱理事会编，

1999 年。
［20］（清）《续修卢阳邓氏族谱》，清光绪二十八年（1902）刻本。
［21］始兴南阳堂《邓氏联修族谱》，始兴邓氏宗族联修谱委员会编，1998 年。
［22］（清）南阳堂《天堂邓氏族谱》，清乾隆四十一年（1776）刻本。
［23］（民国）《南阳堂邓氏四修族谱》，民国三十八年（1949）刻本（重印本）。
［24］仁化车头《吴氏族谱》，车头吴氏族谱修编理事会编，2009 年。
［25］（民国）《吴氏三修族谱》，民国元年（1911）刻本，南雄抡元阁书局刊梓。
［26］渤海堂、至德堂、延陵堂《吴氏联谱》，南雄吴氏联谱编委会编，2000 年。
［27］《中华丘氏大宗谱·广东韶关分谱》，邱氏大宗谱韶关分谱编委会编，2008 年。
［28］南雄珠玑巷颍川、笃庆堂《陈氏族谱》，南雄陈氏大宗祠理事会编，2015 年。
［29］（清）康熙《顿纲陈氏六修族谱》，清康熙四十七年（1708）刻本。
［30］乐昌《陈氏族谱》，乐昌陈氏谱馆编辑部编。
［31］乳源《林氏族谱》，世荣公族谱第四次编纂委员会编，2008 年。
［32］《广东温氏发展史》，广东温氏发展史编纂理事会编，2002 年。
［33］《沈氏源流谱》，沈氏源流谱编辑委员会编，2008 年。
［34］南雄《沈氏族谱》，沈氏宗亲广东南雄珠玑巷联谊会编，2008 年。
［35］始兴敦睦堂《七修钟氏族谱》，始兴钟氏宗亲联谊会编，1998 年铅印本。
［36］（民国）《杨氏三修族谱》，民国十一年（1922）刻本。
［37］《续编杨氏八修族谱》，乐昌杨氏宗亲联谊会编，笔山文奎楼，2012 年。
［38］始兴永崇公宝溪《华氏族谱》，华氏永崇公五修族谱理事会编，2010 年。
［39］（清）乐昌武陵堂《华氏宗谱》，清光绪四年（1878）刻本，武陵堂藏板印。
［40］（清）嘉庆《始兴谢陈氏族谱》，清嘉庆二年（1797）刻本。
［41］（清）光绪《谢氏族谱》，清光绪二十年（1894）刻本。
［42］（清）光绪《周氏重修族谱》，清光绪三十三年（1907）刻本，南雄同文堂锓梓。

［43］（民国）《戴氏四修族谱》，民国二十五年（1936）刻本。

［44］乳源、乐昌沛国堂《朱氏族谱》，乳源乐昌朱氏七修族谱理事会编，2005年。

［45］（民国）两岳《朱氏族谱》，民国十四年（1925）石印本。

［46］（范阳堂）《卢氏六修族谱》，始兴卢氏六修族谱编纂委员会编，1997年。

［47］清化天水堂《官氏族谱》，始兴官氏宗亲联谊会编，1999年。

［48］河南堂《始兴罗所萧氏九修族谱》，始兴河南堂萧氏九修族谱委员会编，1998年。

［49］兰陵堂《肖氏七修族谱》，始兴兰陵堂肖氏七修族谱委员会编，1999年。

［50］（民国）《邹氏族谱》，民国十七年（1928）抄本。

［51］范阳堂《邹氏族谱》，粤赣湘邹氏联修族谱编纂委员会编，2000年。

［52］乐昌高阳堂《黎氏族谱》，乐昌黎氏宗亲族谱编纂委员会编，1998年。

［53］巫氏罗俊公传大一郎公后裔《巫氏族谱》，翁源巫氏族谱修编委员会编，2008年。

［54］（清）宣统乐昌丰满堂《蓝氏族谱》，清宣统元年（1909）刻本。

［55］（清）《松溪董氏七修族谱》，清乾隆十六年（1751）刻本，2013年。

［56］南雄东海堂《徐氏族谱》，南雄州徐氏修谱理事会编，2000年。

［57］南雄始兴堂《麦氏三修族谱》，南雄麦氏三修族谱编纂委员会编，2008年。

［58］（清）光绪《乐昌九峰扶氏族谱》，清光绪四年（1878）刻本，善庆堂梓。

［59］（清）乐昌九峰、坪石《薛氏族谱》，清乾隆五十年（1785）刻本。

［60］（清）光绪《薛氏族谱》，清光绪二十三年（1897）刻本。

［61］（民国）仁化恩村《蒙氏族谱》，民国二十一年（1932）刻本。

［62］始兴《曾氏法海分族谱》，曾宪华主编，1997年铅印本。

［63］始兴《胡氏始兴四地族谱》，胡氏始兴四地修谱理事会编，2011年。

［64］南雄富春堂《严氏福修族谱》，南雄严氏宗亲族谱编委会编，1998年。

［65］始兴安定堂《梁氏族谱》，始兴梁氏四修族谱理事会编，2005年。

［66］始兴河东堂《聂氏五修族谱》，始兴聂氏族谱编纂委员会编，1997 年。

［67］济阳堂《蔡氏族谱》，粤港桂编委会编，2011 年。

［68］始兴晋阳堂《唐氏族谱》，始兴唐氏第五次修谱理事会编，2006 年。

［69］始兴太原郡三槐堂《王氏族谱》，始兴宗系六修族谱理事会编，1999 年。

［70］（清）嘉庆《赖氏四修族谱》，清嘉庆元年（1796）刻本。

［71］始兴《雷氏六修族谱》，始兴雷氏宗亲族谱编纂委员会编，1999 年。

［72］《高阳许氏族谱》，大席许氏族谱修编小组编，2000 年。

［73］始兴平阳堂《饶氏重修族谱》，饶纪寰主编，1998 年重修。

［74］（民国）武陵堂《廊田龚氏族谱》，民国二十六年（1937）刻本。

［75］汾阳堂《莲花村郭氏族谱》，翁源莲花村族谱编委会编，1999 年。

［76］豫章堂《罗氏族谱》，新丰罗氏族谱编修委员会编，2008 年。

［77］新丰《荥阳潘氏族谱》，广东新丰潘氏族谱修编委员会编，2002 年。

［78］南雄州《续修田氏族谱》，南雄田氏宗亲族谱编委会编，2011 年。

［79］南雄上朔《彭氏族谱》，南雄彭氏族谱第四次理事会编，2006 年

［80］谭元亨主编：《广东客家史》（上下册），广东人民出版社，2010 年。

后 记

天下之本在国，国之本在家，家之本在身。习近平同志强调：“不论时代发生多大变化，不论生活格局发生多大变化，我们都要重视家庭建设，注重家庭、注重家教、注重家风，着力搞好家庭建设，使千千万万个家庭成为国家发展、民族进步、社会和谐的重要基点。”

为配合与推进地方持续开展的“建设优秀传统文化传承体系，弘扬中华优秀传统文化”活动，2016 年上半年，我们以韶关市社科联课题项目形式，申报了“韶关（地方）族谱家训、家规研究”课题。历时近三年，今天课题成果《韶关族谱家训家规集萃》终于付梓，与大家见面了。

汇集辑录地方谱载家训、家规，本是一项文献资源的整理工作，看似简单，实则繁杂。从地方族谱、家谱、谱牒的搜集，到对各谱所载家风、训规的辑录与整理，再到谱载文字史料的核查、审读等，无不需要编辑人员付出大量精力。在此过程中，我们得到了包括档案、图书文献等同仁的支持与帮助。谨此书稿付梓之际，向为本书编纂提供帮助的相关人员表示感谢。感谢乐昌、始兴、翁源、南雄、仁化、乳源等县档案馆（局），以及曲江区图书馆张红翠、邹妍，始兴史志办主任单小红，仁化谢纪根、李建维等，为本课题提供的族谱资料与帮助；感谢韶关学院教授黄志辉、韶关市政协文史委主任沈妙光为本课题文稿提供的文字校勘与点校帮助，没有两位老师的辛勤付出，便没有本书稿编纂质量的保证；感谢韶关市社科联为本课题的完成所提供的工作便利与经费支持。

家庭是人生的避风港，也是社会的基本细胞。促进好的家风、家训、家规建设，是保证家族、家庭兴旺发达的灵魂，作为中国传统家教文化的历史积累与源泉，我们希望书稿能成为一部兴家与鉴史的资料集和教材，并得到流传和传承。然虽已尽力，但漏误仍在所难免，祈盼读者予以勘正，以为今后续做修订，是为记。

作 者

2018 年 7 月